"中国出版家丛书"编辑委员会

国家出版基金项目
NATIONAL PUBLICATION FOUNDATION

中国出版家丛书
ZHONGGUO CHUBANJIA CONGSHU

中国出版家
Zhongguo Chubanjia

舒新城
Shu Xincheng

柳斌杰 主编　欧阳敏 著

人民出版社

出版说明

出版不仅仅是一个充满竞争的商业领域，同时，它也深深打上了"文化"和"思想"的印记。在这个文化场域中，交织着多种力量的动态关系，通过出版物的呈现和出版活动的开展，描绘了一个时代的文化风貌；而回旋折冲于其间者，则是那些幕后活跃、台前无闻的各类出版人。他们自喻"为他人做嫁衣裳"，事实上，却是国家文化传承和历史记录的主要担当者，有出版发展的参与人和见证者甚至称他们所起的作用为保存民族记忆的千秋大脑。虽然扼据出版要津之地，却少见自家行当的人物传记出版。本丛书是第一次规模化地为这个群体中的杰出者系列立传，从一个人到一群人的出版事功中，折射出近代以降出版业的俯仰变迁，同时也见证着出版参与时代文化思想缔构及其背后深广的社会历史内容。那些曾经彪炳于时的出版人，一方面安身于这个行业，以其敏锐犀利的时代洞察，在市场、经营与创意中躬行实践，标领乃至规划了这个行业的发展，并使之成为国民经济的一个重要门类；另一方面又在"安身"之外，显现出面向社会的公共性关怀与"立命"的超越性关怀，从职业而志业的追求中，服务于民族解放、思想启蒙与文化进步的社会性经营，书写了出版人生的风采、风骨与风流。

本丛书所传写的 50 余位出版人，均为活跃于 20 世纪并已过世的出版前辈。中国古代也曾涌现了陈起、毛晋等出版大家，只是未纳入本书的传主范围。丛书在体例上，有单人独传与多人合传之分，但这并不必然意味着对传主出版贡献及其历史地位的轻重判别，许多情况下的数人合传，乃困于传主史料的阙如而不得已的选择，某些重要出版人如大东书局总经理沈骏声、儿童书局创办人张一渠等，也囿于同样情形而未能列入本丛书的传主名单，殊觉憾事。虽说隐身不等于泯灭，但这个行业固有的幕后特征多少带来了出版人身份上的隐而不显、显而不彰。本丛书的出版，固然是想通过对前辈出版事迹的阐幽发微、立传入史，能让同样为人做嫁衣者的当今出版人不至于觉得气类太孤，内心获得温暖，并昭示后来者在人生目标上，在家国情怀上，在出版境界上，追步于前贤，自觉立起一面促人警醒自鉴的镜子；同时更希望通过一个个传主微历史的场景呈现，让更多的人认识到出版在产业之外，更是一项薪火相传的社会文化事业，它对时代文化的接引与外度，使其成为一种任何人都不可忽视的"势力"，在百余年来的社会发展进程中，发挥了不可替代的作用。

故此，我们推出这套"中国出版家丛书"，以展示中国文化创造者的风采，弘扬他们的优良传统和崇高的职业精神，发掘出版史史料，丰富出版史研究和编辑史研究。

"中国出版家丛书"编辑委员会

人民出版社编辑部

二〇一六年四月

目 录

前　言

　　舒新城（1893—1960），湖南溆浦人，著名教育家、出版家、辞书家，1893 年 7 月 5 日出生于溆浦县刘家渡的一个自耕农家庭。

　　与一般家庭不同的是，在舒新城的家里，父慈而母严；舒母望子成龙，叫他舍耕而读，他未满五岁时便被母亲送入乡村私塾读书。此后的时光里，小新城先后在书院、县立高小等处求学，在同侪中表现突出；1913 年，舒新城以优异的成绩考入湖南高等师范学校（湖南大学前身）本科英语部。1917 年大学毕业后，在长沙兑泽中学担任音乐教员兼英语教员，从此，舒新城踏入教育界，开始了长达十余年的教育和著述生涯。

　　舒新城的教师生涯比较传奇，先后任职的学校有：湖南兑泽中学、湖南省立第一中学、福湘女校、湖南省立第一师范学校、中国公学中学部、东南大学附中、国立成都高等师范等学校，担任过英语教师、教育科主任、教育心理学教授等职位，涉及湖南、江苏、四川三省，然而在每一处待的时间都不长，长则一两年，短则数月，其间在中国公学中学部和成都高等师范还引起过教育改革风潮。20 世纪二三十年代的中国教育，在传统与现代之间彷徨转型，"教育往何处去"是教育界有识之士积极思考的一个深刻问题。舒新城是教育改革的积极践行者，1922 年，美国教育界风行一时的"道尔顿制"传入中国，舒新城深感此方法可改变中国教育的落后状况，实现其教育救国的理想，于是率先在中国公学中学部（后改名"吴淞中学"）进行实验。在此期间，舒新城将工作重心放在教育实践上，教育与出版，是一对密不可分的共同体，教育实践离不开出版实践的支撑。他著述和编译了一系列与教育心理学和"道尔顿制"相关的书籍，如《心理原理实用教育学》、《教育心理学纲要》、《道尔顿制概观》、《道尔顿制讨论集》、《道尔顿制浅说》、《道尔顿制研究集》等。

1925 年 6 月，舒新城辞去成都高等师范学校教职返回南京，此后直至 1928 年夏，他告别讲坛，潜心于近代教育史研究，过着较为自由且充裕的著述生活，期间完全靠稿费收入维持，之所以能够如此，其一是他本人已是较为知名的教育家，书稿有一定的阅读市场；其二是陆费逵的仗义支持，给予优厚稿酬，且常常预支。这一时期的著作多是根据史料考据编纂而成，主要有《近代中国教育史料》、《民国十四年中国教育指南》、《近代中国留学史》、《新中国教育概况》、《近代中国教育思想史》等，旨在通过对近代中国教育史料的研究，揭示中国教育所存在的问题及其成因，从而寻找中国教育的改进之路。

1928 年，经过陆费逵的多次盛情邀请，舒新城终于决定从教育界转投出版界，接受中华书局《辞海》的编纂工作。从某种程度上来看，尽管舒新城在主持《辞海》编纂工作以前就已经是一位知名的教育家，但《辞海》所带来的名气显然非前者所能比，或许也可以说，老《辞海》与舒新城是中华书局的一张闪亮文化名片的两面。舒新城与陆费逵相识于 1922 年 9 月 29 日吴淞中学举办的一场晚宴上，在此之前，两人虽素未谋面，但神交已久，席间他们高谈阔论，众人只有聆听的份儿，可知两人志同道合，彼此一见如故。鉴于舒新城在教育方面的成就和人脉可能助力中华书局发展，陆费逵多次盛邀舒新城进入中华书局主持教科书的编撰工作，但皆被婉拒。舒新城自 1925 年告别讲坛后，其理想在于创立一种私人学院，学院同人共同工作，勤于著述，以书稿稿费维持学院运转，追求经济上的自给自足。无奈 1925—1928 年间，中国政局变动剧烈，对于出版界影响很大，以"书稿稿费维持学院运转"并不现实。同时，因为名声在外，各地教育者慕名而来者甚多，于接待应酬上浪费不少时间；教育刊物编辑的索稿又耗费许多时间；学院同人因为情势的不理想，亦有所倦怠，敷衍应付。种种情形，舒新城感到很不满。恰在此时，陆费逵寄来一封恳切的长信，盛邀他主编《辞海》，这一次，舒新城终于答应了。

1928 年 1 月，舒新城与陆费逵订立合同，请他以局外编辑名义主编《辞海》，在南京设中华书局词典编辑部。早在 1915 年，陆费逵就着手《辞海》大辞书的编纂，初由编辑所长徐元诰主编，但徐心有旁骛，在政界和出版界之间数度出入，十年下来，才成 10 余万字。舒新城接手后，改变了《辞海》既往的编辑方针，删旧增新，并改加新式标点。这成为《辞海》编纂的一个转折点，从此便不间断地进行，直至完成。

1929 年 11 月 10 日，陆费逵代表中华书局与舒新城签订了其就任中华书局编辑所长的契约。1930 年年初，舒新城担任编辑所长一职，《辞海》编辑工作也就融入新成立的辞典编辑部，舒氏兼任部长。一年以后，由于编辑所长一职关涉重大，无暇他顾，因此，舒新城的部长职务转由他人担任。在编辑所长任上，舒新城将其教育家的独特视角融入出版活动中，先后主编或策划了"大学用书"、"国防丛书"、"中华百科丛书"、"世界文学名著"、"中华文库"等一系列对世人产生深远影响的书籍，同时还影印《古今图书集成》，整理出版了一系列古籍，并于1931年2月推动创立大型时事政治类刊物《新中华》。1936年，《辞海》以两卷本的形式问世，从此，舒新城的名字与《辞海》"绑"在了一起。

1957年，舒新城在第一届全国人民代表大会第四次会议上，建议重新修订《辞海》，获得毛主席同意。1960年11月28日，舒新城因病不幸于上海逝世，享年68岁。

总体而言，舒新城的一生，由教育界入出版界，在两方面都取得了很大的成就。在近代中国，教育与出版是一对命运共同体，新式教育为出版提供了必要的市场，出版反过来为教育的进步与变革提供了坚实的阵地。作为出版家的舒新城，主持中华书局编辑所长达20余年，与总经理陆费逵一道为书局出版方向和出版质量的总把关人，《辞海》、《古今图书集成》、"中华百科丛书"、"世界文学名著"、《新中华》等书刊，是中华书局一张张闪闪发光的文化名片，这些名片显耀着出版家舒新城的文化功绩。虽然舒新城初始的理想是做一名教育家，成为出版家是其人生计划外的选项，但其出版实践证明，舒新城是一位优秀的出版家。在30多年的著述和出版生涯中，他先后编著的书籍达30多种，是一位高产的作者，其中绝大部分都一版再版，是畅销书也是长销书，仅就1940年以前的数据进行统计，《人生哲学》

就再版 17 次,《教育通论》再版 11 次,《心理学初步》的再版高达 15 次,这是十分了不得的成绩,而这只是冰山一角。

舒新城还符合我们对于"学者型出版家"完美形象的期许,他在教育制度、教育史、电化教育研究方面声名卓著。

首先是教育制度研究方面。在进入中华书局之前,舒新城就已经是名满天下的大教育家了,他是中国倡导"道尔顿制"的第一人,写下了大量关于此一主题的研究论著,这在当时为他带来了极大的名声。而在近百年后的今天,"道尔顿制"仍然是世界各国教育领域的前沿话题,在中国,"道尔顿制"更是成为素质教育的代名词,舒新城再次受到教育制度研究者的关注。

其次是教育史研究方面。舒新城在 20 世纪 20 年代亲手开拓了两块中国教育史研究的新领域——教育史史料学和留学史,写下了多部比较厚重的著作,这些著作仍被今天的教育史研究者奉为经典文献。因此,他是现代中国杰出的教育史学家之一。

最后是电化教育方面。电化教育是当今数字化教学的前身,中国的电化教育兴起于 20 世纪 30 年代中期,这一概念沿用至 20 世纪 90 年代。舒新城在 1947 年前后写下了大量关于电化教育的文章,"他在电化教育方面也达到了当时最高的水平"[①]。

前两方面的成就是舒新城在进入中华书局之前取得的,第三方面的成就则是在中华书局工作期间取得的。如不是陆费逵七八年间数十次极力相邀,舒新城是不会转行做出版的,那样的话,他在教育研究方面应当会有更大的成就;但在另一方面,也幸亏陆费逵为出版界请

[①]　黄立志、孟昭宽:《创新与借鉴:中国教育技术路径研究》,中国物资出版社 2012 年版,第 134 页。

来舒新城，中国现代文化史上才能出现光芒闪耀的鸿篇巨制——《辞海》，也正是因为舒新城的加盟，中华书局的品牌才会更加璀璨。

本书共分 6 章，立足史料，以时间为经、以事件为纬论述舒新城的出版实践与出版思想。

第一章为"爱读书的少年"，叙述舒新城青少年时期的求学经历，论述爱读书是出版人的首要品质。

第二章为"在出版界的边缘行走"，选取《湖南民报》、《湖南教育月刊》、《中华百科辞典》、《中国教育辞典》等案例，探讨舒新城早期的出版实践。

第三章为"以出版为志业"，此章论述了舒新城主持中华书局编辑所时期的出版实践，主要从《辞海》的编纂、编辑所长的担当、图书资料的管理、对新文学的贡献、策划出版"中华百科丛书"等方面展开。

第四章为"乱世中的坚守"，叙述了舒新城在抗日战争时期和解放战争时期，坚守出版业的心态与经历。

第五章为"老当益壮的晚年"，从保存中华书局图书馆、为新中国的出版事业殚精竭虑、重修《辞海》等方面展开。

第六章为"舒新城的人际交往"。"交往"是社会心理学的重要概念，也是传播学的学科根基，对于个人而言，个人对自我的认知形成于与他人的交往过程之中。本章试图通过考察舒新城与陆费逵、李劼人、徐志摩等人的交往活动，进而发现舒新城作为"出版人"的自我认知心理的形成过程。

第一章
爱读书的少年

英国著名出版人汤姆·麦奇勒（Tom Mas-chler，1933—　）说："要想做好出版，出版人就必须对书籍本身充满热情。"[①] 这似乎是出版界的一条定律，中国近现代的杰出出版家们都是爱书之人：张元济嗜爱古籍，屡次赴日本重金求购珍本；王云五通读《大不列颠百科全书》；陆费逵每日必读书，养成了终身学习的习惯；舒新城对搜集教育类书籍、期刊乐此不疲，数年间竟凭一己之力搜集书籍、刊物两万余册……类似的事例还有很多，均验证着上述定律。少时的舒新城，是一名爱读书、勤写作的少年，冥冥之中他和出版的缘分似已注定。

[①] 〔英〕汤姆·麦奇勒：《出版人汤姆·麦奇勒回忆录》，章祖德等译，人民文学出版社 2008 年版，第 218 页。

一、难忘私塾岁月

1898 年正月，才四岁零八个月的舒新城进入刘家私塾求学。入学之早，在村里前所未有。之所以会如此完全是由于舒母"望子成龙"心切。

舒母对于舒新城的教育理想是要将儿子培养成一个读书人，入泮中举光耀门楣。照舒新城当时的年纪，还不够入学的门槛，只因舒母要送儿子读"十年长书"，一切不良的预兆都得避免。何为不良预兆？原来 1899 年是一个闰年，乡俗以为闰年开蒙是不利于科举的，但是如果那年不入学，必得再延两年。舒母以为如此则荒废了太多时间，故赶早不赶晚，提前一年让舒新城入学。

过了正月十五，舒新城便要正式进入学塾了。上学的那一天，全家为小新城举行了一个"欢送仪式"。先是由祖父和父亲引导着向祖先牌位行三跪九叩首礼，礼毕之后由父亲指导，依次向祖父、祖母、叔父、叔母、姑母、母亲等一一行叩首礼，然后由祖父领着出了大门。临行前，所有的长者都向小新城说吉利话，大概就是"步步高升"之类的话语，舒母并燃放鞭炮相送。虽然小新城并不知道他们的用意何在，不过他却有一种很强烈的印象——读书人到底与众不同。

社会学的"互动理论"认为，"自我观念"形成于主体与他人的互动过程之中。由此可知，小新城虽然不知道"读书人"是何种身份，但在与家中长辈的互动过程中，他对于读书及读书人产生了朦胧的认知，那就是读书这件事以及读书人是受人尊敬的，这也成为他热爱读书的朴素动机。

懵懂之间，舒新城的学堂生活开始了。因为舒家特地交代过塾师：舒新城是要读"十年长书"的。故而塾师因材施教，其他学生都是从《百家姓》、《千字文》读起，而舒新城则是先读四书，不过蒙学经典"上大人孔乙己"却照例也是必须得读的。进私塾之前，舒父于农忙之余，时常翻阅一些小说、杂字之类的读物，每当父亲在看书时，小新城便好奇地在父亲旁边瞅着，舒父趁便教小新城认识了一些简单的字。因此，进学堂后，舒新城在学业上颇为顺利，连塾师也惊叹他天资聪颖，正所谓"好孩子是夸出来的"，屡次受到塾师表扬的小新城对读书的兴趣也就更加浓厚了。

转眼到了1900年，小新城在刘家私塾已经待了两年了，四书早已读完。塾师作为底层士人，其自身的功名对于家长和学生极具号召力，而刘家私塾的塾师并无功名在身，舒母觉得对于儿子的前途恐有妨碍，于是便于当年将儿子改送到胡家私塾就学。胡家私塾的塾师姓胡名求馥字香泉，中过秀才，是全乡唯一有功名的人。按舒新城当时的年纪，尚属蒙童，而胡塾师一般是不收蒙童的，只因胡塾师与舒新城的祖父是总角之交，便破例收下了。入学以后，一面读《诗经》，一面讲四书。舒新城的学习兴趣更加浓厚了。

如此又是两年，到了1902年，舒新城已将《诗经》和《论语》读完，学业长进不少。舒母又给儿子找了一家在她看来更厉害的私塾——龙王江本家私塾。

龙王江离舒新城家有十余里地，按理说，才八九岁的小新城不应该到离家这么远的地方去上学。舒母之所以坚持如此，乃是由于在龙王江有一位本家，这家的主人论辈分是小新城的族叔，名叫舒建元，舒新城家与族叔家交情很厚，族叔很乐意在儿寄居在他们家。

与前两次一样，在本家私塾也只待了两年时间。在这两年里，舒新城读完了四书五经，并开笔作文，算是摸到了科举的皮毛。这两年的时光给舒新城留下了难以忘怀的美好印象，这与他日后孜孜不倦地追求教育改革方式是大有关系的。原因何在呢？原来本家私塾地处山间，环境清新幽雅，私塾里连塾师带学生不过十几人，师生之间、同学之间的关系是非常融洽的。多年后，舒新城回忆起这段时光，仍然满怀憧憬，当时的生活情形大致如下：

每当东方将明的时候，那清沁肺腑的山气便和在树上栖着的将醒未醒的鸟声袭人而来，使住在这些客房中的孩子们都感着无限的愉快，跳跃着争先恐后地起床，更于朝霞映上树尖的时候，争先恐后地念书；而当夕阳将下，暮霭幂笼着全山的瞬间的清爽山气，又袭人而来，我们的书声也更与倦飞而还的鸟声相唱和了。这样的日课，是我们最愉快最自然的工作，不要先生督促，更不要家庭约束。把它和现在的学校生活相较，其相去真不可以道里计了。

此外，那丛林占地数亩，有参天的松柏，有长绿的修竹，更有不知名的乔木与野草。每当春暖风和的时候，百花齐放，百鸟婉转，我们一些天真的孩子都为这鸟语花香所陶醉，而每于午餐后效宰我之昼寝。先生虽为孔子之徒，但对于我们这些"宰我"尚不以朽木相诮，有时且和我们同样地梦见周公；且于日晖从西边斜射到我们书桌上的时候，常率我们去林中采菌采笋，以为佐餐之资。在那里我们不独不畏先生，且视之为我们真正的家长，而诸事信托他、依赖他。我们的生活，俨然是一个家庭，先生是家长，我们同学是兄弟，一切都很和睦而自然。我在那里，不独感到家庭式的学塾生活为我所必需，且感到自然环境的不可离。①

从上述文字可知，舒新城对这段田园牧歌式的学塾时光是非常怀念的，这也成为他日后立志于创办一种自给自足、自相砥砺的私人学院的情感缘由。也许是因为先入为主的原因，舒新城对于新式教育有诸多意见，他后来大力推行"道尔顿制"，因此而成为教育名人，并因为对教育问题的关注而与陆费逵结缘。这一切的源头，似乎都可以归于他在此间所体验到的种种美好。

好景不长，转眼到了1904年年底，塾师要自己预备考试，不愿再教授蒙馆，便辞了教席，继任者又找不到，故而本家学塾只好解散，舒新城也只得回家去了。

1905年春天，舒母打听到离家十余里的地方，有一位身具秀才功名的张浣泉先生，开了间私塾，慕名而来的学生有三十余人，张先生虽然只是一名秀才，但却教出了不少秀才、廪生。舒母大喜过望，遂决定将儿子送到张氏私塾就学。

张塾师的思想比较新式，在他的熏陶下，小新城得以打开一扇新窗户。入学的第三天，张塾师便告诫小新城：八股是无用之物，以后不必再作；应制诗是无病呻吟的空话，以后也不要作。那什么是该做的呢？张塾师也为学生们精心安排了新式课程。他指导学生们读当时最流行的张之洞所著的《论说入门》和《新民丛报》选集中的论文；

---

① 舒新城：《我和教育：三十五年教育生活史（1893—1928）》，广东人民出版社2016年版，第22页。

在诗的方面，选唐诗中的李、杜、古风及绝句作范本。张塾师每日上午讲四书五经，下午讲《袁了凡纲鉴》，讲解时不按照字句讲，而是比论时事，带着问题讲。小新城听得如痴如醉，深以为这些都是所要学所当学的。

在读过若干篇《新民丛报》之后，更感到"男儿立志当如斯"，那些安邦定国的才干、修身齐家的能力，一定可以从这些功课中求得。所以在此期间，舒新城读起书来如饥似渴，特别勤奋。不到一年的时间，居然能写一千多字的策论文章，十余联的古风。张塾师对于舒新城特加鼓励，时常会把小新城的诗文张贴出来，使学生们见贤思齐。在这两年中，舒新城最大的收获是听塾师讲完了一部四书和《袁了凡纲鉴》，做了十几本笔记，同时在思想上日益趋新。

寒来暑往又是两年，舒新城的学业长进很快，张塾师觉得这位爱徒应该去更高的平台——书院，1907 年春，在张塾师的大力推荐下，舒新城进入本县的郦梁书院求学。

二、书院中的成长

在旧时，书院的学生必须具备自学的能力，书院的山长除了批改课卷、讲经文外，绝不教章句；学生入学时，又得经过相当的考试，所以进书院要比进私塾困难得多，因此学生及家长每每将进书院视为一种荣光。以舒新城当时的年龄和学力，要进书院是比较困难的，幸得张浣泉推荐，而舒新城在入学考试中又很争气，因此得以顺利进入郦梁书院求学。

郎梁书院的规模很大，有学生七八十人，山长为贺金山，监院为戴世求，两人执掌此间已有数年，声名远播于乡里。舒新城在郎梁书院只待了一年半，这期间，舒新城的眼界和学识又上了新台阶。

首先是眼界开阔。山长贺金山是"新派"人士，他规定文章不作八股而作经义策论；诗不作应制体而作古风及普通律诗。他所发挥的经义和史论，都是舒新城闻所未闻而感到惊异的。他讲《左传》时所发的政论与所谓史家的笔法，更为舒新城后来学习古文开辟了一条路径，大大开阔了舒新城的眼界。

其次是学业长进。贺山长注重德性及学业的修养，除在讲学时发挥其心得外，并常常将自己的读书札记公布于众人，以助学生模仿。学生相习成风，无不努力自学，而尤注重札记。舒新城在张氏私塾时即已养成读书做札记的好习惯，经贺山长示范，他对于历史的兴趣也更加浓厚了，并将《袁了凡纲鉴》重读一遍，所做札记更多。

多年以后，舒新城之所以能够牵头编纂出一部享誉海内外的《辞海》，这与他的"童子功"——做札记是密不可分的。舒新城在平时的读书看报过程中，会随手摘记自己觉得有用的内容，日积月累，这些素材先是在编纂《中华百科辞典》的过程中派上了大用场，后来又在编纂《辞海》的过程中发挥了重要作用。

此外，书院的田租收入除了供给山长薪金及杂用外，一般是有剩余的，此种余款一般用作奖励学生之用。此项奖金叫作膏火。其奖励的办法为：每月或每旬由山长出文题、诗题由学生撰作，呈送山长评定成绩，规定在若干名以前给予奖金。其数目视各书院财产之丰吝而定。舒新城先前在张氏私塾时通读过《袁了凡纲鉴》，对于历史已有较厚实的基础，且养成做札记的习惯，这对于他作文是大有助益的。

所以，每逢诗文比赛，他多数时候都能得到膏火。那时的膏火虽然至多不过一千文钱，少则一二百文钱，但他除去零用外，第一年还有四千文带回家中，舒母因之喜而不寐，逢人必告，而乡下的父老更是互相传述而视为村里的奇闻了。这段经历对于舒新城日后选择以著述为生埋下了伏笔，原来读书除了修身之外，还可以换得生活所需之资本，这对少年舒新城是莫大的鼓舞。正如弗洛伊德所说，一个人的一生的心理特征是在童年时期形成的。我们通过回到舒新城儿时的生活现场，就是要通过一个个生动的事例去探寻舒新城热爱读书、钟情教育、有志于出版的心理的养成过程。

书院的生活虽然美好，不过，到了一年半以后的 1908 年秋，舒新城却不得不离开书院，转而到新式学校求学去了。

三、辗转求学于新式学校

（一）在溆浦县立高等小学堂的"日日新"时光

1901 年 9 月，清廷实行"新政"后，各地督抚大员纷纷上奏，要求改革科举制度。1904 年，清廷颁布《奏定学堂章程》，此时，科举考试已改八股为策论，但尚未废除。因为科举为利禄所在，千百年来所形成的惯性实在强大，新式学校难以发展。因此，1905 年 9 月 2 日，张之洞奏请立停科举，以便推广学堂。清廷准诏自 1906 年起，所有乡试、会试一律停止，各省岁科考试亦停止，并令学务大臣迅速颁发各种教科书，责成各地督抚实力通筹，严饬府、厅、州、县速于乡城各处遍设新式学堂。

当改革之风刮到溆浦时，已是 1908 年。是年春，溆浦县政府筹备将郾梁书院改为初等小学堂。而斯时舒新城的年龄与学力都在初等小学之上，因而必须离开书院。

1908 年秋，舒新城顺利通过溆浦县立高等小学堂的入学考试。

新式学校对于舒新城而言是一件很新鲜的事，最使他感到新鲜的是：（1）教师与学生之间好像是路人一般；（2）少爷的派头：学校把学生当作少爷看待，工人特别多，所有饮食起居的事情，大多由他们代劳；（3）起居的机械：无论什么地方，教室、自习室、食堂、寝室、会客室以及盥洗室、厕所等处都贴着若干条规则，一举一动，都得顾忌着条规，好像没有规章就不能生活下去一般；（4）学校和社会的隔绝：学堂门口挂着两张虎头牌，写着"学校重地，闲人免入"。显然，习惯了书院式自主学习生活的舒新城，对于如此"机械"的学习生活方式是颇不以为然的，以后他推行"道尔顿制"，倡导学生自主学习，就是想对这种"机械"的学习方式有所改革，而今天我们大力提倡素质教育，在某种程度上与舒新城的教育思想是暗合的。

此时，舒新城的学力已达到初中水平，故而在学业上颇感轻松，因此，他也有更多的时间去读书看报、自修。在高小的三年里，舒新城几乎无日不读书，他所读的书，大致可以分为如下几类。

第一是看新书。溆浦县立高等小学堂阅报室中有当时流行的各类新书报，如《时报》、《新民丛报》、《国粹学报》，以及《猛回头》、《黄帝魂》、《中国魂》、《皇朝经世文编》、《西学丛书》、《时务通考》等。少年舒新城尤其醉心于《黄帝魂》、《猛回头》以及章太炎的《驳康有为论革命书》，对其中之重要词句皆能背诵，可谓"如饮狂泉"。舒新城的"反满革命"思想亦由此时植根，而此时的陆费逵亦阅读着相似的书报。若干年后，舒、陆二人一见如故，少时共同的阅读经历或许是一原因。

第二是看小说。舒家世代务农，并无藏书。之后舒新城在私塾求学时，塾师又大多自命为圣人之徒，除了四书五经等所谓正书外，不许看别的书，所以课外书读得极少，唯一值得称道的课外读物便是《袁了凡纲鉴》。到县立高等小学堂后，遇着一些家中富有藏书的同学，可以借书看；同时又可以到书店买书看，遂逐渐痴迷于小说。在高小的三年里，除去一两个月外，几乎无日不看小说，主要有《三国演义》、《东周列国志》、《红楼梦》、《水浒传》、《西游记》、《说唐》、《今古奇观》、《聊斋志异》、《西厢记》、《阅微草堂笔记》、《包公案》、《七侠五义》、《儒林外史》以及林琴南译的新小说等。因为没人指导，所以看的东西漫无系统。但对于社会各方面的知识却增长不少，写文章的功夫也大有进展；而扶弱不依强、傲上不傲下的习惯，也大半由这些小说养成。

第三是理学书。舒新城在高小有一同学名叫向达，向父在广东做官，最好藏书。某日，向达携其父所藏的《曾文正公文集》到学校，舒新城初见这种版本阔大、印刷精美的书籍，欢喜异常，便借来阅读。开卷之后，舒新城深觉书中所言甚合己意，便囫囵吞枣地从头至尾一本一本地看完，做了许多札记，并仿曾氏办法写日记，详及功课及言行，且于自己的错处加种种记号，随时翻阅以资反省。此外，高小堂长舒立淇教《修身》课程，他爱借朱熹的言论教学生们为人处世的种种道理，舒堂长本身又是一位讲究正心诚意的学者，深受学生爱戴。舒新城对这位先生是十分感念的，中年以后，他回顾人生历程时说道："二十年来，我做事负责、待人以忠恕，也都是那时读理学书和那位舒先生给我植的基础。"[①]

第四是字画书。舒新城在儿童时代即喜欢乱涂乱画，只因无人指导，而且常常被大人禁止，所以没有成绩。进入高小后，课程设置上有图画和习字两科，舒新城高兴非常，对绘画勤加练习。同学黄复强有一本《芥子园画谱》，舒新城时常照谱临摹，小有成绩，还替人画过堂屋屏条。日后舒新城对于摄影颇有心得，并出版过书本教材及个人摄影集，与此时的绘画经历有一定的关系。

在县立高等小学堂，少年舒新城可谓是天天有进步，不知不觉就到了 1909 年年底。舒新城参加辰州府的小学教员检定考试，顺利通过，获得小学教员资格。按照规定，舒新城可以去小学任职了，但舒新城求知欲望强烈，不愿去做小学教师，遂决定继续在高等小学堂求学。

如此又是半载，1910 年的暑假来临了。舒新城与同学数人到长沙去"看世界"，并准备考长沙的新式学堂；到了长沙后，舒新城发现长沙学堂的学费于自己而言太过昂贵，便只能作罢了。在停留长沙的二十余日里，舒新城最难忘的是一家名为"又一村"的民众阅报室。那里的书报之丰、之新远超高小，而且可以容许读者自由翻阅。所以停留长沙期间，其他同学每日逛街看戏，而舒新城则把所有时间完全消磨在阅报室中。最让舒新城爱不释手的是一部《湘学报》合集，他从《湘学报》中读到长沙时务学堂的十条《学约》，这十条《学约》是由梁启超制定，很能代表当时的学风。舒新城如获至宝，便按照

[①] 舒新城：《我和教育：三十五年教育生活史（1893—1928)》，广东人民出版社 2016 年版，第 44 页。

《学约》去律己，对他后来治学、治事有很大的帮助。

此外，在长沙期间，舒新城还经受了"立志"方面的考验。当时，舒新城有一个叫彭松年的同乡就读于长沙法政学堂，彭的志向是毕业后进入官场。他力劝舒新城也加入此道，但为舒新城坚拒，原因在于也许是受了《水浒传》、《儒林外史》的影响，他对于官场没有兴趣。舒新城后来刻意和政党、政治保持一定的距离，即是这一心理定势的强化。

1911年，国内革命浪潮高涨。舒新城深受《安徽俗话报》、《黄帝魂》等报刊上宣传的"排满革命"思想之影响，革命意识狂飙。是年3月，黄花岗起义失败，舒新城从《时报》上看到消息而为之痛哭；5月，"铁路国有"政策公布后，也无形中给舒新城增添一种憎恨，深感满人欺人太甚，非设法推翻满清朝廷不可。恰在此时，高小学堂奉学部令增设"兵式操"课程，上课时所用之枪皆为木枪。舒新城与同学黄复强商议革命之法，结论是：得真枪为革命的第一步。于是舒新城组织同学向学堂"请枪"。学堂初不允，舒新城等学生领袖遂组织学生罢课；后来学堂妥协，找县城乡绅借得数十杆枪。而舒新城则因是"请枪"运动的主倡者而被校方开除。舒新城对此非常气愤，遂向知县申诉，得到的答复是：下半年改送辰州中学堂。中学堂的学费对于舒新城而言比较昂贵，故而他并不愿到辰州中学堂就学。

离开县立高等小学堂后，舒新城在溆浦县城的一所小学里短暂地担任过体育教员。暑假过后，县城开办自治研究所，并实行学员招考，舒新城前去应考，顺利通过。年底学成归乡时，已是民国时代了。1911年腊月二十二，舒新城与贺瑞菊成婚。

（二）在常德第二师范学校短暂进修

1912年春，新婚燕尔的舒新城到从前就读的郿梁书院——斯时已改为溆浦二区区立小学校任体操、算学教习。春去秋来，舒新城看到常德第二师范学校附设单级教员养成所招考学员，溆浦县有两个名额，舒新城因为之前有保送辰州中学堂的约定，此番遂由县里改推荐到常德第二师范学校单级教员养成所，免试入学。

单级教员养成所学习期限为六个月，其目的在于培养乡村小学教员，故而关于教育的科目尤多。除教育史外，其他如教育学、论理学、心理学、管理法等均有设置；任课教师均来自江浙地区；其一切讲义，均完全从日文翻译而来。在这六个月的时间里，舒新城有两大收获。（1）增长见识。常德第二师范学校图书馆所藏书刊较溆浦县立高等小学堂阅报室之所藏不知丰富多少倍，舒新城在课余时间里常常去图书馆自由阅览，无形中见识增进不少。（2）对教育学萌生兴趣。虽然培训期只有短短六个月，但"教育救国"、"教育万能"以及其他关于教育学、心理学的名词却深入舒新城的内心。

临近毕业时，经养成所主任推荐，澧县师范讲习所非常有意愿聘请舒新城到该所任职。然而通过这段时间的学习，舒新城的视野大为扩展，他从图书馆中知道普通科目之外有专门科学，要研究专门学问应该留学，要留学非精通外国文不可。舒新城立志研究学问，想要继续深造，故不应师范讲习所之聘，而毅然去长沙谋求深造。

此外，值得一提的是，在去长沙前的两星期里，正值国会议员选举，舒新城应友人之招，曾在选举事务所中帮忙。舒新城对政治本无兴趣，在此期间，眼见选举中的贿赂现象及种种舞弊行为，更让他对政治心生厌恶。这短暂的经历，竟给舒新城留下了深刻的印象。后来，舒新城有机会进入政界而终不曾踏入，与这种不良印象有一些关系。舒新城的这段经历与陆费逵有些类似。早年间，陆费逵曾参加反清革命组织，在目睹了革命者之间的种种利益斗争之后，遂决定与革命组织保持一定距离，转而从旁协助革命事业，而后也绝不踏足政界。舒、陆二人在心性上是同一类人。

1913 年春，舒新城回到长沙，在一所小学任英文教员达半年。此后赴武昌准备进武昌文华大学中学部暑假英文补习班学习英语，由于经济拮据，此事最终并未成行。

四、意气风发的湖南高师时光

在武昌作短暂停留后，舒新城又回到长沙，此时没了经济来源，他的日子贫苦不堪。1913 年 8 月的某日，舒新城在报上看到湖南高等师范学校的招生广告，他的同乡彭松年劝舒新城去应考。但是当时考大学必须得有中学文凭，舒新城只是高小毕业生，按规定是没有报考资格的。舒新城的一位名叫舒建勋的族兄知悉情况后，大方地将自己的辰州中学堂文凭借给族弟。舒新城便以此文凭去报名，最后顺利通过考试。

入学第二日，有人告发舒新城文凭作假，校长吴嘉瑞召舒新城谈话，让他解释。舒新城坦然自陈文凭确有作假，但考试却不曾假手他人，完全由自己应考。吴校长是开明长者，认可了舒新城才智，此事便算过去了。

民国初期的大学分系科教学已较为普遍。新生经过入学试验后，进校的第一件事就是填选系志愿书，舒新城选了英语系。之所以选择英语系，除了他没有其他学科的根基外，最主要的原因在于舒新城憧憬着留学。当时的社会，对于大学生也分出了等级，社会上流行"西洋一品、东洋二品、中国三品"的说法，意谓到西洋留学的大学生社会认可度最高，到日本留学的大学生认可度其次，本土大学生认可度最低。日后由于种种原因，舒新城并未出国留学，但"近代留学"却成为他研究教育史的一个重要视角，这或许算是在某种程度上补偿了他的"留学梦"。

在湖南高师的四年时光里，舒新城受到"新教师"和"新书刊"的熏陶，逐渐成长为一名"新青年"。

（一）师长的熏陶与教育理想的确立

舒新城的教育经历可以分成泾渭分明的两段：一段是中国传统的私塾、书院式教育，一段是西式新教育。也许是由于"先入为主"的关系，舒新城毕生都对西式的教育制度有诸多不满，他认为新式学校淡化了师生之间的情感色彩，制度过于僵化。因此，舒新城在其人生的前半期一直致力于寻找一种他心目中的理想型教育制度，他的教育理想便萌生于此一时期。

在湖南高师期间，有四位师长对舒新城的思想产生了较大的影响。

首先是外教华尔伟（S.B.Harvey）。华尔伟是美国密歇根州人，在美国教学多年，后到中国，在北洋大学教过几年书，而后接受湖南高师的聘请。华尔伟对学生很亲切，使舒新城在教育上的复古与厌新两种观念得到调和。舒新城之前认为新式学校里师生关系淡漠，且不能如私塾和学院那样可以听任学生自由进修，是华尔伟让舒新城觉得在新式学校，师生之间也可以有家人一般的感情，因而无形之中减少了对新式学校的反感。

华尔伟还在很大程度上重塑了舒新城的"读书观"。舒新城从小热爱读书，对于读书达到了痴迷的程度；进入湖南高师后，学校的图书馆对于舒新城来说是一座巨大的宝库，有着无穷的魅力。民国时期学校有一个特殊假期——春假，假期一般在4月初，为时一周。1914年4月1日，湖南高师放春假，但舒新城依旧是"花红无逸勤读书"，决心将这七天的春假全部奉献给图书馆，连着五天，他在图书馆度过了大部分时光。到了第六日，舒新城照例早早地起床，洗漱过后便去往图书馆，在路上偶遇华尔伟。这位热心的外教微笑着询问舒新城的假期是怎么过的，舒新城如实相告。

自己的这位爱徒如此有心向学，华尔伟是十分欣慰的，但同时他觉得有必要对爱徒加以引导，他语重心长地对舒新城说道："这自然很好；可是你所要读的书都是很小的，还有一本最大的书你读过吗？这本书可以说是奇大无比，其广无边，无论什么最大的著作家都不能写成这本书，可是越大的著作家得越多读这本书。这本书的内容太广泛了，大到不可度量的大事，小到不能眼见的小事，以及最古最今的史迹，都可以从它的里面找出来。这本书虽然很大，虽然也放在一个图书馆中，但因为太大了，只能散架式地放在大众的面前，无论谁都可以去读它，没有任何限制。只要你肯用心去读它，一定会有结果；而且这结果是与努力的程度成正比例的。这就是说：你多努力一分，你的结果便会多有一分。你不能读全部，读一章读一节也是好的。读这本书的人很多，靠它成功的也多，读了它再写成书的人更不少。你知道牛顿、达尔文，你也知道孔子、孟子，他们都是靠精心读这本书成功的。这图书馆藏书中所有的著作者也都是靠读这本书写成他们的书稿的。"①

前面卖了好大的关子，华尔伟先生终于将答案告诉给了舒新城，他说："这本最大的书是什么？是整个的大自然，自然界的各种现象，就是它的某章或某节。你不能远到别处去读它的第几章第几节，就把它的篇首——岳麓山——精心读之，也是很有益的。"

华尔伟的一席话对舒新城而言可谓是醍醐灌顶，从此刻起，舒新城方知大自然是一本最大的书，岳麓山是这本大书的一节。在此后数十年的时光里，他无时不读小书，也无时不读这本大书；在教育和出版工作中，均十分注重知行合一。他将自己取得的成就在很大程度上归于华尔伟的一席话。

我国现代著名编辑家、出版家、教育家叶圣陶也有着和华尔伟相似的观点，应该说，这个观点是古今中外智者们的共识。叶圣陶在一首谈读书法的诗中表达了他的观点，其中写道："善读未写书，不守图书馆。天地阅览室，万物皆书卷。"

其次是校长吴嘉瑞和教务主任刘宗向。吴嘉瑞是长沙有名之耆宿，对新学所知不多，对于旧学颇有根底；刘宗向虽毕业于京师大学堂，但却以精通经史著称。二人共掌校务，在治校理念上颇为相似，即注重提倡中国传统教育的精华：在各人流量集中处，悬挂朱熹等人

---

① 舒新城：《读一本大书》，《少年周报》1937 年第 1 期。

之语录；每月一日举行祀孔礼，讲述孔孟之学；请专人教授古乐。舒新城在教育上的"复古"思想，因为有吴、刘二位先生的引导而更加坚定了。虽然舒新城在旧学上并无突出成绩，但精神上却因旧学而安定，行为上的砥砺亦得力不少。但是这种"复古"亦不过是一种模糊的概念，对"复古"的内容亦不曾有所研究，只知道怀念往古学者如孔子、孟子等人之伟大人格而已。

最后是杨昌济先生。在中国近现代教育史上，杨昌济先生是一位极具人格魅力的人物，他教过的学生中，有一批人后来成为各界的栋梁之材。他的人格魅力与教育方法并彰。舒新城对杨昌济先生至为怀念，请看下文。

　　我住岳麓四年……在人格上最使我受感动者为杨怀中（昌济）先生……他教我们伦理学及伦理学史为时不过一年，但他所给予我的影响很大。在行为上，他那虔敬的态度，常常使我自愧疏暴，使我反省到养成"事无大小，全力以赴"的习惯。数十年来，凡责任上应当亲做的事，绝不假手于人；允许他人一事，必得履行，不能即时履行者，必得纪之于册，俟履行以后，然后钩销；而卖文二十余年，从不请人代笔，服务社会二十余年，从不取不当利得。在思想方面，他从人生哲学上，引导我知道中国性理学以外之西洋哲学学说，扩大了我的人生观；而使我知道个人与社会的关系，体验着人类有无限的自觉的创造性等等。几十年来，我于学虽无成就，但对于学之范围则从书本扩大到直接经验与系统的研究，常识因之日富；更以其所得，向实践生活中寻求证验，致见解日趋恒定，而心境得着安舒。此均他当时所不曾想及的潜移默化之功。①

蔡元培先生改革北大时，提出"兼容并包"的办学方针，为后世办学者奉为圭臬。可知，一所成功的大学里面，在不违反社会秩序的前提下，学术思想应该是多元的，君子"各美其美，和而不同"。舒新城在湖南高师既受到了旧学熏陶，也得到了新学启迪，这一时期，他在思想上的进步是飞速的。

（二）几本重要的书

书籍对于青少年人生观的塑造功能是十分强大的。在湖南高师期间，有三本书对舒新城产生了较大的影响：《曾文正公文集》、谢庐隐的《致今世少年书》（青年协会出版）、李廷翰的《贫民教育谈》（商务印书馆出版）。

作为近世湖南最著名的乡贤，曾国藩在湖南学子的心目中有着崇高的地位。青年毛泽东曾云："吾于近世文人，独服曾文正。"青年舒新城同样崇拜曾国藩，并以其言行为榜样。在溆浦县立高等小学堂求学时，舒新城即已通读过该书，并模仿曾氏而记日记，不过那时对于书的内容是一知半解。到了湖南高师之后，舒新城的理解能力逐渐增强，又经吴校长提倡性理学，舒新城数度重读《曾文正公文集》，在恒、静、省、克等方面颇受其益。

谢庐隐的《致今世少年书》是一本小册子，系采其发表在《青年

---

① 舒新城：《我和教育：三十五年教育生活史（1893—1928）》，广东人民出版社2016年版，第75—77页。

月刊》上的几篇通讯而成。其中论及求学、独处、待人等诸方面，均系针对青年而发。其中有一篇专论用钱方法，对舒新城启发很大。谢著可读性较强，他又是教会中人，因此舒新城对他很是敬佩，对于《青年月刊》看得特别仔细，对于基督教也逐渐产生好感。后来舒新城一度与基督教发生联系，也是受到了谢庐隐的影响。而舒新城在往后的数十年间，在个人经济方面举措得当，完全得益于舒母的那几句良言——"吃不穷，穿不穷，不会打算一世穷"以及谢庐隐的那篇文章。

李廷翰的《贫民教育谈》一书，所论述的内容虽然平常，但他对于贫民教育的论述超出了"就事论事"的范畴，为舒新城从事教育实践和研究提供了一盏明灯。舒新城对此书读过许多次，称得上是"枕边书"，且在教育界的聚会上逢人必讲此书。巧的是，1930 年，舒新城执掌中华书局编辑所，与当年他所崇拜的李廷翰成了同事。

舒新城自 1898 年未满五岁时入私塾，至 1917 年大学毕业，其间有二十年的学生生活。此后的数十年里，他不曾有一日离开书报与纸笔，实际上延续了学生时代的生活。通过梳理舒新城的求学史，我们能够发现一个求知欲旺盛、热爱读书、勤于写作的青少年舒新城。这为他日后从事教育实践和研究工作，以及从教育界跨到出版界埋下了伏笔。无论教育界还是出版界，书籍都是它们的核心内容。教育界以教材作为化育新人的主要工具，而出版界则是生产这种工具的主要场域。归根结底，对知识的渴望和对书籍的热爱是教育家、出版家都应该具备的品质。

第二章

在出版界的边缘行走

　　舒新城的职业生涯要从 1916 年春算起，他的第一份工作是在湖南私立兑泽中学（现为长沙市第六中学）任音乐教师。此后十余年，舒新城辗转多地，先后任职于福湘女校、湖南省立第一师范学校、中国公学、国立成都高等师范学校等教育机构，故而他对当时的中等、高等教育状况有较为深刻的理解。教育与出版是命运共同体的关系，教育兴盛，出版无不兴盛之理。人们常说出版家是杂家，其实不尽然，杂而又专，专家型出版人，往往更适应出版的需求，也更容易获得职业成就感。在成为"中华人"之前，舒新城就已是一位知名的教育家。同时，在长期的教育实践中，为了更好地传播自己的教育主张，他勤于著书、编书与译书，积累了较为丰富的出版经验。

一、《湖南民报》与最初的理想职业

舒新城最初的理想，据他自己说："我因为好发表，且曾一度做过新闻记者，最喜欢能入新闻界，但是'此路不通'。"[①] 舒新城所经历的这段短暂的记者生涯是在 1916 年夏，这段经历为舒新城进入出版界做了铺垫。

舒新城少年时即养成了写作的习惯，在郿梁书院读书时曾以文章换取奖学金（膏火），这使得少年舒新城下意识地萌生了"文章可以换钱"的观念。1913 年，舒新城考入湖南高等师范学校，经济上不能再依赖家里，为了赚取生活费，他自然而然地想到了"以文章换钱"，当时长沙的各大报纸，舒新城几乎都投过稿，但稿件被采用的并不多，报酬也常常只是一两个月的免费报纸。

到了 1916 年夏，湖南人响应云南起义，汤乡茗辞去督军职务离湘，湘人公推刘人熙继任督军，省议会亦于斯年恢复。受此鼓舞，湖南新闻界日渐活跃，时有报纸创刊。《湖南民报》即在此背景下创刊，创办人是湘南留日归国学生谭某。该报初创，急需编辑人才，舒新城因为写稿、投稿经历丰富，经同学周调阳介绍，乃被该报聘为编辑兼撰述。当时长沙一般的印刷所没有全张印刷机，更不能打印纸版、浇铅版，只能用铅活字印刷，排字工人又素无排报经验，也没有专门的

---

① 舒新城：《舒新城自述》，安徽文艺出版社 2013 年版，第 108 页。

校对人员，因此，舒新城和同事们必须亲至印刷所校对稿件，通宵工作也是常有的事。短短两月间，舒新城在新闻编辑业务方面得到了较大的锻炼。十多年后，舒新城已是一位声名卓著的教育家和出版家，他如此评价这段时光："我的新闻与出版的学习，要以此时为嚆矢。"①

　　此外值得一提的是，民国时期的著名记者陶菊隐（1898—1989）曾与舒新城在《湖南民报》共事。老年陶菊隐回忆道："这一年（1916年——笔者注），我和新城都是二十岁上下的小伙子，他二十三岁，我才十八岁。他是来自外县的穷学生，考进了免收学杂各费的岳麓高师；他还半工半读，利用暑假当了两个多月的报馆编辑，假满后仍回学校读书。我是个既失学而又无业的落拓少年，好不容易经友人介绍进了这家穷报馆，月支光洋三元，不到三个月就被报馆当局精简出去。我同新城仅仅打了几个照面就各自东西，谈不上有何交情。但二十年后，我们又在上海见面，而且成了两度风雨同舟的好友，却非始料所及。"②另一位同事兼大学同学刘范猷（1895—1971），于1928年随舒新城一道进入中华书局，为《辞海》的编纂工作作出了较大贡献。

　　两个月的新闻记者经历对于舒新城的思想触动是很大的，他的社交范围较之深居校园时扩大了许多，应酬也随之增加，经济上的压力自然增长。因此，在经济上"开源"成了青年舒新城要解决的一个大问题。幸运的是，舒新城文笔极佳，且又一度做过记者，因此较一般

---

① 舒新城：《我和教育：三十五年教育生活史（1893—1928）》，广东人民出版社2016年版，第88页。

② 陶菊隐：《同舟风雨话当年——忆舒新城先生》，载中华书局编辑部编：《回忆中华书局》，中华书局1987年版，第6页。

文学青年来说，他在投稿上颇具优势。从 1916 年秋开始，舒新城时常向长沙的报纸投稿以换取稿费，有三篇文章值得一提：其一是连载于长沙《大公报》的小说《雪际血痕》，报馆给付稿费数十元，这在当时是很可观的；其二是连载于《湖南农业杂志》的《田畴记》；其三是刊载于《京师教育报》的《葛蕾学校制度》。写作不仅为舒新城带来了经济上的宽裕，更坚定了他以教育著述为生的信心。多年后，他感慨这段经历之于今后生活的意义："所以我以后即是以教书为职业，也常常想到著作，并每以之为副业。这种种是我民国十四年夏决心从事教育著述的先天因素。"①

舒新城生于农家，他自小爱读书、喜写作，是书籍铺就了他的人生转折之路。1917 年夏，舒新城大学毕业，他理想的职业是新闻记者，因为他喜好发表文章，而 1916 年暑假的那次"触媒"，又让他对新闻界产生了好感；但这条路并没有走通，此后的十多年间，"教师"和"教育家"成了他的主要身份。

二、《湖南教育月刊》对五四运动的呼应

大学毕业后，舒新城先后在湖南兑泽中学、湖南省立第一中学、福湘女校等学校工作。1919 年 10 月，因不满福湘女学管理层的守旧做法，舒新城辞职走人。是年 11 月 1 日，舒新城与大学同学宋焕达、杨国础、方扩军共同创办《湖南教育月刊》，舒任总编辑，宋、杨任

---

① 舒新城：《我和教育：三十五年教育生活史（1893—1928）》，广东人民出版社 2016年版，第 88 页。

编辑，方任经理。1919 年对于当时的中国青年来说是值得永久铭记的一年，许多青年的人生轨迹在此时发生了转变。舒新城的 1919 年同样难忘，他后来回忆道："当时社会环境给予我以重大影响者有二：一为湖南政局之混乱状态，一为五四运动。"①《湖南教育月刊》正是青年舒新城用来呼应五四运动的媒介。

《湖南教育月刊》为 24 开，每期 48 页，以 5 号字为主体，每期五六万字。定价一角，创刊号印了 3000 份，成本 50 余元，以后每期印 2000 份，成本 40 余元。1920 年 3 月出到第 5 期，因为湖南督军张敬尧的压迫，杂志自动宣告停刊。结算账目时，亏损不过数十元，可见该刊物经营还算得当。

这份刊物赶上了五四新文化运动的浪潮，虽然刊物存在的时间不长，但对于舒新城而言意义较大。"五四"以后，主张新文化者都把新思潮的出版物当作是"'个人自觉'的兴奋剂，又是'文化运动'的利器"②。由是，创办新杂志成为一种趋势，各种新兴刊物如雨后春笋般冒出来。其中，学生办的刊物特别活跃，湖南的情形亦大体类似。舒新城和他的同学们怀揣着改进湖南教育的理想，开始了一段"恰同学少年，指点江山，激扬文字"的精彩时光。

"在五四运动前，尽管张敬尧的高压政策，湖南新思潮的流行和传播仍然可观，居首功者当属长沙《大公报》、《湖南日报》，两报早已开辟新思潮专栏，宣扬新文化；湖南的新文化运动之所以领先全国，'未必非二报之功'。既先有这两个报纸的示范，又加五四新文化

① 舒新城：《我和教育：三十五年教育生活史（1893—1928）》，广东人民出版社 2016 年版，第 111 页。

② 一民：《现在的天津》，《晨报》1919 年 11 月 16 日。

运动的声势沛然莫之能御，湖南言论界生气勃勃，新思潮刊物的创办让人有应接不暇之势，尤以学生周刊为多。而让时论寄比较大希望的报刊，其中亦有舒新城等'热心文化运动'的几位'湖南教育界人士'创办、以'提倡新教育'为职志的《湖南教育月刊》。"①

为什么要创办《湖南教育月刊》？舒新城如此回答："张敬尧在湘任督军，对于教育摧残甚力，经费积欠年余不发而外，教育界稍知名之士，亦被视为与南军通声气而不能安居。我们茶余饭后谈及湖南教育界的情形，都有忿火中烧之概，乃商议发刊一种教育刊物，以讨论湖南教育问题为主题，兼介绍世界教育思潮、教育学说。"②

虽然设想如此，但张敬尧治下的湖南，出版管制非常严苛，舒新城和同人们为了避免引起政府注意，故而在发刊词中不明白提出该刊专重湖南教育问题的主张，只笼统提出几项主张：研究我国教育所应采之宗旨，介绍世界教育之思潮，批评旧教育之弊端，商榷新教育之建设；但该刊的主题实际上就是湖南教育问题。刊物的栏目包括评论、专论、世界教育、世界大事、讲演、调查、通讯、附录等。其中专论栏以湖南教育问题为主题，调查栏专发表私立学校实况。刊物的撰稿者除了四位创办者外，还包括他们的大学同学吴起明、尹镇湘、向事成、邓典训、马文义、文亚，以及张东荪、邓名诗、李肖聃、杨树达、张效敏、毛泽东、黄醒等。

舒新城虽然是总编辑，但只负责学术介绍，并略写教育杂谈短

---

① 张仲民：《舒新城与五四新文化运动》，载牛大勇、欧阳哲生主编：《五四的历史与历史中的五四运动：北京大学纪念五四运动90周年国际学术研讨会论文集》，北京大学出版社2009年版，第386—387页。

② 舒新城：《我和教育：三十五年教育生活史（1893—1928）》，广东人民出版社2016年版，第243—244页。

文，对于湖南教育问题则未着一字。之所以如此，原因有两点：一是因为他对教育书籍涉猎较多，而且任过教育学科的教师，写起教育学术文章来比较便利；二是因为舒新城不时在京沪的报刊上发表文章，比较为政府所注意，为了本杂志的顺利出版，同人们请舒不要谈湖南教育问题。那么，作为总编辑的舒新城在这份刊物中究竟有哪些编辑实践呢？笔者未能见到《湖南教育月刊》的实物，只能根据张仲民的《舒新城与五四新文化运动》一文以及舒新城的自述等加以论述。

（一）呼应新文化运动

"1911 年的辛亥政制巨变，明显打破了中国社会的价值系统与政制系统的高度整合，松解了政治对文化和经济的刻板控制。这一变动进一步加剧了政治权威的丧失，同时却戏剧性地造就成了文化相对自由发展的可能性，尤其是为中国社会的价值重建工作提供了某些便利。换句话说，这场革命在政治上付出的沉重代价，最终以文化的巨大进步而获得了某种补偿。1912—1919 年初的中国知识界的价值重建运动，可以视为象征。"[1]1915 年 9 月，陈独秀在上海创办了《青年杂志》（第二卷起改名为《新青年》）。历史证明，新的知识分子群体开始按照他们所理解的现代意义与标准，尝试重建中国社会的价值体系，1919 年 5 月，这场价值重建运动的波峰臻于极致。

张仲民在《舒新城与五四新文化运动》一文中，尝试以舒新城为

---

[1] 许纪霖、陈达凯主编：《中国现代化史（第一卷）1800—1949》，学林出版社 2006 年版，第 254 页。

案例来讨论某些"边缘地区"或地方知识分子对于五四新文化运动的阅读和反应，进而试图考察以下问题：在长沙这样的地方，五四新文化运动为像舒新城这样的在地读书人提供了什么样的契机？他又是如何阅读和参与五四新文化运动，并将之传播给当地人的？在接受和传播过程中他有哪些取舍与补充，即其主体性何在？他是如何同中心地区（上海、北京）的主流知识分子建立和保持联系的？他又是怎样来定位自己的角色的？[①] 笔者借鉴张先生的研究思路，同时着重考察舒新城在阅读和传播新文化运动过程中的编辑出版活动与思想。出版人的品质既可以通过出版物得到直接的体现，也可以从出版人的相关社会活动中得以彰显，据此而论，舒新城阅读和传播五四新文化运动与其编辑出版活动具有互文性。

在总共五期的《湖南教育月刊》中，部分文章或翻译自英文，或转载自长沙《大公报》、《时事新报》等报刊。其中，包括停刊宣言以及一些文章的导言或跋语，以舒新城发表的文章最多。在舒新城的这些言论中，基本都是围绕教育理论、教育问题展开的，除了重新发表《我对教会学校的意见与希望》[②] 外，还有三篇介绍性文章《桑戴克的教育学说》、《悼杨怀中先生》、《感情教育》等都是如此。另外，其中也有几篇是直接赞扬或反思五四新文化运动的，比如在《无教育的教育》一文中，舒新城针对学潮后学校停课、学生放学、教员散了的情形，指出学生受教育并不以学校为限，社会是教育的

---

① 张仲民：《舒新城与五四新文化运动》，载牛大勇、欧阳哲生主编：《五四的历史与历史中的五四运动：北京大学纪念五四运动 90 周年国际学术研讨会论文集》，北京大学出版社 2009 年版，第 378 页。

② 该文刊于 1919 年 10 月 13、14、15 日的《时事新报》副刊《学灯》，该文的内容引起福湘女校管理者的不满，管理者向舒新城施压，舒主动辞职。

更好场所，现在学生受了新思潮的刺激，有机会去感触和切实研究自己的人生问题，所得要比在学校读死书好得多，这也是五四运动带来的效果。

此外，舒新城还有两篇文章直接回应与反思五四新文化运动，分别是舒新城为第 4 期转载姜琦的《新文化运动和教育》一文所写的按语，以及在第 5 期发表的《什么是湖南人的文化运动》。在按语中，舒新城认为新文化运动要以教育为中心、以农村为中心，这正反映了舒新城的教育理念，尤其是当他看到当时的新文化运动，主要偏重于都市，"一般号称新文化运动的人，目光所及，多注重于都市——并且是注意都市里面特殊智识阶级的"，新知识人要汲取革命党不从平民入手导致辛亥革命失败的教训，"现在我们讲新文化运动的人，应该以前车为鉴，要切实从'小百姓'的身上做起，庶可得一点较好的效果。故我很希望做新文化运动的人，要从民众联合的最低级做起。在过渡时代，并要从小学教师身上切实下功夫，庶几将来可以收普遍的效果"。[1] 在《什么是湖南人的文化运动》一文中，舒新城对于北京、上海好几种著名报纸杂志夸奖湖南新文化运动有效果的意见不敢苟同，他以一个局中人的身份感到惭愧。舒新城拿他所熟悉的湖南教育为例，指出湖南的新文化运动成绩欠佳，这表现在：作为文化发源地与"文化最要的干部"——湖南的学校，其自身不保，而且湖南教育界人士钩心斗角，互相倾轧；在新出版物方面，湖南自身的新出版物并无几种，销量亦不佳，只是送去外地特别是北京、上海等处做

---

[1]　张仲民：《舒新城与五四新文化运动》，载牛大勇、欧阳哲生主编：《五四的历史与历史中的五四运动：北京大学纪念五四运动 90 周年国际学术研讨会论文集》，北京大学出版社 2009 年版，第 388—389 页。

广告、出风头，才引起人们注意；在学会组织方面，大多是"以学会名义相号召"，真正的学会不多，且现状可虑；在教科书的编译方面，湖南的成绩亦不乐观。其实，较之于其他省份，湖南在新文化运动方面取得的成绩并不算差。舒新城之所以低评湖南新文化运动的成绩，大概是因为张敬尧对湖南教育界摧残和压制太深，在这种摧残和压制下，《湖南教育月刊》不得不自动停刊。

（二）与文化名流的书信往来

1919 年的舒新城，在长沙乃至湖南教育界已经小有名气，但放在全国来看，则只是籍籍无名的青年。《湖南教育月刊》的四位创办者虽有壮志，但缺乏足够的社会资源，且"当时政府对于出版物，施行严格检查，未经立案的不准出版"，[①]。为了将刊物顺利办下去，同时也为了扩大刊物的影响，舒新城积极给上海、北京等地的文化名流写信诉说办报的宗旨以及遇到的种种困难，并向他们约稿。

舒新城求助的名流有三位：胡适、张东荪、陈独秀，其中以胡适为最要。舒前后给胡适写过三封信，时间分别是 1919 年 10 月 29 日、11 月 4 日、11 月 23 日。第一封信写在《湖南教育月刊》出版之前，摘录如下：

> 适之先生：
>
> 几年前我在《新青年》上看到先生的文章，我就羡慕异常，

---

① 舒新城：《我和教育：三十五年教育生活史（1893—1928）》，广东人民出版社 2016年版，第 244 页。

以为西洋留学生能在中国旧文化上研究革新的方法，将来效果一定是很大。当那个时候我就叹慕先生，但还不知先生是什么人，近来……才晓得先生是思想界的一个明星。我这话不是恭维先生，因为以文学界、思想界革新的成绩推论及于先生的。我虽没看见过先生的面，我想先生一定是乐意帮助别人的人。所以我不揣冒昧，特写这封信给先生。

　　……

　　我并想到教会学校是中国一个最大的问题，非大家去切实研究不可。先生是文学界、思想界的明星，请在多报章上对这个问题特别提出来研究才好。

　　以上所讲是关于教会学校的问题，还有两件事要请求先生指教。

　　我现在筹得有千块钱，想明年暑假赴美国去学教育。预设想入哥伦比亚大学，但是那里的费用太大，不晓得有别的相当的学校吗？先生在美国多年，等于那边的情形很熟悉，请代为商量决定。

　　我这一千块钱是在朋友那里借来的，以后的经费还没有把握。不晓得到美国去可有别的法子或者能做工自给吗？我还想到一件事，不晓得于经济有点补助么？就是我平素很预意作文字生涯，在长沙曾办报一次，因为压力过高中途停版。现在又与同志组织《湖南教育月刊》，想用文字传播学术。在我的时间还可作点文字送到外面……这个意思一面是想介绍学术，一面是想在一种杂志报章上作一个长期撰述员。等明年赴美能继续作自给的工夫。这件事若是和人初次通信是不便讲的，但我与先生虽然是初次通信，但私心仰慕已非一日，所以特地讲出来，要请先生莫见怪。

……

舒新城谨上

10 月 29 日 [①]

从信中可知，舒新城的"初心"是通过著述传播教育思想，创办刊物是为了更好地传播教育思想，信中舒新城特地向胡适提及自己的办报经历，也能从侧面反映舒对这段经历是比较自豪的。对于第一封信，胡适肯定写了复函，只是胡适的回信今日已经无法得见，但我们可以从舒新城的第三封信中推测出复函的部分内容。几天后，舒新城又给胡适写了第二封信，这次的主题与刊物直接相关，摘录如下：

适之先生：

前几天我写了一封信给先生，料已经收到了。现在《湖南教育月刊》已出版，特赠先生一本，并且要求先生三件事：

一、请先生批评指教；

二、请先生在各报纸杂志上介绍；

三、请先生做文章给本月刊。

我们在湖南发行出版物很不容易……现在十月已经过完了，五月份的经费还没有发下。原在教育界的人，因生活艰难，都往别处去了，所以我们组织《教育月刊》，除了钱的问题还有人的

---

① 胡适：《胡适遗稿及秘藏书信 37》，黄山书社 1994 年版，第 261—268 页。

问题。并且我们处在这块地方，不比在别处，言论很难自由。先前的《湘江评论》与《新湖南》，先生都看见过的，都不能够存在。现在我们"改弦更张"，组织《教育月刊》，意思是想把生命延长，但是结果还是没有把握。我们抱定宗旨，只要一日不被高压压倒，我们用尽我们的力量去作文章、去筹款。自己没有钱，作起文章到外面去卖钱。前回我写信给先生，要求先生介绍我到别的杂志报章上作撰述，一面虽是为自己，一面还是为这《教育月刊》。

以上所讲的是我们的苦衷。除了先生与陈独秀、张东荪先生外，决没向别人说，因为这些话不是身历其境的人，决不愿意听的，要他们同情是更不容易的。

先生呵！我们的情形，先生既然晓得，那前面所要求的三件事，还要请先生帮助指教才好。

舒新城
11 月 4 日 ①

11 月 15 日左右，舒新城收到了胡适对第一封信的复函。11 月23 日，舒新城给胡适写了第三封信：

适之先生：

你的信来了一个多星期，因为我病的原故，所以没有回信给你。

---

① 胡适：《胡适遗稿及秘藏书信 37》，黄山书社 1994 年版，第 269—272 页。

你的答复，我都很满意。不主张我们到外国做半工半读的留学，劝我们努力自修，我更加感激。我平素也有这种思想，并且常劝我的朋友这样做。前回教自己竟至想去干我所不主张的事，是因为外国学士的考衡，把我的本心迷了，细想起来真是好笑。现在这种观念已渐渐的消去了。但是近日看报，又发生一种到学校里读书的思想，我特书在下面，请你帮我解决。

近来《北京晨报》登有《北京高等师范学校增设教育研究科预告》的广告，我把那广告的内容过细一看，校内所教的学科，都是我所要研究的科学，我极想明年到北京师范来读书。一来可以亲听杜威讲演……比我个人自修要有利些。二来所教的科学都还所值得学。但是那广告上说："现已由教育部行文各省，由各省选一人或二人。"我觉我的目的，定难达到。在资历上说，我是湖南人，是高等师范英语本科毕业的，也还可以希求政府选送。不过因为我的言论关系，湖南政府很注意于我，这个时候在势不能去请求政府……在这困难的中间，我有一个计划或者可以帮助我？就是我先前的主任教员，是美国人 S.B.Harry，我的教育、心理、哲学、美学、论理、伦理都是他教的。他现在还在武昌高等师范当教授，听说他与杜威相识，我想请他同我先前毕业时候的校长并杜威博士，与北京高等师范学校保送我作一个特别生。只要学校准我随班听讲，一切费用我都可以照缴，要学费我也预出。不晓得这事可以办得到吗？你是杜威的学生，并且与高等师范的校长是朋友，要请你特别费心，把我的意思同他们商议。并希望你能够同他们特别替我讲情，若准我的要求，我便感激不尽了。这事情请你早些回信，便我好预备一切。

屡次烦扰，请你原谅。

舒新城

11 月 23 日 [①]

从舒新城自己的回忆以及胡适的日记等文献综合来看，胡适比较认真地回复了第一封信，但很可能没有回复第二封信和第三封信。"估计是《湖南教育月刊》没给他留下很深刻的印象，舒新城提出的要求又多，措辞也有些不礼貌；加之胡适早已'暴得大名'，应酬、约稿众多，况且这时还要陪杜威到处演讲，又有自己的教学任务与研究计划，没有继续回复和帮助一个冒昧的知识青年，亦属正常。" [②]

1919 年 11 月，26 岁的舒新城与 28 岁的胡适，通过书信往来产生了人生的交集。此时的胡适在文学界和思想界的影响正如日中天，而舒新城则彷徨于自己的人生定位。通过第三封信，我们知道出国留学、赴京深造都曾是舒新城重点规划的阶段性人生目标，胡适的回信则让舒新城打消了远赴重洋的念头，因此，我们也可以认为胡适在一定程度上影响了舒新城的人生轨迹。如果舒新城真的赴美国研习教育学，也许舒新城就将终生以学术为志业，而出版家舒新城就不会出现了。多年以后，作为中华书局编辑所长的舒新城，与作为文化名流的胡适将有多次的碰撞交流。

相比胡适的回应，舒新城写给张东荪的信则收到了更为积极的答

---

① 胡适：《胡适遗稿及秘藏书信 37》，黄山书社 1994 年版，第 273—277 页。

② 张仲民：《舒新城与五四新文化运动》，载牛大勇、欧阳哲生主编：《五四的历史与历史中的五四运动：北京大学纪念五四运动 90 周年国际学术研讨会论文集》，北京大学出版社 2009 年版，第 394 页。

复。张东荪立刻把来信以《舒新城君来函》为题发表在《时事新报》上。为了满足舒新城的约稿要求，张东荪应该还寄给舒新城一篇文章《我的教育观》，该文旋即被作为首篇文章刊发在《湖南教育月刊》第一卷第一号上。当然，舒新城与张东荪的交往远不止于此，"五四"以后，两人时常通信，在舒新城教育事业的起步阶段，张极力扶持并加以引导。

1920年3月，《湖南教育月刊》还是停刊了。"在这几个月中由《月刊》交换而来的刊物不下百数十种。我们在新出版物方面，可称搜罗甚富。故虽僻处一隅的刊物，内容尚不至怎样落后。同时我们的月刊，也推行至于全国，不过在数量上不能如以全国为对象之刊物之大耳。"①

总而言之，近半年的办报生活对舒新城而言是一场宝贵的历练，通过办报，舒新城的视野变得更加宏阔，积累了一定的新闻出版经验，同时也在一定程度上提高了自己在教育界的知名度。

需要指出的是，1919—1920年间，美国的民治主义教育大家杜威（John Dewey，1859—1952）应北京大学与江苏教育会等之请而来中国讲学，由其亲炙弟子胡适陪同，一年之间，杜威师徒讲演的足迹几乎遍布中国。杜威的民治主义的教育哲学尤其是"教育即生活"、"学校即社会"两句话，差不多是教育界——包括学生教师的口头禅。很显然，舒新城服膺此道，其自传《我和教育：三十五年教育生活史（1893—1928）》的书名即是佐证。在此后的近十年时间里，舒新城一直在为寻找一种理想的"教育生活"而努力着，但理想也需要面包来

---

① 舒新城：《我和教育：三十五年教育生活史（1893—1928）》，广东人民出版社2016年版，第246页。

支撑，以著述赚取稿费成了舒新城获取"面包"的主要方式。因此，在舒新城的交际圈里，出版人占据着重要位置，而他也惬意地在出版的边缘上行走着，同时又刻意保持一定的距离。

三、以著述为副业

民国时期的职业作家为数不少，这些人大致可以分为三类：第一类是严肃文学作家，代表人物为鲁迅、巴金、茅盾、老舍等，他们背靠的出版机构主要有开明书店、亚东图书馆、生活书店等；第二类是通俗文学作家，代表人物为周瘦鹃、包天笑、赵苕狂等"鸳鸯蝴蝶派"作家群体，他们背靠的出版机构主要有世界书局、大东书局等；第三类则是教科书作家和工具书作家，出版机构的教科书编辑是其主体，此外还包括一些自由撰稿人（舒新城就属于此类），他们背靠的出版机构主要是商务印书馆、中华书局、世界书局、大东书局、开明书店等较为大型的出版企业。

1919 年至 1925 年，教书兼及著述是舒新城的生活常态；1925 年至 1928 年，舒新城告别教书育人的第一线，开始过起以著述为职业的生活。舒新城在其《我和教育：三十五年教育生活史（1893—1928）》一书中对其著述生活有详细而生动的描述，在他的众多著作中，他比较满意的有：《教育心理学纲要》、《心理学初步》、《公民课本》、《人生哲学》、《道尔顿制概观》、《道尔顿制讨论集》、《道尔顿制研究集》、《个性论》、《现代心理学之趋势》、《教育丛稿第一集》、《蜀游心影》、《个别作业与道尔顿制》、《中国教育辞典》、《中华百科辞典》、《教育通论》、《现代教育方法》、《近代中国教育史料》、《中国新教育概况》、《近代中国留学史》、《近代中国教育思想史》、《中国教育建设方针》等。这些著作中有较大一部分是教科书或工具书，正是靠着商务、中华等出版企业提供的丰厚稿酬，舒新城才得以尽情追逐自己的教育理想。

1920—1925 年，教书是舒新城的本职工作，"著述不过是辅助教书或工余消闲的工作"[①]。

（一）"谈笑有鸿儒"的湖南一师岁月

《湖南教育月刊》针砭湖南教育问题，这引起了时任督军张敬尧的注意，在张的压迫下，该刊于 1920 年 3 月停刊。此时的中国，北洋军阀的直皖两系逐渐对立，驻扎湖南的直系吴佩孚军队，于 1920 年 5 月为准备对付皖系而撤防北归；属于南方势力的谭延闿部湘军则趁机北进，于 6 月进占衡阳、湘潭等地。长沙教育界的部分有识之士起而响应，张敬尧的控制愈严，在此压迫下，舒新城被迫离开长沙，去往上海投奔张东荪。

张东荪比舒新城年长七岁，从两人的文集中可以看出他们是很投缘的，大概是因为两人均重理想，在教育主张上有颇多相合之处。"梁启超在五四之后所寄望的领袖人才，并不是他从前所向慕的那种志士式的政治领袖，而是能在具体的事业中立志做'第一等人物'的人。这今日的'第一等人物'，能在一定的技术、知识分工领域之内，使

---

① 舒新城：《我和教育：三十五年教育生活史（1893—1928）》，广东人民出版社 2016 年版，第 248 页。

所作所为与社会全体事业有关，既要在有限的职业范围内做'专家'，又能将社会责任意识融贯在职业当中以为职业之灵魂，承担起以身为教、移风易俗的责任，成为一个'士君子'"①。梁启超显然是将舒新城与张东荪视为此群体中的一员，这从《致蒋百里、张东荪、舒新城书》（1921）中可以窥见。

此次赴沪，舒新城只待了三个月便返湘。"舒新城在上海的三个月中，大概与张东荪、俞颂华等人经常讨论翻译问题，并一起在《时事新报》、《晨报》等处发表文章，讨论翻译的技术问题。舒新城与张东荪的交往还不仅这些，这段时间，舒新城应该参与了张东荪负责的《时事新报》的编辑工作，在《时事新报》上发表过多篇文章"②。舒新城此趟上海之行最大的收获，应该是结识了张东荪、俞颂华等沪上文化名流，这对于他名声的提升以及社会资源的累积都是很有益的。

是年 7 月，谭延闿（1880—1930）取代张敬尧主政湖南，政局渐趋稳定。谭本是文人出身，因而热心文教事业，既然赶走了"旧军阀"张敬尧，谭颇思革新湖南的教育事业。于是，谭聘请易培基（1880—1937）为湖南第一师范学校校长，以熊仁安为教务主任。他们认为湖南的人才太少，须向外地求才。8 月，熊仁安亲赴上海聘请教员，受聘者包括舒新城、夏丏尊、沈仲九、余家菊、陈启天、孙俍工。为什么熊会想到聘请舒新城呢？舒新城如此自解："大概是因为一年来写

① 苏湄：《创造"传统"：晚清民初中国学术思想史典范的确立》，人间出版社 2014 年版，第 58 页。

② 张仲民：《舒新城与五四新文化运动》，载牛大勇、欧阳哲生主编：《五四的历史与历史中的五四运动：北京大学纪念五四运动 90 周年国际学术研讨会论文集》，北京大学出版社 2009 年版，第 395 页。

过一些文章，那年五月，又在商务印书馆出版一部《实用教育学》。"①
总之，舒新城成了新晋的湖南教育界名流。

舒新城所教授的科目为教育学和教育心理学，余家菊也教教育科目，每周的课时为 12 小时，月薪为大洋 80 元。时值"五四"之后，各种新思潮由国外涌入，舒新城不相信以往出版的教育学书籍，因而自编讲义；而教育心理学为新科目，当时根本无此类中文书籍，更不得不自己编辑。故而，舒新城在参酌国外教材的基础上编撰了《教育心理学纲要》（商务印书馆 1922 年初版）。舒新城在第 3 版的《编者叙言》中对该书的编辑思想做了详细说明，请见下文：

> 这本书是 1920 年 9 月至 1921 年 6 月在湖南第一师范所编的讲义。叙论与第一编是 1920 年所编。那时第一师范还系学年制，故所编讲义系整列的，章节分得不甚清晰。至 1921 年一师改行学科制，教授时间减少，自有时间增多，遂将从前之体例变更，章节照时数支配，大概每二小时讲一章，每章之后并附以讨论问题及课外参考书，以便学生自学。又因 1920 年秋，余家菊兄亦在一师教教育社会学，讲游戏教育甚详细，第一编游戏性一项亦未编入。现在特为整理一次，将第一编分别章次，并将游戏性一项补入。不过因为学校的事务很忙，虽说修改一次，但只动其大者略为增删，节目仍毫未变更。这书系随讲随编的，书中文字有前后不相联络或重复之处，亦只略为校阅，未暇细改。
>
> 本书的分编系采桑戴克（Thorndike）《教育心理学》底，但

---

① 舒新城：《我和教育：三十五年教育生活史（1893—1928）》，广东人民出版社 2016 年版，第 118 页。

内容则大异。本书在第一师范付印时曾附有陈鹤琴、廖世承两先生所译推孟（Terman）之智力试验（Measurement of Intelligence），现在因为那书已交商务印书馆付印，读者可以单购，特为删去。又第一编材料有许多系采自凌冰先生的《儿童学》底，特此声明，并致感谢。[①]

作为教科书编辑，舒新城的选题意识是十分敏锐的，其编撰水平也是较高的，这从该书的市场反响可以窥知。"这本书粗疏虽然不下于处女作之《实用教育学》，但在一般年青的大学教授不愿写这样粗疏的书本时期，销售的数量还是相当大的"[②]，销量确实很大，初版时间为1922年6月，到1923年11月已出至第3版[③]。

这本教材之所以能得到读者的认可，除了舒新城自身的能力之外，还在于他遇到一群良友，可谓"谈笑有鸿儒"。

这群良友就是夏丏尊、沈仲九、孙俍工、余家菊、陈启天。将这几位平均年龄不超过三十岁的年轻人聚在一起的，正是"新文化"。斯时，新文化最简单的标识就是弃文言文而用语体文，舒新城、夏丏尊等人均是"新文化人"，又都肯努力向学，没有沾染一般教员放下课本即行聚赌的习气，所以彼此感情很好。舒新城与夏丏尊、沈仲九的关系尤为密切，在一师教师为经费而罢教的十余日里，夏丏尊、沈仲九寄居在舒宅，斗室之内，三人的话匣子总是关不住，有

---

① 舒新城：《教育心理学纲要》，商务印书馆1923年版，编者叙言。

② 舒新城：《我和教育：三十五年教育生活史（1893—1928）》，广东人民出版社2016年版，第250页。

③ 舒新城：《教育心理学纲要》，商务印书馆1923年版，版权页。

时夜以继日进行"卧谈会",这种诚恳坦白的同事生活,在舒新城的教师生活中是绝无仅有的。

舒新城、夏丏尊诸人所习专业各不相同,所教授的课程亦为互补,在密切的交往中,彼此的知识、阅历相互交织,借此,舒新城的学问范围扩大,学术眼界提高。舒新城对夏丏尊和沈仲九尤为感激,他回忆道:"自此而后,我在教育常识固然得其助力不少;而以后丸善成为我的书籍供给者,我的衣食节余之资诚然大部分流到他们的银钱库里去了,而我的新知识却日新月异地换来不少。这一点应当归功于夏、沈两人的。"①

虽然舒新城是初次接触教育心理学,但却能编出一本一版再版的《教育心理学纲要》,部分功劳要归于夏、沈诸友人。

(二)锐意革新的中国公学时光

当代学者钱理群认为"教育本质上是理想主义者的事业"②,舒新城就是一名理想主义者。在 1925 年以前,舒新城的教育理想是教育应该脱离政治而独立、学生应该自由发展。正是因为不满湖南政府当局屡次干涉一师校政,舒新城才毅然于 1921 年 7 月辞职赴沪,冀图实现其教育理想。

中国公学是舒新城实践教育理想的新园地,他在此地度过的时光约有一年半。舒新城是应时任中国公学教务长张东荪之邀赴沪,任

---

① 舒新城:《我和教育:三十五年教育生活史(1893—1928)》,广东人民出版社 2016 年版,第 124 页。

② 钱理群:《教育本质上是理想主义者的事业》,《基础教育论坛》2012 年第 11 期。

中学部（1922 年秋改名为吴淞中学）主任，月薪 100 元。中学部当时有专任教师九人：叶圣陶、朱自清、陈兼善、常乃德、刘延陵、刘建阳、吴有训、许敦谷、舒新城，可谓名师云集。他们"都是些阅历太浅、理想太高的少年"①，在理想的感召下，舒新城等人对该校的学制、课程设置、教育理念等进行全面革新，他们的系列举措在沪上乃至全国教育界产生了较大影响。也正是在此一时期，舒新城开始接触令他成名的"道尔顿制"。

道尔顿制是教学的一种组织形式和方法，又称"契约式教育"，全称道尔顿实验室计划（Dlton Laboratory Plan）。由美国女教师 H. 帕克赫斯特于 1920 年在马萨诸塞州道尔顿中学所创行，因此得名。

道尔顿制的基本做法是：每个学生分别从教师那里接受作业，并与教师签订"工约"，然后到专业教室自己去学习，有疑难则请教各作业室的教师，到期（以"工约"约定的期限为准）接受教师的考查，合格后另订新的"工约"。道尔顿制是一种典型的自学辅导式的教学组织形式，这种形式曾产生过相当的影响，因得到杜威的赞许而影响更大。这种组织形式的生命力被教学实践证明不强，但它所包含的合理因素特别是强调学生自学能力的培养，仍对以后的教学思想产生积极影响。②

道尔顿制于 1922 年 6 月传入中国，10 月，舒新城等人在中国公学中学部推行道尔顿制，该校为国内最早采用道尔顿制的学校，舒新城则是国内介绍道尔顿制的最有力者。1922 年，当时国内最权威的

① 舒新城：《我和教育：三十五年教育生活史（1893—1928）》，广东人民出版社 2016 年版，第 131 页。

② 余文森、王晞：《教育学》，北京大学出版社 2009 年版，第 140 页。

教育类期刊——《教育杂志》（商务印书馆出版发行），其第 11 期就是"道尔顿制专号"，该期共刊文 7 篇，其中 4 篇文章的作者是舒新城及其同人们，又以舒新城的文章最为厚重，长达 54 页。这组文章在当时的中学教育界产生了很大的影响；随后的几年里，舒新城一方面身体力行地在学校实践道尔顿制，另一方面则频繁地在报章上发表以道尔顿制为主题的文章，凭着道尔顿制，舒新城在当时的中学教育界声名鹊起，逐渐成为全国知名的教育家。

教学与著述相长，舒新城在此阶段编写了《心理学初步》，作为该校四年级心理学教科书，翌年 1 月交由中华书局出版。该书的编辑思想见于序言，请看下文：

我相信科学是改进人生的工具，并相信中学生——尤其是初中学生——所需要的是关于日常生活的科学常识，不是科学的系统。所以此书的取材：（1）只以日常生活的精神现象为限；（2）说明精神现象的例证，多在一般青年所能发现的事实中拣取；（3）除第十一章详论心理与行为之关系外，自第一章至第十章说及精神现象都附带讲应用的方法。第十二章略讲现代心理学之趋势，并分类附以中英文参考书，意在指导欢喜研究心理学的学生一种研究的门径，并不是心理的系统。

……

我更注意于怎样才能使中学生自己看懂。每下笔时，总有十五六岁的青年的影子在我的脑中，故文字力求浅显，例证力求通俗……但是这样作，自己还不相信，编完并请几位没有看过心理学的二、三、四年级的学生过细看一遍，并请他们各把不懂的地方记出来，结果又改去许多。①

　　显然，在编写教材方面，舒新城已经驾轻就熟，他在编写过程中充分考虑读者的接受能力和阅读兴趣。

　　也是在此期间，舒新城遇到了日后改变他人生轨迹的那个人——陆费逵（1886—1941）。1922 年 9 月 29 日下午，吴淞中学商科请陆费逵到校作演讲；演讲结束后，校方宴请陆费逵，舒新城作陪。两人之前只有"神交"：舒新城早在中学时期便通过《教育杂志》、《中华教育界》等杂志读过陆费逵的文章，故而对陆有较深的印象；而陆则同样对舒发表在《教育杂志》、《中华教育界》上的文章印象较深，对舒新城在商务印书馆出版的《实用教育学》、《教育心理学纲要》亦有所了解。席上一见，两人顿生相见恨晚之感，加之舒、陆皆属健谈之人，以至于饭桌上的其他人只得闭口，静听两人高谈阔论。饭吃完了，他们的话仍未完，以致返沪的车期（当时淞沪火车每 90 分钟开一次）延迟一班；这次谈话虽然酣畅淋漓，但显然还不够尽兴，两人相约"改日再谈"。不久，陆的"谈话瘾"又犯了，函约舒新城赴沪再长谈一次，这次的谈话大约从白天进行到晚上，以致舒新城错过了回吴淞的末班车，只得在旅馆过夜，颇有古人"秉烛夜谈"之雅。自此而后，舒新城和陆费逵时有晤面，畅谈的时间更长，有时甚至一谈就是整日，舒新城的稿件也渐渐移到中华书局出版。

　　改革事业总是会遇到阻力，更兼舒新城及其同人们年轻气盛、缺

---

　　① 舒新城：《心理学初步》，中华书局 1923 年版，序言。

乏历练，他们的道尔顿制试验在校方的压力下最终半途而废，舒新城则继续去寻找新的理想园地。

在吴淞中学的一年半时间里，凭着推行和宣传道尔顿制，舒新城的人生事业出现了一个高峰，逐渐获得全国性的名声。舒新城显然也意识到这段时光之于他教育事业的重要性，多年以后，他回忆道：

> 我在吴淞一年半，因为年少而浮薄，处事无方，不独平静的中国公学，被激成许多风潮，且激动全国的教育界。不过这一年半中，在个人生活却得着很多的益处。概括地讲来，第一是海阔天空的海滨：那水天一色的大自然，常使我感觉个己的渺小而无形将胸怀扩大。第二是东荪的信任，使我有磨练学校行政及实行教育主张的机会。第三是一群"浮薄少年"的友谊：使我尝着"志同道合"的生活滋味。第四是一群纯洁青年的信赖，使我感到教育力量的伟大。第五是同事们的学术氛围和上海出版物的便利，使我在学问上有多方的接触，眼界扩大，努力加强。第六是北方一行，使我于多明白些当时实际的教育情形，致见解渐趋实际而外，在环境方面，使我能见南北两京历史的伟迹，与地面之寥廓；在人物方面，使我得见我久所仰慕的梁任公先生并结识了教育界的许多人——张伯苓、张敬虞、凌冰、胡石青、傅种孙、张耀翔、朱经农、瞿世英、徐六几、郭梦良、胡善恒、罗敦伟、耿济之、王克仁、邰爽秋、陶知行、廖世承、王衍康、陆殿扬、俞子夷、杨文伟等二十余人，均于那次初晤。第七是使我有机会认识了陆费伯鸿先生，使我以后之著述生活，

因他的助力而获实现。①

近现代著名出版家陆费逵有段名言："我们希望国家社会进步，不能不希望教育进步；我们希望教育进步，不能不希望书业进步，我书业虽然是较小的行业，但是与国家社会的关系，却比任何行业大些。"② 教育与出版之共生关系可见一斑，舒新城在此阶段的教育改革实践及其与教育界名流的交往，实际上也为日后舒新城进入中华书局做了一定程度的铺垫。

（三）忙于著述与演讲的南京时光

1923 年 2 月，舒新城决计离开吴淞中学，转而去南京寻求新的理想园地。临行前，舒新城去向相识不久但交情已深的陆费逵告别。

此时，中国的中学教育界和出版界的面貌焕然一新，其促成者就是"新学制"。近现代中国教育体制的确立是一个较为长期的过程，课程标准的不断调整使得教科书的形式和内容经常变动，烦扰异常。直到 1922 年 11 月北京政府颁布《学制改革方案》，史称"壬戌学制"，又称"新学制"，中国现代意义上的教育体制才最终确立。"1922 年学制标志着中国近代以来的学制体系建设的基本完成。由此，中国的学制系统从几乎完全抄自日本的壬寅学制（1902 年）、癸卯学制（1903年）、壬子癸丑学制（1912—1913 年）到取法欧美，发生了重大的转

---

① 舒新城：《我和教育：三十五年教育生活史（1893—1928）》，广东人民出版社 2016年版，第 173 页。

② 俞筱尧、刘彦捷主编：《陆费逵与中华书局》，中华书局 2002 年版，第 440 页。

变，实现了从近代教育向近代教育的成功转型，并影响至今。"①

需要指出的是，1922 年 12 月，在南京召开的新课程标准起草委员会专家会议上，舒新城、陈步青、廖茂如、朱经农、段育华、朱君毅、顾珊臣七人被委员会聘为中学组专家，他们讨论了三天，商定了初中必修科目名称、学分数、毕业最低限度标准三项及高中公共、必须科目、分科选修科目、纯粹选修科目之名称、学分，以及必修与选修及专修与必修之比例等。几家大的出版企业亦准备于 1923 年春推出新学制教科书。

舒新城此时来向陆费逵告别，无疑令陆费逵的眼睛大放光芒，在他的心中舒新城是主持新学制教科编辑工作的最佳人选。陆费逵当即恳请舒新城进局主持编辑工作，舒新城以不愿居沪为由推辞；陆费逵见他辞意坚决，也不相强，退而求其次，请舒新城为中华书局编写《公民课本》，他也没有答应。两天后，他又约舒新城晤面，再次恳请舒新城编写《公民课本》，舒新城告以"法律、政治、经济、卫生等非素习，及无可依据之标准等等，请其改约他人担任"。陆费逵则以其资深出版人的阅历，诚恳地向舒新城说明"舍君其谁"，陆费逵的一席话深深地打动了舒新城，多年后舒新城仍然清晰地记得当日的对话，陆费逵的原话如下：

> 要这四种科目都是素习，中国恐无其人。初中生所需要的是人生常识，而不是纯粹的科学，你的常识就我所读过的你的著作及谈话看来，可称一部活的百科全书，只要把你的常识略加整

---

① 石鸥、吴小鸥：《中国近现代教科书史》，湖南教育出版社 2012 年版，第 228 页。

理，即可成为一部好的《公民课本》。至于"依据"，则尽可以你的经验与学力从初中学生需要上假定一个标准。现在之所谓专家，对于某科诚然有其长处，但对于中学生的需要恐怕未必像你有了六七年中学教育经验者之明了。[①]

在陆费逵的鼓励下，舒新城最终接受了编写《公民课本》的任务。1923 年 2 月 21 日，舒新城举家从吴淞搬迁至南京，在南京头几个月里，编写教材成为舒新城最重要的日程安排。此书不过六七万字，但因为无所依据且内容包罗万象，所以拟定纲目、阅读参考书花费了三四个月的时间。直至 6 月初才执笔，6 月底即已完毕，8 月由中华书局发行，至 1929 年 6 月已出到第 11 版。该书之所以能如此畅销，主要是编辑方法比较科学有新意，体现为如下几点[②]。

（1）本书分为团体生活、政治组织、经济生活、社会问题、国家关系、道德关系六大段落。每一段落共四章，每章四节，各章之后，附练习问题若干。预计每节教授一小时，每章以一小时讨论问题，每一大段落为一学分的材料。如每学期教一学分，全书可供三年之用。

（2）公民科目所含的内容比较抽象，而照新学制所规定，初中学生的年龄为十三岁至十五岁。此时理解力还没十分发展，文字太严肃，容易流于干枯，足以使学生生出厌恶之念，故本书用故事体。但因编者不会作文艺文，结构语调，都不优美，不过以此作引子，便教

---

① 舒新城：《我和教育：三十五年教育生活史（1893—1928）》，广东人民出版社 2016 年版，第 252 页。
② 舒新城：《新中学教科书初级公民课本第一册》（第九版），中华书局 1925 年版，编辑大意。

者自为变化。为什么要用故事体编教科书的理由很长，而且是现在教育上的一个重要问题，《中华教育界》十三卷第六期中编者有《游戏教学法之要理及方法》一文，论及此事，教者可参阅。

（3）公民科的目的在于"知行并进"。关于知的方面，于正文材料外并附有许多联系题目，引导学生自己研究，关于行的方面不用消极的敦诚，而用积极的暗示——如开会阅报组织读书会等——使学生于无形之中受其影响，并望教者随时以人的暗示辅其实行。

（4）该书编就，曾邀中学生数人阅过一次，他们所不明了的，大概修改过一次，故三本之中，文字深浅不同。

（5）普通公民课本，少有讲及道德问题。该书最后一篇独加入此项者，实由编者历年和中等学生相处，而感触有加入的必要。书中内容，也可以说是编者素日的理想。

虽然舒新城之前也编写过几部教材，但都是在讲义的基础上编辑而成，缺乏系统性和计划性，而《公民课本》则是舒新城首次严格按照计划编辑的教材；而且之前均是舒新城编好书稿后卖给出版社，此次则是由出版社约稿。舒新城在教科书编写上可谓"屡战屡胜"，这与他的科学的编辑思想是分不开的，但就上文中的"编辑大意"，我们可以窥见一斑：教科书的内容应该与受众的特征相契合、教科书应该与时俱进等。舒新城的成功还来自于他具有丰富的一线教学经验，同时不断汲取教育学的前沿信息，将其运用到实践中去。这本书在学生中的影响是比较大的，并且成为联结舒新城与刘舫（舒新城夫人）的第一条线索，此系后话。

此时期舒新城编写的另一本教科书也非常值得一提，那就是《新中学教科书人生哲学》，这本书初版时间是 1924 年 9 月，至 1932 年

6月已出到第17版①，这个成绩是很了不得的。

"人生哲学"是1922年新学制中的一种新科目，这个科目由舒新城在1922年冬的"全国教育联合会新学制课程标准起草委员会会议"上提出，并获得通过。1923年，部分中学设立该科目。"人生哲学"作为一种新科目，其内涵与外延应该如何界定，并没有前例可供借鉴，不得不自行创造，因此，舒新城决计编写一部供中学生使用的"人生哲学"教科书。在这本书中，舒新城对自己的人生观做了全面的梳理与总结，并冀望其能对青年学生起到一定的引导作用。舒新城在该书的自序中对自己的人生哲学作了言简意赅的阐释："人生哲学是以科学实证的人生机体、活动为依据而讨论人生之意义、究竟、修养等问题的学问。"②

此外，该书虽然名为《人生哲学》，但是其中的大部分内容却是与人生最有关系的科学常识及哲学常识。之所以如此取材，一是因为舒新城有感于斯时的青年倾向于"多谈主义"而"少研究问题"，他想通过介绍科学常识及哲学常识以引起青年学生研究科学的兴趣；二是因为人的秉性各异。舒新城尽可能地在书中为青年读者呈现健康的多元知识，便于学生选择。这体现了舒新城内心深处的"启蒙者"意识——为青年学生普及新文化常识、促使他们养成"新青年"意识。

教师（主要是中小学教师）跳槽到出版社编写教材，这在民国时期是极为普遍的现象，商务、中华、世界、大东这几家大企业的编辑部门里面，来自一线的中小学教师占了总人数的一大半；出版社也热衷于从教育界"挖角"。在陆费逵眼中，舒新城显然是一位"要角"，

---

① 舒新城：《新中学教科书人生哲学》（第十七版），中华书局1932年版，版权页。
② 舒新城：《新中学教科书人生哲学》（第十七版），中华书局1932年版，序。

势必要挖过来。

需要注意的是，近现代欧美国家的教科书，"多半是富有教育经验的专家，拟就初稿，经过多次试用，而后出而问世的。有些教科书，是名教育家一生数十年教育经验之硕果"①；而中国近现代的教科书生产机制"除了采用局外特约编稿与自己写稿投寄书店两种外，主要还是物色相当的人到局内专任编辑"②。时人认为这种机制"是暂时的，断不可久远因袭下去，看做理所当然的事。教本要求其适合教学之用，不应在远离课室所与实验的编辑所里编成"③。与当今大部分出版社将教科书"内容"外包给学校教师的做法不同的是，民国时期的几家大书局一般都设有专门从事教材编写工作的部门，而且这个部门一般占据了编辑所的半壁江山，甚至在一定程度上可以说编辑所其实就是"教科书编辑所"，商务、中华、世界和大东皆是如此，这种"过渡时期"的教科书编撰体制有其存在的合理性——中国近现代教育业与出版业均处于其发展的摸索阶段。

虽然舒新城没有应陆费逵之邀进入中华书局，但是舒新城与中华书局的关系开始密切起来，往后的几年，舒新城的名字时常见诸中华书局的教材中。

舒新城在南京的一年零八个月中，大半时间用于著述；此外则

---

① 汪庆祥：《中等学校各科教学用书调查报告》，华北基督教教会协会 1936 年版，第 2 页。

② 朱剑芒：《在世界书局服务期间的一些回忆》，载中国人民政治协商会议江苏省常熟县委会文史资料研究会主编：《文史资料辑存第六辑》，中国人民政治协商会议江苏省常熟县委会文史资料研究会 1966 年版，第 1 页。

③ 朱肖鼎：《毕生从事文化教育的朱新》，载中国人民政治协商会议江苏省昆山县委会文史征集委员会主编：《昆山文史第 6 辑》，中国人民政治协商会议江苏省昆山县委会文史征集委员会 2002 年版，第 43 页。

在东南大学附属中学担任教职，只是纯粹的教书和研究，不负行政责任；演讲也是此期间的一项重头戏。由于他最早实验此制，故各地纷纷来人来函询问，为了回应他们的质疑问难，他于1923年暑假在东南大学举办道尔顿制讲习班，专讲此制并解答提问。不久，应上海、白马湖、武进、宜兴、武昌、长沙等地的邀请，到各地作有关道尔顿制的讲演，介绍研究所得，供有志教育改革者参考。前后历时四十余日，历地四省——江、浙、湘、鄂——讲演数十次，听众数千人。

1924年4月，舒新城为了研究实际教育问题，先后去芜湖、安庆、宁波、白马湖、绍兴、杭州、嘉兴、上海、徐州等地，深入调查中等教育。在此期间，他著述不断，先后出版了《人生哲学》以及介绍道尔顿制的译著《道尔顿制概论》、《道尔顿制研究集》等。

值得一提的是，舒新城居宁的这段时期，他的交际圈有了一次极为重要的扩展——加入少年中国学会。

1923年11月，经少年中国学会会员李儒勉、曹刍、杨效春、穆济波、恽代英五人之介绍，舒新城与吴俊升同时正式加入学会。该会成立于1919年，宗旨宣扬"本科学之精神，为社会的活动，以创造少年中国"，并以"奋斗、实践、坚忍、俭朴"八个字为信条，号称要把"东亚病夫"的老大帝国，改造成为朝气蓬勃的"少年中国"。这个学会显然具有"科学与民主"的时代思潮，对当时社会上的进步少年具有一定吸引力，各种不同倾向和知名人士如毛泽东、张闻天、恽代英、许德瑜、赵世炎、左舜生、倪文宙、朱自清、王光祈等均系该会会员。舒新城从参加该会后，积极参加活动，曾与会员杨效春、曹刍起草少年中国学会的办学计划，规定学校的目的为"实现本会之宗旨，创造中国的教育"，但因时局纷扰，未能实现。后因会员中政治抱负和奋斗目标不同，产生共产主义与国家主义的分歧，有的走上符合社会发展规律的光明大道，有的陷入泥淖而不能自拔，1925年，该会因此而解体并停止活动。少年中国学会对舒新城的理想信念产生了一定的积极影响，他回忆道：

> 因为当时现实政治变动太多，给予我的刺激太坏，致使我对政治家所得的认知是偏见与无理性，所以从不加入政团，而始终愿保持着超然的态度，努力学问从事社会事业——当时少年学会的"本科学的精神为社会的活动以创造少年中国"的宗旨及王光祈论《少年中国学会之精神及其计划》对我这态度均有重大的影响——对于教育则视为有关国家百年大计的神圣事业，力求脱离政治支配。[1]

在教育资源发达、教育精英集中的南京，舒新城既"坐而言"又"起而行"，他的风头更劲了。很快，远在千里之外的国立成都高等师范学校的前后两任校长吴玉章、傅子东都注意到了舒新城，他们多次盛邀舒新城赴成都高师担任教育学、心理学教职，成都相对上海、南京而言实在闭塞，舒新城思虑再三，最终应允。

1924年10月，舒新城告别生活了一年半的南京，孤身一人再次踏上了追寻理想的征程。下一站，成都。

---

[1] 舒新城：《我和教育：三十五年教育生活史（1893—1928）》，广东人民出版社 2016年版，第 166 页。

（四）成都高师的惊魂时光

蜀道难行，舒新城于 10 月 15 日出发，抵达成都高师时已是 11 月 3 日。

此次赴川，舒新城其实是有私心的，他在回忆录中写道："若果只为教书，我还不至于到成高来。所以我来成高除了应成高之聘的责任而外，还有我自己的目的，因而留在此间的时间，最多亦只有一年。""游四川是我的夙愿，此来之主要目的在于自己求学，以游历与考察为求学的方法。"①

成都高师于 12 月下旬放寒假，至次年 3 月方才开学，故而舒新城在成都高师教课的时间并不长。在长达三个月的寒假里，舒新城应邀在成都及周边的一些学校作演讲，他的演讲太有"魔力"，以至于在成都教育界刮起了一阵"舒新城旋风"。用舒新城的话来说："成都报纸几乎无日不有我的姓名。当时的成都青年，有许多好似中了魔一般，对于我的一言一行，都觉得有一种引诱力而有意无意地在那里模仿。"②

当时成都教育界守旧势力较大，守旧势力反对"男女同校"、"师生恋爱"，而舒新城在演讲中对此类现象是加以赞扬的，部分师生围绕舒新城形成了"新文化派"，这引起了一些人的忌恨，他们形成了"驱舒派"。4 月下旬，"驱舒派"诬陷舒新城与刘舫相恋，欲置舒新

---

① 舒新城：《我和教育：三十五年教育生活史（1893—1928）》，广东人民出版社 2016 年版，第 200 页。
② 舒新城：《我和教育：三十五年教育生活史（1893—1928）》，广东人民出版社 2016 年版，第 214 页。

城于死地。刘在读师范中学时曾读过《公民课本》，该课本是用故事体编述的，比较有趣味，给予青年的印象也比较深刻，所以她对于编者姓名也很注意。舒新城来成高后，刘舫曾就学业问题请教舒新城，但二人并无恋爱关系，"驱舒派"为达目的而不择手段，对舒、刘二人加以诬陷。

1925 年 4 月 28 日，"驱舒派"分头搜捕舒新城，并扬言捕到后就地殴毙。舒新城在部分师生及友人李劼人等的保护下，匿居成都两星期，后于 5 月 29 日有惊无险地离开成都，6 月 8 日抵达南京。这里有一段趣事值得一提，为了安全离开成都，友人们对舒新城进行"乔装打扮"：剃成光头，留着短髭，戴副墨镜，并携带名片一盒，上印"京华书局主任"字样。也许在朋友们看来，舒新城是有出版人面相的。

虽然舒新城此次居留四川的时间不足八个月，但这段时光对于他的教育见解及生活方式却产生了决定性的影响。

在教育见解上，舒新城经此风波，对教育独立、教育神圣等观念有了更清醒的认知，并认为改造教育不能囿于教育圈，他决定跳出教育界，告别教师职业，转而专心系统地学习社会科学知识，以整理和研究近代中国教育史作为入手的工作，希冀从历史的脉络中找到改造中国教育的方法。

在生活方式上，舒新城既然决定不再当教师，那就得另找谋生的手段，这个手段就是专职著述。此后，舒新城在生活上仰仗出版界的支持，舒新城的生活与出版界密切联系在一起了，正如他所言："出版界对于我又有极直接的关系"①。

---

① 舒新城：《我和教育：三十五年教育生活史（1893—1928）》，广东人民出版社 2016 年版，第 273 页。

四、以著述为正业

返回南京后不久，河南第一师范学校来电相邀，翌年北京师范大学专函相邀，舒新城皆婉拒之。1925年夏至1928年夏的三年时间里，舒新城专职从事教育方面的著述工作。若无出版界的支持，如此惬意的生活恐怕会是空中楼阁，舒新城回忆道：

> 就我所知，中国教师之专以文字而维持其家庭生活者，在那时似乎未之前闻；而我自民国十四年夏至十七年夏之三年间，则完全恃教育书稿过活，而且过得相当的舒适。我之所以能如此，第一是我少年时在文字上有相当的修养，于写作上颇感兴趣，第二是民国十一年秋，偶然间认识了一位出版界的朋友，给予我许多帮助。①
>
> 在当时的中国教育界对于书籍之需要量不大，出版界对于教育书籍每以其非营业上的良好商品而不愿出版。我在当时虽拥教育家的虚名，寻找承印书籍的地方比较容易，但所有稿件，要无条件地由出版家代为出版，在经济上且可于版税未到期以前预支或于必要时售稿以维持经常开支，却是不大容易的事。这帮助我的出版家是中华书局总经理陆费伯鸿先生。②

---

① 舒新城：《我和教育：三十五年教育生活史（1893—1928）》，广东人民出版社2016年版，第236页。

② 舒新城：《我和教育：三十五年教育生活史（1893—1928）》，广东人民出版社2016年版，第236页。

舒新城将自己能过专职著述生活的原因归于自己的文字修养和陆费逵的帮助，其实他忽略了一点，那就是近十年的一线教学经验以及他对教育的深入研究，使他在无形中具备了精准的选题眼光，他所编写的书稿自然受到出版社和读者的欢迎。出版社毕竟不是慈善机构，而舒新城能够与出版社保持长期的合作关系，也从侧面反映出舒新城具有较强的编辑能力。

这段时期，舒新城一方面编写一些销路较好的教材、工具书，换取稿酬以维持生活，另一方面则有计划地开展近代教育史研究工作。这一时期的著作主要有：《个别作业与道尔顿制》、《中国教育辞典》、《中华百科辞典》、《道尔顿制浅说》、《心理学大意》、《教育通论》、《现代教育方法》、《近代中国教育史料》、《中国新教育概况》、《近代中国留学史》、《民国十五年教育指南》、《近代中国教育思想史》等。此一时期，舒新城在教育史研究方面取得了较大进展，伴随着相关著作的出版，他逐渐成为当时国内教育史研究领域的佼佼者。

（一）理想与计划

1925 年夏，刚返回南京的舒新城去拜访陆费逵，陆"贼心不改"，又要拉他入局主持编辑所事务，舒新城谢绝陆的好意，并将自己的理想与计划详细告知。此时，舒新城的理想是"创立一种以劳力自活而与学者共同工作相互砥砺的私人学院"，"专心致志于近代中国教育史的工作，同时并欲根据个人理想创造一种新的教育制度，以为立己达人救国之具"。① 为实现理想，他制订了详细的计划。计划分为两部分：一是读书，二是著述。

在读书方面，分为自己学习和指导青年两项。舒新城为自己制订了系统的自学计划：

第一是阅读时代知识文献，即大量阅读报纸杂志；

第二是阅读近代史文献，包括国际、国内两部分；

第三是阅读社会科学知识，尤重经济学及社会学；

第四是阅读哲学知识，尤重心理学及道德哲学；

第五是学习外语，除随时阅读英文书刊，学习英文写作外，并重习法文。

这个自学计划放在今天亦不过时，足以供当今出版人自学时参考。

舒新城既然想要创立私人学院，首先得有团队，恰好此时，他在成都高师时教过的两位云南籍学生过来投奔，因此得以组织起一个小小的团队，舒新城除令其参与著述工作直接学习外，还为他们指定书目，令其阅读，并于每天早晨抽出部分时间教授他们英文知识。

在著述方面，除了先将历年积稿及在成都高师的讲义整理成册外，舒新城还拟订了"三部曲"计划。

第一部是生活工作。编辑辞典、翻译英美教育书籍以赚取稿费或版税，维持生活。此为"谋生之道"。

第二部是研究工作。舒新城发现新式教育制度存在着许多问题，他想从历史中去寻找解决问题的办法。为此，他决定对中国近代教

① 舒新城：《我和教育：三十五年教育生活史（1893—1928）》，广东人民出版社 2016 年版，第 267 页。

育史做系统的整理与研究：一是整理自清同治元年设立京师同文馆以来中国改行新教育的史料，进而写成一部较完备的近代中国教育通史及若干专史；二是保存当时的教育史料，每年编一部教育年鉴。此为"立命之道"。

第三部是文艺工作。舒新城平日本喜欢读文艺著作，加之这几年的人生经历颇具戏剧性，对时局亦有许多感悟，因此内心常常想要进行文艺创作。此为"休闲之道"。

回望历史，我们发现近现代的许多大出版家均为自学成才的典范，其中以王云五和陆费逵最为典型，两人均只接受过为时很短的正式教育，"王云五因为酷爱自学，也就随心所欲，兴趣来了，什么都学，甚至抱着辞典和百科全书通读"①；而陆费逵更是被时人誉为"自我挣扎的典范"，将其与自学成才的发明大王爱迪生相提并论。王、陆二人的自学更多地倾向于"涉猎"，舒新城的自学则倾向于"钻研"，故而作为出版家而言，前者的企业家精神更为明显，后者的学者气息更为浓厚，企业家精神与学者气息是出版家应该具备的两个面相，彼此相得益彰。作为出版家而言，首先必须要做到爱书、爱读书。

理想很明确，计划也很有条理，下面且看效果如何。

（二）为青年学生指引求学与为人之道

1925 年至 1928 年，国内政局动荡，战争频仍，此时的中国教育界动荡不宁，与教育相伴而生的出版业也受到极大的影响，学校规

---

① 金炳亮：《文化奇人王云五》，广东人民出版社 2006 年版，第 21 页。

模缩减，学生人数减少，出版机构在营业上只能更加追求商品性较强或销路较好的教科书及工具书，对文化性突出的出版物一时难以顾及。因此，舒新城的著述计划也必须得与此相适应，理想不能凭空建立，为了维持生活、支撑理想，他将相当部分的时间与精力用于编写教科书和工具书；所得稿酬也相当丰厚，得以维持较为舒适的生活。

作为经受过"五四"洗礼的新青年，舒新城编写的教科书中充分体现了他的启蒙意识，他结合自己丰富的教学经验及研究心得，逐渐形成了自己的教育观，并将这种教育观贯穿在教科书中，概而言之，他的教育观就是帮助学生养成自我学习和终身学习的能力，通过不断学习逐渐成长为符合时代要求的"新文化"青年。

1. 第一本译稿：《个别作业与道尔顿制》

1925 年 7 月，道尔顿制的创始者帕克赫斯特（Helen Parkhurst，1887—1973）来华演讲数月，并赠予舒新城数本关于道尔顿制的英文书。舒新城以道尔顿制"起家"，但鉴于 1924 年秋以后，国内教育界对道尔顿制的种种误解，他不再谈论道尔顿制。此次帕克赫斯特女士来华，国内教育界又掀起一阵道尔顿制风潮，舒新城以"资深编辑"的选题眼光察觉到"道尔顿制"会是一个好选题。于是，舒新城花费一个多月的时间，将帕克赫斯特女士所赠的《个别作业与道尔顿制》（*Individual Work and the Dalton Plan*）译成中文，换得稿费 500 元，以此作为教育著述与创立私人学院的启动资金。该书的初版时间是 1925 年 9 月，定价一元二角，再版于 1931 年 11 月，定价不变。500元在当时并不算少，同时期商务印书馆的 160 多位编辑，月薪在 50

元以上者只有总人数的1/3[1]，就是这50元，在当时的上海也是够一家四口日常开销的。舒新城所说的靠稿费过较舒适的生活是有依据的。

2. 两本积稿：《教育通论》与《现代教育方法》

舒新城在大学期间的专业虽然是英语，但大学毕业后，他只在兑泽中学担任过一学期的英语教师，其他大部分时间里他所教的科目都是教育学。早期，他曾采用过坊间出版的教育学课本，但他对既有教材并不满意，随着经验的增加，他开始自编讲义，这以后遂成为他在教学上的一种习惯。

1924年在成都高师期间，舒新城曾为教育系预科学生开设"教育通论"课程，他想在课程上有所创新，于是打破以往教育学之模式，自行拟定一种新的课程方案，以培养学生的教育常识为主要目的。既然是创新，模式难以规定，自然就少不了在摸索中前进，因此，舒新城也只是粗略编了一本讲义作为教学之用。1926年春，舒新城着手对此讲义草稿进行整理，历时数月，终于编成一本较为成熟的《教育通论》。该书初版时间是1926年2月，定价8角，到1932年9月已出至第11版[2]。以大学教材而言，该书能保持如此高的再版频率，不可谓不畅销，其为舒新城带来的版税收入也是很可观的。

舒新城在该书的自序中提出编辑目的有三："（1）给学生以相当的教育常识，即希望读者读完此书知道'教育'是什么；（2）启发学生研究教育的思想兴趣，即希望读者读完此书知道教育中有什么重大问题——尤其是中国的教育问题——值得大家努力；（3）指示学生研

---

① 胡适：《胡适的日记》下，中华书局1985年版，第152页。

② 舒新城：《教育通论》，中华书局1932年版，版权页。

究教育的门径，即希望读者读完此书后为进一步之研究，亦可依据书中所示之途径进行而不致误入歧路。"① 因此，该书的选材涉及与教育有关之各个方面，尤其注意选用中国教育现状及研究方法方面的素材。

通过整理积稿而成的另一本书是《现代教育方法》，该书是舒新城为数不多在商务印书馆出版的书中的一种，该书被纳入商务的"师范丛书"，初版于 1930 年 9 月，定价一元六角，再版于 1933 年 2 月。该书分三个部分：（1）叙述现代教育方法的意义、范围及其背景；（2）列举蒙台梭利法、葛蕾制、设计教学法、道尔顿制、哈沃特制，以及英、德、美三国的各种教育法；（3）论述创造中国新教育方法的途径。舒新城编写这本书的缘由在于他对中国近代以来的教育方法有许多怀疑，他想通过梳理英、德、美三国的教育法，找到改进中国教育的方法，这其实是一种比较制度的视野，写作的难度是比较大的，尤其是涉及大量外文资料的搜集、整理与分析。这本书在当时算得上是研究教育方法的代表性著作。

3. 倡议编教育辞典：《中国教育辞典》

"社会的发展和科学的进步是辞书发展的动力，19 世纪以来有三种因素推动了我国辞书的发展：一是科学上的重要发现、发明以及各种学说、社会思潮对辞书学产生了影响；二是社会的需求促进了辞书编纂的发展演进；三是辞书学自身一系列编纂理论和实践的探索。三者之间的相互联系相互制约促成了我国辞书在这一时期的长足发

---

① 舒新城：《教育通论》，中华书局 1932 年版，序。

展。"①20世纪二三十年代，出版界先后兴起过古籍出版、辞书出版的热潮，这是对社会思潮的呼应。

在成都高师时期，舒新城就酝酿着编纂一部《中国教育辞典》，并搜集了许多材料。返回南京后，因为忙于近代中国教育史的研究与编辑《中华百科辞典》，无暇进行。1926年秋，余家菊来南京任东南大学教授，与舒新城比邻而居，偶尔谈及《中国教育辞典》问题，余家菊对此颇有兴趣，两人遂商定由余任总纂，舒新城则负责教育史、教学法、教育心理学等科目。舒新城此时还负责为中华书局编纂《中华百科辞典》，人手较多，他遂将该辞典的部分编纂人员抽调到《中国教育辞典》编辑部，以十余人之力费时半年，终于将《中国教育辞典》编成。该辞典共计60余万字，1200余页。

虽然这部辞典是由舒新城倡议，但由于事务繁忙，舒新城投入到这部辞典的精力并不多，辞典的编排体例、收词范围等皆由余家菊决定。舒新城真正操刀主编的第一部辞典当是《中华百科辞典》。

4. 辞典处女作:《中华百科辞典》

1925年夏的某一天，舒新城去拜访陆费逵，坦诚相告自己创办私人学院的理想，以及打算编纂辞典售稿筹款的计划，陆费逵建议舒新城首先编辑百科性质的辞典，并答允由中华书局代为出版，于必要时可购稿或预支版税，在查找资料上，中华书局图书馆也将尽可能地给予便利。舒新城读书素来有记笔记的习惯，"五四"以后，各种新名词层出不穷，为了便于自己参考，舒新城随时摘录新名词，积稿

---

① 徐时仪:《西学东渐与近代中国辞书编纂》,《辞书研究》2010年第3期。

甚多。陆费逵一语惊醒梦中人，舒新城遂决定编辑一部面向青年的《中华百科辞典》。这部辞典的编纂工作开始于 1926 年，至 1928 年年初完稿，1930 年初版，定价 8 元，此后分别于 1931 年、1934 年及 1936 年再版，深受广大青年的欢迎；同时这部辞典也为舒新城主持编纂辞典奠定了一定的基础。

在编纂《中华百科辞典》的过程中，舒新城显现出他较强的统筹全局的能力和先进的辞书编辑理念。

先看他统筹全局的能力。要做好一项事业，人才和资金是关键因素，这两项因素关乎全局。

这部辞典的编纂人员多达二十余人，他们是：舒新城、罗文汉、吴廉铭、刘范猷、孙承光、王叔明、宁卓群、徐嗣同、刘乙青、杨若海、刘定胜、陈金奎、吴季诚、汪蕴真、吴仲齐、叶学时、施惕民、郭曼鹤、麦穗芳①。其中，罗文汉、孙承光、刘定胜、杨若海系舒新城的学生；刘范猷系舒新城的大学同学，他厌恶案牍工作，放弃湘军某部秘书长职务而来投奔舒新城；吴廉铭系中华书局南京分局副经理，因不愿过持筹握算之生活，前来加入。此数人为核心编纂者，他们的受教育程度、人生阅历不尽相同，舒新城能够做到量才适用，使他们在各负其职之外而又相互配合，这充分体现了舒新城高超的统筹和协调能力。

这部辞典前后费时两年有余，专职编纂人员有七八名，每月的开支不是一笔小数目，这笔钱自然要由舒新城来支付，换句话讲，舒新城要负责按月给专职编纂人员发工资。1926 年，专职编纂人员还

---

① 舒新城：《中华百科辞典》，中华书局 1930 年版，版权页。

不多，舒新城靠出售两部书稿，预支一些版税，并将人寿保险单及万国储蓄会单抵押出去，尚可维持。到了 1927 年，专职编纂人员增多，每月开销要三四百元，而时局又是变乱相随，版税收入减少，售稿亦较困难，经济压力很大，几有不能维持之感。为了筹集资金，舒新城便向老朋友陆费逵求助，陆费逵爽快应允，每月垫付 300 元；同时，舒新城欲将《现代教育方法》的书稿卖给商务印书馆，彼时由于南北交战，上海战乱不安，商务印书馆暂不收稿，好在商务的高梦旦古道热肠，代公司收下书稿，高自己垫付 800 元稿费给舒新城。如此，资金的问题总算解决了。多年后，舒新城感慨道："这部书稿竟能在政局变动之下而能安然完成。这是不能不感谢当时的出版家的。"[1] 这出版家指的便是陆费逵和高梦旦。

这位高梦旦（1870—1936）先生也是中国近代出版史上特别值得一提的人物。他名凤谦，字梦旦，福建长乐人，中过秀才。1904 年，张元济聘请高梦旦入商务印书馆编译所任国文部部长，后继任编译所所长。高氏为人谦逊，性格温润，善于调节商务高层之间的矛盾，张元济对高颇为倚重。高梦旦具有识别英才的慧眼，且爱才如命，他断定当年还是毛头小伙的郑振铎具有非凡的才干，为了使郑振铎长期留在商务，高梦旦将幼女许配了郑振铎。当陆费逵和沈知方还只是商务的小职员时，高梦旦认定此二人终非池中之物，他日若脱离商务，必将成为商务的劲敌，后来的事情果然如他所料。五四运动之后，高梦旦自觉跟不上时代潮流，主动提出让贤，多次诚恳地敦请胡适出任编译所所长，令胡适大为感动。可惜胡适志不在此，他转而推荐了王云

---

[1] 舒新城：《我和教育：三十五年教育生活史（1893—1928）》，广东人民出版社 2016 年版，第 277 页。

五。从年龄上来讲，高梦旦是胡适和王云五的长辈，但是高梦旦从来不摆长辈的架子，对王云五尽心提携，关爱备至，以至一向自视甚高的王云五都不禁赞叹高梦旦是"当代圣人"。此番高梦旦仗义相助，舒新城感念在怀。

再来看舒新城的辞典编辑理念先进在哪些地方。这部辞典虽然合多人之力编辑而成，但内容体例均由舒新城拟定，并且请友人赵叔愚、李儒勉、汪桂荣、宗白华、徐悲鸿、吴俊升等人提过意见；全部稿件亦由舒新城校阅。他的目的是希望该辞典于辞典之外，兼备常识教科书的功用。故而该书体例上虽然为辞典，但实质上则兼顾各学科系统知识，所以在每条条文之下，依其性质照学科项目分类，于题目下以单字或二字标明之。

该辞典在编纂上有以下特征①，这是该辞典得以畅销的主要原因。

（1）注重收录新名词，释义简洁明了。中国自清末改行新教育制度以来，全国教育已逐渐资本主义化，中等以上之教育，至有中产子弟不能享受之势；而世界文化互相激荡，欧战以后，变化更大，既不能使国人不与接触，亦无相当之辞书足以解释其日常见闻之名词；即使能得入中等学校，而学校教育每倾重于课内的系统知识之灌注，忽略实际社会之需要，常致毕业后对于报章上习见之文字而不能完全了解；甚至一事之来，则因误解名词而盲从传会，使社会多所扰攘。该辞典即以最经济之方法，将青年及一般社会应具之知识，分门别类，用浅显文言为可观之说明。收集通用名词万余条，一以中等学校之各种科目为标准，一以一般社会所需要之基本知识为根据，而尤注意于

---

①　舒新城：《中华百科辞典》，中华书局 1930 年版，凡例。

教科书或专业训练中所不易见之常识事项。以冀其对于在校者之修学、服务者之治事均有相当助益。

（2）科目比例合理。该辞典系采分科编辑方法：即根据主编者十余年来从事中等教育及服务社会之经验，从各方面估量青年及一般社会应具之常识，厘定纲目，再请教各科专家参订之，然后分门编撰；其不属于学校科目与专门业务范围以内者，则从历年所阅关于各方面之中西报纸杂志中搜集其最流行之名词，依其性质，参考各种书籍分别选辑；编纂后，始按笔画排比。故本书科目虽多，尚少倾轧之弊，各科分量则依需要而定，详情见表2-1。

表2-1 《中华百科辞典》科目比例表

科目	子目	百分比（%）	
		以条目计	以内容分量计
社会科学	历史、教育、地理、政治、社会学、社会主义、社会问题、财政、法律、科学通论、经济、论理学等	34	37
自然科学	物理、化学、植物、动物、矿物、生物学、心理学、天文学等	26	24
文艺	文学、语言、音乐、绘画、雕刻、建筑等	18	18
数学	算术、代数、几何、三角、数学通论等	8.5	7.5
应用科学	工业、商业、医学、图书馆学、军事、农业、家事、统计学、卫生等	7	7
哲学	哲学、宗教、伦理、美学等	6.5	6.5

（3）注重考证。辞典重在介绍知识、便利参考，在内容上力求充实，在篇幅上力求简略，各种名词之解释，均以通行正确者为主，而

尤注意于出处之考证，异同之辨别，谬误之校订，以求自成体系，可资依据。其有数说并行者，则并存之；现代之中外人物，则就其在学术上或事业上之贡献有定评者录之。各条目中有须阅他条方能了解本条之内涵者，则于字下加 ※ 号以别之；有互相阐发，或异名同义，或附载他条者，则于其后书参阅某条、详某条、见某条；其日常应用之名词无须详释者，则列为图表，附录于后，以节篇幅。

（4）详列参考文献。该辞典原以增进国人基本常识为目的，故分科编辑、侧重实用、使各科目自成系统，并于篇末附分类索引，以便按照需要及兴趣分门阅览，换言之，本书虽为辞典之体式，性质上则兼顾各科系统知识，冀于辞典而外兼具常识教科书之功用。

舒新城编辑辞书能够取得成功，在很大程度上得益于他从小养成的自学习惯，"台上三分钟，台下十年功"，舒新城时刻都在储备着知识、不断调整自己知识结构，机会总是留给有准备的人的，他的成功也是情理之中的事情。

舒新城本是教育家，他对于指导青年学生学习有着天然的使命感，他编这本辞典的初衷便是要为青年学生提供自我学习的门径和信息检索的工具。历史学家刘大杰肯定了这本书之于青年学生的重要意义，请看下文：

　　这几年来，中国出了许多辞典，但都是关于专门方面的多。如《哲学辞书》、《教育辞书》、《科学辞典》等。要找一本适应学生的常识丰富的普通辞书，就不得不推友人舒新城先生编的《中华百科辞典》了。

　　这几十年来，尤其是大战以后因政治经济工商业及其他种种的改革或变动的影响，学术文化也随之而起了重大的变化。在近年来的书本和报章杂志上，不知道出来了多少新名词，而这种新名词，都是有它的特殊意义，有它的特殊解释的，一本《康熙字典》，一本《文化辞书》，已经不能解决现代学生的疑问了。中国现代一般的学生（尤其是内地的学生）的常识的缺乏，是显见的事实。究竟有多少人知道易卜生、杜威、托洛茨基? 有多少人知道《天演论》、《资本论》、《浮士德》呢? 许多中学生见了这种名词，就茫然无所知地失去了那一段、那一节的意义了。

《中华百科辞典》就是现代学生的良师，它能简单明了地解答一切的疑问。它的好处是范围宽广，常识丰富，解释简明，检查便利。全书近两千页，关于各种学问上的重要人名重要著作和最流行的新名词，都包含在里面。后面附有《世界大事年表》、《中国历代纪元表》，也都是很有用的东西。我相信一个学生，有了这本东西，可以解决他读书的许多困难。并且由此而可以得到许多基本的有用的知识。

听说这本书已在再版了。并且编者在再版的时候，又加进去许多新的材料。果如编者在卷头所说的"两三年修订一次"的话，我是相信它会变得更为完美的。[①]

虽然这是一篇书评短文，但文中并无溢美之词，整体是比较客观的。这本书是舒新城"教育救国"思想下的一颗重要结晶，舒新城自谦道："此书虽不能称为佳作，但在我却颇费心力。以其为我辞典工

① 刘大杰:《书评两则》,《现代学生》1931 年第 9 期。

作之处女作，且含有补充教育之意义。"① 在媒介技术如此先进、信息已呈海量化的当下，我们很难真正理解近百年前的青年学子们在获取信息方面是多么艰难，而辞典作为一种综合性的信息集成载体，或许是青年学生获取综合信息（尤其是各学科常识）的最便捷的工具，不太恰当地说，辞书在彼时的地位，有点类似于搜索引擎网站在当下的地位。

如果说上述著作属于"应用研究"性质，那么下面这些著作则属于"理论研究"性质，舒新城作为知名教育史学家的地位也由这几本"理论研究"性质的著作奠定。

（三）求索改进中国教育的方法：醉心于教育史研究

早在 1921 年，舒新城就萌生了研究中国近代教育史的想法，只是到了 1925 年才开始专心于此事。为什么要研究中国近代教育史？舒新城的目的是"从近代中国教育史中，理出一个现代教育所以如此如彼之答案来……专心致志于近代中国教育史的工作，同时并欲根据个人理想创造一种新的教育制度，以为立己达人救国之具"②。

舒新城对于史料的搜集、整理与研究均有一套较为严密、科学的见解，这决定了他研究工作的质量。

搜集史料是开展历史研究工作的第一步骤。舒新城为了搜集近代

---

① 舒新城：《我和教育：三十五年教育生活史（1893—1928）》，广东人民出版社 2016 年版，第 277 页。

② 舒新城：《我和教育：三十五年教育生活史（1893—1928）》，广东人民出版社 2016 年版，第 267 页。

教育史料，既向教育界前辈如蔡元培、梁启超、袁希涛、蒋维乔、黄炎培、陆费逵、黎锦熙等人寻求指引，又向教育界友人如陈启天、向达、武堉干、李儒勉、刘范猷、马耀武等人寻求帮助，同时还开展"田野调查"——走访坊间书肆，可谓"上穷碧落下黄泉"。较具戏剧性的是，1925 年，舒新城偶然间在南京的一家名为"国学图书馆"的旧书店中发现了大量"宝藏"，1925—1928 年的三年间，他通过这家书店积累了丰富的教育史料，以至于在 1934 年舒新城移交给中华书局的 7000 余册教育史料中，竟然有一半来自于这家书店。

在史料搜集方面，他注重六个方面：（1）目的明确，即以某种史料为中心，而搜集与之有关的直接和间接材料；（2）注重各种史实的背景，如现实政治、社会思潮、社会组织对教育的影响；（3）注重平衡，即眼光要开阔，将与教育有关之问题分别搜集，不可以偏概全；（4）注重旁证，即于表面的事实上，再注意其里面的"内幕"；（5）力求准确，即一切史料均要追溯来源，记载日期；（6）要有科学的态度，即以客观事实为立论的中心，不以感情抹杀事实。①

舒新城还对史料来源做了较为细致的分类：（1）文字记录，如正史、公牍、规章、杂志、报纸、专著、个人文集、杂著、轶闻、文艺、金石文、外国人著述等；（2）实物记录，如建筑物、纪念物、图片模型；（3）亲历者口述，如张元济、陆费逵对于教科书的回忆。②

---

① 舒新城：《我和教育：三十五年教育生活史（1893—1928）》，广东人民出版社 2016 年版，第 288 页。

② 舒新城：《我和教育：三十五年教育生活史（1893—1928）》，广东人民出版社 2016 年版，第 288—289 页。

如何整理史料，舒新城亦有自己的独到见解。他认为除去注意审定史料的正误、辨明真伪两种共同方法以外，还需注意下列事项：（1）史料的创造性；（2）史料的冲突性；（3）史料的真实性；（4）史料的普遍性；（5）政治制度及社会思潮对教育的影响。①

有了丰富的史料，加以严密、科学的研究方法，舒新城的教育史研究工作取得了较好的成效，他在教育史方面的著作主要有《近代中国教育史料》、《中国新教育概况》、《民国十四年中国教育指南》、《民国十五年教育指南》、《近代中国留学史》、《近代中国教育思想史》等。

1.教育史料学的开拓之作：《近代中国教育史料》

与舒新城的大部分著作一样，该书依然由中华书局出版，初版时间为1928年3月，共4册，80余万字，总定价3.5元；是年10月即再版②。该书在中国教育史学界有着非常高的地位，当代教育史家杜成宪认为，"舒新城编出了在此后60年中未有人超乎其上的《近代中国教育史料》。不仅为自己的近代中国教育史研究谋了'便利'，且做到了'以存中国新教育之文献'，尤其重要的是他顺手拓出了一块中国教育史研究的新领域——教育史史料学"③。《近代中国教育史料》能够得到读者的认可，首要原因在于舒新城充分地占有史料，其次则是其独到的编辑思想。

---

① 舒新城：《我和教育：三十五年教育生活史（1893—1928）》，广东人民出版社2016年版，第289—290页。

② 舒新城：《近代中国教育史料（第四册）》，中华书局1928年版，版权页。

③ 杜成宪：《中国教育史学九十年》，华东师范大学出版社1998年版，第31页。

首先来看史料的占有。该书编写于 1924—1925 年间，斯时，舒新城对于近代中国教育史的原始材料，已搜购到几千册，堆满了一间屋子。舒新城在搜集史料的过程中，随时翻阅，并将其中可能会用作参考的史料加以标记，以便著《近代中国教育史》时随时取用。后来"因各种材料在旧籍书籣中杂乱无章，翻阅极感困难，因分类抄录，借便抄阅，继思此类材料，在中国新教育历程上，要为不可埋没之事实。但一般研究教育者或师范生，欲于漫无头绪之书报中逐一搜集，其事至难，盖经济与时间既非人人所能胜任，而可遇不可求之材料更难必得"①。因此，舒新城决计就已有史料先编辑一部《近代中国教育史料》，为有志于研究教育史的学者或学生提供资料上的便利。史料如此之丰，编辑工作尚未开始，书便已成功了一半。

再来看舒新城在此书中所体现出的编辑思想。该书虽然是资料汇编性质，但舒新城为此书所花费的时间比同等条件下原创工作花费的时间还要多，主要原因在于他所秉持的严谨、科学的编辑思想。他的严谨和科学突出体现在他对每一则史料的来源及日期必定要考证清楚，请看下文：

> 每篇均须详查其来源，考核其时日，这层在史料上极为重要。常见许多编辑者编辑史料对其所辑之文章不注明来源与时期，竟至全无用处：以史实之时间关系极大，同一事件，在前一个月甚至前一日发生有重大意义，后一个月或一日发生则全无价值；而发表的地方应该注明，不独便人核对，且可从发表之刊物

---

① 舒新城：《近代中国教育史料（第四册）》，中华书局 1928 年版，凡例。

中推论作者与当时社会之关系并可指示读者以寻求他种材料之途径。甚望青年学者注意及之……我对于这部史料之重视，并不亚于我的其他重要著作。[①]

从上述引文可知，舒新城的编辑思想中体现了一种学术规范，对于初学治史者能产生一定的熏陶作用，使初学者能养成一种正确的治史路径。

编选标准也体现了舒新城编辑思想的科学与严谨。《近代中国教育史料》的时间界定为清同治元年（1862）设立京师同文馆至民国十八年（1929）年8月，跨度长达60余年，教育事迹甚多，只能择其较重大者录入，选择标准为：（1）记录事实现象者；（2）叙述事变因果者；（3）代表时代思潮者；（4）对教育实践产生影响者。

此外，在编辑过程中，舒新城对书中采用之篇章，均详细注明出处，有删节者，加以注明；一事与他事有关，而他事在教育史上无重大影响或未尽属教育范围之内，为节省篇幅计常用按语简要叙述之，但只以叙述事件为主，不加批评，以免影响读者之判断力。

2.研究近代中国留学史的第一本专著：《近代中国留学史》

舒新城也是系统考察中国近代留学教育历史的第一人，[②]《近代中国留学史》是我国第一本研究近代中国留学史的专著，该书由中华书局出版，初版时间为1927年9月，全书约15万字，定价一元，1929

----

① 舒新城：《我和教育：三十五年教育生活史（1893—1928）》，广东人民出版社2016年版，第296页。

② 杜成宪：《中国教育史学九十年》，华东师范大学出版社1998年版，第32页。

年 3 月再版①。

　　舒新城研究近代中国教育史的目的是要编写一部《近代中国教育通史》及若干专史，按照原先的计划，舒新城打算先写专通史，后写专史；后来调整计划，改为专史先行，通史在后。之所以如此，原因有二：其一，"现在的中国，留学问题几乎为一切教育问题或政治问题的根本"②；其二，舒新城写过数篇关于留学问题的文章，搜集了一定的素材。

　　该书分为留学创议、留美初期、欧洲留学之始、日本留学之始、西洋留学之再兴、留日极盛期、庚子赔款与留美、勤工俭学与留法、日本对华文化事业与留日及各部特送留学生、官绅游历、贵胄游学、女子游学、留学资格与经费、留学管理、留学奖励、留学思想之变迁及结论等十五章，并附录六十年来中国留学大事记及参考书籍目录。

3.《近代中国教育思想史》

　　舒新城将《近代中国留学史》与该书称为他研究近代中国教育史的两种副产品，他创作该书的缘由是在与人聊天中偶有所感。该书由中华书局出版，初版时间为 1929 年 4 月，再版于 1932 年 11 月，定价一元四角。

　　该书共有二十一章，分为导论、鸟瞰、方言、军备、西学、西艺、西政、军国民与军事、实利与实用、美感、大同、职业、民治、独立、科学、非宗教、国家、公民、党化等教育思想及女子教育思想变迁史与结论。在系统研究了近代中国教育历程后，舒新城分析中国

---

　　① 舒新城：《近代中国留学史》，中华书局 1929 年版，版权页。
　　② 舒新城：《近代中国留学史》，中华书局 1929 年版，序。

之所以未取得成功的根本原因在于中国教育走近代化道路是出于外力压逼而非自动选择，于是社会民众不理解，保守势力抵触，而食洋不化者则无条件移植，均成为不利因素。因此，他企望通过自己的研究，使人们知道教育与社会组织的关系并深究其后面的文化因素，启发人注重国本，重建中国教育①。

舒新城认为《近代中国留学史》和《近代中国教育思想史》在其教育著作中，算是尽心之作，虽然有时人批评这两部著作存在"就事论事"的局限，责其对于六十年来的社会组织，尤其是经济制度、国际势力的分析不够深入，但我们不能求全责备，这两部书在当时同类著作中算得上是佼佼者。民国时期的教育史学者以舒新城、陈东原、盛朗西最具代表性，"比较而言，舒新城的教育史研究具有更丰富的思想性……同时具有浓厚的分析色彩，这是他高于陈、盛的地方"②。

近现代"绝大多数知识分子走的是这样的两条道路：或者是在共产党领导下走与工农相结合的道路，参加革命斗争，或者是在反动政权下从事他们自称是'工业救国'、'抗日救国'、'教育救国'、'卫生救国'的一类工作。……这样一类知识分子的大量出现，是五四运动以后的现象。这些知识分子一般在当时感受过科学和民主精神的影响，抱有资产阶级民主思想。所谓'工业救国'、'科学救国'等等实际上也是对封建传统思想的一种否定"③。舒新城是"教育救国"群体

---

①　杜成宪：《中国教育史学九十年》，华东师范大学出版社 1998 年版，第 34 页。

②　杜成宪：《中国教育史学九十年》，华东师范大学出版社 1998 年版，第 36 页。

③　胡绳：《论五四新文化运动中的民主与科学》，载中国社会科学院近代史研究所编：《纪念五四运动六十周年学术讨论论文选》，中国社会科学出版社 1980 年版，第 305 页。

中的一员，给予他这种信念的正是五四运动。

近现代出版业群体中既有较为纯粹的知识分子，如巴金、鲁迅等；也有职业色彩较明显的出版商，如陆费逵、王云五等；还有一批出版人，他们则兼具知识分子与出版商的双重色彩，如张元济、邹韬奋等。总的来说，中国近现代出版业是知识分子与出版商的"合股"事业，他们之所以能够走到一起，并进行密切合作，原因便在于出版在促进教育和文学进步方面意义重大，教育、文学、出版三者之间有着天然的纽带联系着彼此。正如陈思和所言："从事出版和教育的这群有着坚定人生信仰的知识分子，正是在两者之间走出了第三种道路，他们把理想之路归诸足下，一步一个脚印地在布满荆棘的中国大地上实践着。"[1] 舒新城之所以进入中华书局，深层原因就在于中华书局能为他提供实践理想的第三条道路——他既能以出版家的身份辅助教育，同时又能以教育家的身份办好出版。这也是张元济、陆费逵等出版先贤投身出版界的深层原因。

在出版界的边缘行走了近十年后，舒新城终于要正式跨入出版界了。

---

① 陈思和：《羊骚与猴骚》，上海人民出版社 1994 年版，第 387—388 页。

第三章

以出版为志业

在近代中国，随着工商部门与自由职业的出现和清末军事改革，从 20 世纪初开始出现了三大新兴精英阶层：知识阶层、工商阶层与军人阶层。其中，知识阶层的群体包括文学家、艺术家、自然科学家、人文学者、教师、编辑、记者等，他们是社会各阶层中受西学影响最深、对现实感觉最敏锐的群体，也最富于浪漫主义气质和乌托邦理想，因而他们总是天然地倾向于社会变革，而且扮演最为激进的角色。① 正如马克斯·韦伯对自身的期许是"以学术为志业"，近代中国知识阶层的各个分群体或"以教育为志业"，或"以文学为志业"，

---

① 许纪霖、陈达凯：《中国现代化史第一卷 1800—1949》，学林出版社 2006 年版，第 17—18 页。

或"以出版为志业",不一而足,虽然"殊途",但他们却"同归"——致力于促进中国的现代化转型。经过了十余年的"教育救国"实践,舒新城终于要"以出版为志业"了。

一、难却陆费逵的盛情

确切地说,如果没有陆费逵的屡次盛邀,舒新城恐怕不会以出版为志业,而中国近代出版史上也将少一位出色的出版家、辞书家。陆费逵何许人也?他有着怎样的魅力,竟然能够改变当时已为著名教育家的舒新城的人生轨迹?

陆费逵(1886—1941),祖籍浙江桐乡,出生于陕西汉中,7 岁时,陆费逵随父亲迁居南昌。陆费逵的教育经历很是传奇,他没有进过新式学堂,只是在幼年时由母亲教育五年、父亲教育一年、塾师教育一年,12 岁时即独立自修。17 岁时于南昌创办正蒙学堂。19 岁时,随其日语老师吕星如赴武昌,与友人创办新学界书店。20 岁时出任汉口《楚报》主笔。因在报纸上揭露粤汉铁路借款问题惹怒当局,《楚报》发刊仅三个月即被迫停刊,陆费逵出走上海,任昌明书店经理约一年,21 岁时入文明书局任编辑,为时两年。23 岁时入商务印书馆任出版部长,兼编《教育杂志》及《师范讲义》。1912 年,与友人陈协恭、戴克敦等创办中华书局,任总经理长达 30 年。抗战时期,国民政府设立国民参政会议,陆费逵两度被聘为参政会参政员。著作有《教育文存》、《论实业家的修养》、《青年修养杂谈》、《妇女问题杂谈》等。综其一生,服务社会 40 余年，而服务于出版界长达 38 年，其毕生精力可谓尽瘁于出版事业。[1]

陆费逵的一生，真正做到了"以出版为志业"。"每个时代都有这样一批知识分子，他们深切地感受到自己所面临的困境与问题，总觉得这些问题与困境需要他予以关注、思考与批判，不这样做他就会觉得于心不安。陆费逵就是一个这样的人。他的职业是出版，他的思考是教育和社会，可以说他的一生都在紧迫追赶着时代"[2]。陆费逵的出版人生中有一条红线贯穿始终，那就是教育，他"是兼出版家与教育家于一身的实践家"[3]。据此来看，陆费逵与舒新城的同质性很高，两人均对教育热忱满怀，对国家和社会有着天然的使命感。

前文述及，舒新城与陆费逵初识于 1922 年秋的一次晚宴上，因为彼此都热衷于教育问题，两人的观点、主张亦颇多相似及相近之处，因此他们一见如故；同时，鉴于舒新城在教育方面的成就，陆费逵觉得舒可能有大用于中华书局，因此他多次盛邀舒新城进入中华书局主持教科书的编辑工作，这是中华书局起家的领域，1922 年，时逢新学制颁布，如得舒新城相助，中华书局在教科书领域势必能更上层楼。"但舒却无意做这样的事情。一来因为他乐于教学生活，二来也不想陷入具体的事务。这和当年商务印书馆邀胡适进馆时胡适的心

① 舒新城：《陆费伯鸿先生生平略述》，载俞筱尧、刘彦捷编：《陆费逵与中华书局》中华书局 2002 年版，第 346 页。
② 王建辉：《陆费逵：以出版为终身事业》，载贺圣遂、姜华主编：《出版品质》，复旦大学出版社 2012 年版，第 147 页。
③ 王建辉：《陆费逵：以出版为终身事业》，载贺圣遂、姜华主编：《出版品质》，复旦大学出版社 2012 年版，第 156 页。

思大体相同，都想做自己想做的事，胡想做学问，做时代的导师；舒则热衷于教学，做一个教育家"①。

虽然舒新城意在教育，但陆费逵锲而不舍地用盛情将舒新城的态度逐步软化，且看其中几个事例。

其一，1923 年春，中华书局拟出一套新学制中学教科书，陆费逵首先想到的主编人选就是舒新城，陆遂诚邀舒进局主持教科书编撰工作。舒新城当时正醉心于推行自己的教育主张，自然不愿陷入琐碎的管理事务之中去，舒新城给陆费逵写了一封信，在信中谈了一些关于教科书编辑理论和对于当时教育界的意见，并详述个人的生活态度。陆费逵知道不能勉强，转而请舒新城编辑《初中公民课本》，且按月预付稿酬，使舒新城的教育著述生活有了可靠的资金保障。

其二，1925 年夏，舒新城从四川返回南京后，特地去上海拜访陆费逵。谈话间，陆费逵再次盛邀舒新城入局任职，但舒新城此时正酝酿着创办私人学院，故再次谢绝陆的好意。陆费逵不仅表示理解，并且真诚地为舒新城提供意见和帮助，还将中华书局图书馆的相关藏书借给舒新城，供他编纂《中华百科辞典》之用。

其三，1927 年春，北伐军进占上海，建立新秩序尚需时日，故而局势较为混乱，鉴于此，当时的出版机构等纷纷停止收稿，这对舒新城的生活造成了很大的影响。是年 3 月 17 日，陆费逵急人之难，特地给舒新城写了一封信，信中述及时局不靖，不能照常收稿，愿意代借千元，以助舒完成《中华百科辞典》及教育史工作，舒新城谢

---

① 王建辉：《教育与出版——陆费逵研究》，中华书局 2012 年版，第 138 页。

绝之。4月13日，在上海避难的舒新城[1]将售卖《现代教育方法》所得稿费300元交给陆费逵，请他代为汇给在南京的舒新城家人以供日用。当日舒新城收到三日前家中的来信，谓中华书局南京分局送来300元。显然，陆费逵急朋友之所急，提早就将稿费划拨过去了。对于陆费逵的古道热肠，舒新城感念在心："此款我虽然未曾取用，但其友情之真挚，是超乎一般朋友之外的。"[2]

其四，1927年5月，舒新城赴上海与陆费逵商定，每月由中华书局预支版税300元至1928年6月为止，陆费逵爽快地答应了。

1925年夏至1928年夏的三年间，舒新城能够安心住在南京，专心从事教育著述，除了舒新城的决心外，主要的外因就是陆费逵的鼎力相助。

1928年以后，南京的局势渐趋安定，舒新城准备趁此安稳时局加速推进自己的私人办学兼教育史研究工作。此时，陆费逵兼任编辑所长已近三年（前任编辑所长戴克敦[3]于1925年去世），纵然陆费逵精力旺盛、才干超群，但同时任总经理和编辑所长也令他颇感吃力，

---

① 舒新城曾参加少年中国学会，与国家主义派的代表人物左舜生有一定的交往。1924年10月，国家主义派的刊物《醒狮周报》创刊，舒新城名列发起人名录（实际上只是具名而已）。1927年4月12日，国民党右派发动四一二反革命政变，大肆"清共"，国家主义派也被清查，武汉国民政府误以为舒新城也是国家主义派的要人，故下令通缉舒新城，舒新城从政界友人处得知此消息，遂到上海避难半个月，后来请政界友人代为疏通，同时舒新城亦登报说明与国家主义派并无关系，通缉令方才得以撤销。

② 舒新城：《我和教育：三十五年教育生活史（1893—1928）》，广东人民出版社2016年版，第317页。

③ 戴克敦（1872—1925），字懋哉，浙江杭州人，中过秀才，清代著名画家戴熙（醇士）后裔。历任杭州求是书院教席、商务印书馆编辑。1912年，与陆费逵共同创办中华书局，历任书局董事、事务所所长，1916年，继范源濂任编辑所长，直至1925年逝世，前后凡十四年。陆费逵称赞道："戴懋哉先生守正不阿，刻苦自砺，……其行为与设施，至今犹奉为典范。"

因此，他一直在寻觅合适的编辑所长人选，而舒新城正合他意。但陆费逵深知舒新城个性很强，在没有充分实践教育理想之前，他是断然不会应允进局的，因此，陆费逵并不明说，反而竭尽所能地为舒新城在事业上提供帮助，他们的友谊也日益加深。

虽然陆费逵一方面愿意成人之美，助力舒新城实现教育理想。但另一方面，由于舒新城名声在外，陆费逵很是担心舒新城被高校挖走，他的担心不是没有来由的：1925 年 6 月，河南第一师范学校来函聘请；1926 年，北京师范大学来函相邀。舒新城均婉拒之。每念及此，陆费逵心实难安，遂于 1928 年 3 月 30 日寄给舒新城一封很恳切的长函，约请舒主编《辞海》。

说到《辞海》的编纂，真可谓是一波三折。1915 年秋，专收单字的《中华大字典》出版后，中华书局编辑所长范源濂[①]与《中华大字典》主编徐元诰[②]，听闻商务印书馆即将出版大型工具书《辞源》，他们遂与陆费逵商议，准备编一本以字代词，兼有普通语词和百科条目的大型综合性辞典，当时便讨论体例、制订选词规则等，并定名为

---

① 范源濂（1875—1927），字静生，湖南湘阴县人，中国近代著名教育家。1898 年，肄业于长沙时务学堂，为梁启超弟子。戊戌政变后留学日本，曾率湖南女子 12 人留学东京，开女子留学风气。回国后，任清政府学部参事，亲自拟定学制及学校章程。1913 年，任中华书局编辑所长，与中华书局创办者之一的沈朵山编新制、新编、新式教科书。1916 年，因出任北京政府教育总长，辞去编辑所长职务。

② 徐元诰（1878—1955），字寒松，号鹤仙，江西吉安人。幼年丧父，就读私塾。考入江西高等学堂，赴日本中央大学攻读法律，由李烈钧介绍加入中国同盟会。归国后，在南昌创办江西法政专门学堂，任堂长。辛亥革命后，任江西省司法司（厅）司长。讨袁失败后被通缉，1913 年 9 月寄居上海。应中华书局之聘，主编《中华大字典》，1915 年面世。收 48000 多字，是中国字典收字最多的一种。1926 年，北伐军攻克南昌，任江西省高等法院院长。次年，北伐胜利，任中央最高法院院长。此后，在上海开律师事务所，并校订《辞海》。1955 年 12 月 13 日在上海逝世。

《辞海》，"海"与"源"相对，中华书局的高层显然希望在势头上，《辞海》能够压过《辞源》。然而，好事多磨，谁也不曾想到，这一"磨"就是十多年。且看其波折历程：1915 年，《辞海》提上议事日程不久，范源濂因出任北京政府教育总长，辞去编辑所长职务，接着徐元诰出任上海道尹，继而转任河南道尹，《辞海》编纂工作便暂停了；后来徐元诰在出版界和政界之间数次出入，《辞海》的编纂工作也时做时辍；到了 1927 年，徐元诰出任最高法院院长，《辞海》编纂工作彻底停顿了。[①] 这令陆费逵忧心如焚。

舒新城本不欲接受《辞海》主编工作，但他与陆费逵之间的深厚友谊，以及陆费逵对中华书局的热诚之心，令舒新城的本心开始动摇。经过数日的苦思，舒新城终于在 4 月 5 日复信应允此事，但他在信中提了一个条件——保留教育史研究工作。4 月 23 日，舒新城赴上海与陆费逵详谈数日，两人达成的共识是：舒新城将自己正在编的《简明文艺辞典》及《人名辞典》并入《辞海》，专任《辞海》主编工作；同时，除主持《辞海》编辑事务及校阅稿件外，舒新城仍可继续开展研究工作。4 月 26 日，双方签订契约。舒新城正式进入出版界，他的人生翻开了新篇章。

虽然签了契约，做了中华书局的"伙计"，但斯时的舒新城并未完全做好"以出版为志业"的心理准备（编辑出版业务上的素养他早已具备了）。他之所以进入中华书局，很大程度上是为了酬报陆费逵的深情厚谊，他的夙愿是通过研究教育史、创办私人学院来探寻改革中国教育制度的方法。因此，在往后的几年里，虽然舒新城在业务能

---

① 陆费逵：《〈辞海〉编印缘起》，载《陆费逵与中华书局》，中华书局 2002 年版，第444 页。

力上无可挑剔，但他的内心却时而纠结，原因在于他对教育研究事业念念不忘，而身陷琐碎行政事务之中的舒新城，不可能再有充足的时间与精力从事于他所深爱的教育研究事业了。

1921 年夏，胡适在商务印书馆考察期间，高梦旦力劝胡适执掌商务印书馆编译所，胡适在日记中表明了他的态度："这个编译所的确是很要紧的一个教育机关，——一种教育大势力。我现在所以迟疑，只因为我是三十岁的人，不应该放弃自己的事，去办那完全为人的事。"[①] 也许舒新城也有这样的考量，他的另一层考量则是性喜自由，不愿陷入行政事务之中。因为要酬报知己，舒新城进入了出版界；在出版实践中，舒新城也逐渐由教育移情到出版。

二、西子湖畔的《辞海》编辑部

与中华书局签订主编《辞海》的契约后，舒新城的新身份是"中华书局局外编辑"。舒新城在南京黄泥岗何家花园设"中华辞典编辑部"，准备在此开展《辞海》编纂工作。

1928 年 9 月，南京国民政府要奉安孙中山先生之灵柩于南京紫金山，政府决定扩修街道，而舒新城的寓所正处在由下关直达东城外紫金山的中山路之线路内，必须拆迁。经过与同事们多次商量并实地考察，舒新城决定将编辑部迁往杭州，此时工作人员已有十余人，参考书数万册。这十多人的团队中，骨干多为舒新城的湖南同乡，如

---

① 胡适：《胡适的日记》，中华书局 1985 年版，第 187 页。

刘范猷、吴廉铭、陈润泉、徐嗣同、杨襄等，彼此之间相处得十分愉快。

舒新城一行十余人由南京乘上直达杭州的火车，他们包了一节车厢，一路上无拘无束地自由谈话，旅途的时光十分惬意。到达杭州时已是凌晨，伴着朦胧的月色，众人在车站附近的一家旅馆度过了一晚；清晨时分，舒新城一行人带着书搬到新寓所中去了。

新寓所是一栋上海式的洋房，虽然房子不及南京旧寓所宽敞，但房前有菜园，屋后有桑林，右边有宽大的校场，前楼又斜对着高耸的杭州名胜保俶塔。舒新城对杭州新寓所是非常满意的，多年后，他动情地回忆道："高耸的保俶塔，时常给我们以振作的暗示，使我们坦然地努力向人生的旅途前进。至于湖上的云烟变化，更可由她反映出来，使我们不在湖滨而能领略西子化妆的神妙。所以到此而后，大家都有'出幽迁乔'之感，而将故人的南京忘却了。"[1]

《辞海》的编纂是个大工程，为了加快编纂进度，舒新城决定就地招兵买马，扩大队伍。遂在杭州本地的报刊上刊登了一则启示，通过考试的方式招聘编辑和助编人员。周颂棣、邹梦禅、鲍松彰、金寒英等相继应聘，编辑人员增至十六七人，另有六七名练习生和助编人员。练习生的年龄都很轻，最小的不过十五六岁，文化程度也只相当于高等小学或初中毕业。舒新城在杭州招聘的编辑人员大多功底深厚，不仅在当时起到了重要作用，后来又随舒新城一道进入中华书局编辑所，成为一支骨干力量。

以周颂棣和邹梦禅为例。周颂棣（1909—1988）毕业于北京大学

---

[1]　舒新城：《狂顾录》，中华书局 1936 年版，第 36 页。

数学系，他英文功底很好，对文史哲也有所钻研，因此他主要负责有关哲学、文学、外国人名、地名、外国历史等科目。邹梦禅（1905—1986）自幼即好书法、篆刻，中学毕业后任职于浙江省立图书馆，得到马一孚、马叙伦、张宗祥等人指授，是西泠印社早期的社员之一。邹梦禅在应聘时正在杭州西湖孤山文澜阁浙江省立图书馆工作，主要从事语言文字和古典文学研究，旁及金石考证与书法篆刻，他进入编辑部后，主要负责语言文字等科目。

此时，编辑部已是兵精粮足，在秀美灵韵的西子湖畔，舒新城和他的同事们井井有条地开展《辞海》的编纂工作。在南京时，舒新城已对前任主编们积累的数十万字的资料进行审读，结果发现原稿中已过时之词条太多，而流行之新词太少，"乃变更方针，删旧增新；然旧词有从前之字书、类书可依据，新辞则搜集异常困难。曾嘱咐同人遍读新书新报，开始时收获尚多，后来则增益甚少，尝有竟日难得一、二辞典者"①。经过半年的热身，编纂工作方才得以走上正轨。每日成稿较多，以致时常令负责审定工作的舒新城应接不暇。从周颂棣的下列回忆中，我们可以感受当年忙碌而有序的编纂生活。

我进入《辞海》编辑室以后，在杭州的几个月内，舒新城分配给我做的工作很简单。他把当时美国出版的一部中型辞书《林肯百科辞典》交给我，要我把其中收入的外国人名（日本人名除外）逐条翻译出来，由他亲自审阅并经过选定后，就交给练习

---

① 陆费逵：《〈辞海〉编印缘起》，载俞筱尧、刘彦捷主编：《陆费逵与中华书局》，中华书局 2002 年版，第 444 页。

生把这些条目抄录下来，作为《辞海》的部分初稿（其中有些条目也同时收入《中华百科辞典》）。每天工作八小时（后来进中华书局编辑所，每天工作时间为六小时）。大约翻译二千字至二千五百字。按条数计算，平均每天翻译十余条，每条两百字左右。①

　　舒新城原先的计划是在两三年之内就把《辞海》编纂成功，但随着编纂工作的进行，他逐渐发现仅凭他们十几人，不可能在两三年内完成这项浩大的工程。1929 年夏，浙江省建设厅举办全国性的西湖博览会，会期三个多月，陆费逵被聘为宣传处长，舒新城为副处长。在此期间，陆费逵曾多次来杭州主持博览会相关事务，陆、舒二人在闲暇之时就《辞海》编纂问题磋商过多次，他们都觉得这次的博览会是宣传中华书局和《辞海》的大好时机，于是率先刊登了预告《辞海》即将出版的广告。9 月 21 日，博览会举行"中华书局宣传日"，散发了陆费逵的书面发言《西湖博览会中华书局宣传月敬告来宾》，称"已出版的《中华大字典》与正在排印的《辞海》，均系煞费苦心惨淡经营之作"。②《辞海》"正在排印"之说言过其实，成堆的稿件还在编辑案头，尚未成型，不过是营销策略罢了，争取广告效应而已，以让《辞海》之名早日深入人心。

　　《辞海》从谋划至此时已有十四个年头了，现在广告既然打出去了，中华书局是拖不起了，也不敢拖了。于是，陆费逵再次邀请舒新

---

　　① 周颂棣：《老〈辞海〉是怎样编成的》，载中华书局编辑部主编：《回忆中华书局》上编，中华书局 1987 年版，第 150 页。

　　② 李春平：《辞海纪事》，上海辞书出版社 2000 年版，第 56 页。

城就任中华书局编辑所长，以调动全所资源加快《辞海》编纂工作进度。舒新城感其诚意，遂于 11 月 10 日签订了任职合同。

三、为《辞海》的编纂工作保驾护航

（一）"调兵遣将"为《辞海》

1930 年 1 月 1 日，舒新城进入上海中华书局，任编辑所长。《辞海》编辑部的原班人马来沪的有：刘范猷、吴廉铭、周颂棣、邹梦禅、徐嗣同、陈润泉、金寒英、施惕民、杨孜省、陈金奎、麦穗芳、郭曼鹤、鲍松彰、叶问时等。原先的《辞海》编辑部裁撤，以原班人马为主体成立辞典部，归编辑所管辖，舒新城兼任辞典部部长，旋即改由编辑所副所长张相（1877—1945）兼任，刘范猷任副部长。

从表面上看，此时的舒新城似乎做起了"甩手掌柜"，实则不然，他依然为《辞海》殚精竭虑，坐镇幕后，调动全所资源，为辞海的编纂工作保驾护航。

舒新城就任编辑所长后，将编纂《辞海》作为编辑所的头号工作来抓，积极调动全所力量支持编纂《辞海》。先调教科书部的华纯甫至辞典部，担任生物及宗教等学科的主编，后请张相兼管辞典部事务。张相原先兼管教科书部，后由金兆梓接任，但是教科书部的许多重要问题，仍要请教张；而且张相为人谦虚谨慎，对于辞典部的工作又不愿意多出主意。所以此后一年多的时间里，辞典部的日常工作，实际上是由副部长刘范猷在主持，比较重大的问题，则由刘范猷随时请示舒新城决定解决①。故而工作抓得不紧，计划性不强，进展不符合预期。

为此，陆费逵和舒新城决计另觅合适的人选来总管其事。1932年7月，经过一番合计，他们决定聘请中华书局早期的教科书部部长、此时供职于北京《中国大辞典》编纂处的沈颐来沪主持《辞海》编纂工作。接到聘书后，沈爽快赴任。沈颐任部长后，锐意革新，增强编辑及审稿力量，先后聘请胡君复、朱起凤、周云青、王景石、常殿恺、瞿润缗等参加。为了充实参考资料及编务、校对人员，沈颐先后调来潘家瑞、赵汝山、赵鹤鸣、施铸英、郁金庄、郁藜青、陈祖裕等。

虽然早在1928年，舒新城就确定了《辞海》的编纂方法：按照词目的性质，各个编辑分类包干。但万事开头难，又兼编辑部设在杭州，远离公司本部，舒新城无法全面调动编辑所的资源，因此，工作进展一度比较缓慢。沈颐接手后，经过一番大力部署，《辞海》的编纂工作才全面进入分类修订、增补、逐批审阅定稿的阶段。

《辞海》编辑部迁到上海后，人员有进有出，主要编辑人员大致稳定在十四五人左右，连同练习生和其他助编人员，不到三十人。词目方面：（1）单字及一般词语数量较多，参加修订编写的人数较多，主要有邹梦禅、朱丹九、胡君复、金寒英、周云青等；（2）数理化、天文、气象等自然科学的条目主要由陈润泉负责；（3）徐嗣同包干政治、经济、法律等社会科学条目以及有关日本的历史地理、人名地名的条目；华纯甫负责宗教（主要是佛学名词）、生理、卫生医药以

---

① 钱子惠：《〈辞海〉的前前后后》，载中华书局编辑部主编：《回忆中华书局》上编，中华书局1987年版，第164页。

及部分动植物的条目；哲学、文艺、教育、外国历史地理、人名地名（日本除外）等条目则由周颂棣负责。总数在一万条左右。至于稿件的整理、保存、抄誊，资料的查阅、核对等工作，都是由十几位年轻的练习生分任。周颂棣曾详述当年的日常编纂工作景象，请看下文：

  每天早上在开始工作之前，经管稿件的练习生打开保险箱，把在上一天已经过刘范猷同志整理好的初稿稿件和所附的资料卡片检出，按照各个编辑包干的类别分成十几束（其中一部分稿件是在上一天收回，还没有修订完成的），送交给各编辑本人。各个编辑就把这些条目逐条进行阅看、修改或重写。修订完成的条目，就在稿纸的右上角签上一个英文字母的代号，作为本人的签名。如果发现修订的词目，与其他词目有关连或内容有交叉，则把所有能够想起来的交叉关系的词目，一一开列出来，交给练习生，从稿箱中把稿件调出，尽可能同时加以修订解决。如果发现在同类条目中，有些条目遗漏未收，则随时参考资料，加以增补。

  每天下午在最后十几分钟的工作时间里内，各个编辑把手头所有的稿件和资料卡片加以整理，把已经修改好的条目抽出，连同资料，合并成一叠，用橡皮筋箍好，送交沈朵山先生审阅。而把其余没有修改好的条目及资料卡，仍交给练习生，收藏在稿箱内。

  老《辞海》的编纂工作，在最后的四五年内，就是这样按部就班、有条不紊地进行的。各个编辑每天能够修改完成的条目，少则两三条（少数复杂的多义单字，有时候工作一天连一条也完不成），多则十余条；总共约七八十条。①

如果将《辞海》编纂比作一场接力赛，那么舒新城和沈颐则是两位强棒赛手。沈颐在接手这项工程时，就下定决心要把《辞海》收入的全部词条，从头到尾，由他自己逐条加以审阅。1932—1935 年间，沈颐每天就在忙着审稿。对于单字和普通词语，认真细致地改正错误或提修改意见；对于各学科的条目，则从文字上加以润饰。饶是如此，每天要审阅各编辑交来的总共七八十的词条，任务也是非常繁重的。

到了 1935 年下半年，各科目的修订编写工作陆续完成，逐批发稿付印。正所谓好事多磨，在付印的过程中，又几经波折。

（二）《辞海》编纂中彰显了爱国气节

真正意义上的《辞海》编纂工作起至 1928 年，终至 1936 年。在这段时期里，《辞海》的编纂几度因为"内忧外患"而导致迁延。

"内忧"是由于 1928 年南京国民政府甫成立时，一度对思想文化实行严厉的管制，而舒新城和他的团队成员们编纂《辞海》要大量搜集新词，须得阅读各种新出版物，稍不留意就会触犯政府的忌讳，给《辞海》编纂工作造成了不小的困扰。编辑部搬到杭州以后，又遭受过一次波折。当时编辑部有一位名叫郑瀚吾的年轻人，是舒新城的同乡。郑瀚吾所担任的是数理化方面的词目，他工作十分认真，稿件上的字迹一丝不苟。工作之余，喜欢阅读进步小说，并参加了进步组

---

① 周颂棣：《老〈辞海〉是怎样编成的》，载中华书局编辑部主编：《回忆中华书局》上编，中华书局 1987 年版，第 152—153 页。

织，因此原因，他被政府盯上了。1929 年 12 月某一天的深夜，两名便衣警察闯入郑瀚吾的住所，强行将郑带走。此事对《辞海》编辑部震动比较大，舒新城后来决定将编辑部迁到上海，在一定程度上是受到此事的触动。

"外患"则来自日本。1932 年 1 月 28 日，日军进犯上海闸北地区，爆发了震惊中外的"一·二八"事变。当时上海的出版企业聚集在闸北地区，大多受到战火波及，其中以商务印书馆受损最为惨重，日军机向闻名中外的东方图书馆（商务印书馆所办）投掷炸弹，进而引发大火，数十万册珍贵的古籍毁于一旦。中华书局亦遭受不小的损失，不得不实行停工减薪的办法，引发了工潮，《辞海》编纂工作因此受到影响。到了 1935 年下半年，历时二十余年、耗费百余人心血的《辞海》书稿终告完工。此时，中日关系更加恶化，国际形势风云突变，中日之战大有一触即发之势。卷帙浩繁的《辞海》书稿将何去何从？这在中华书局管理层中引发了争论。

"当时，因屈于形势，为使二十年功夫不致白费，有人极力主张砍掉《辞海》，以保全自我，即将全稿实行化整为零单独出书。如语词部分变成《国语大辞典》，自然科学部分另编成《自然科学辞典》等。这样一来，不仅有悖于'综合性大型百科辞典'的编纂初衷，而且会搞得面目全非，分崩离析。舒新城首先站出来表示坚决反对。他只坚信两点：一是中国不会灭亡；二是科学在任何时候都是需要的。他据理力争地说：'即使中国亡国了，关于历史上之名词也应存在，社会科学条目决不能取消！'"①《辞海》书稿之所以会在中华书局内部引发

---

① 李春平：《辞海纪事》，上海辞书出版社 2000 年版，第 60 页。

争论，原因在于舒新城坚持收入揭露日本侵华事实的一些条目，如"九一八"事变、"一·二八"事变等，而有人主张担心日方以此为借口给书局制造麻烦。

同人们争论不休，舒新城力排众议，坚决主张必须在《辞海》中展现民族气节，他慷慨陈词道："我国积弱，不能与强邻抗衡，彼污我者我不与辨，已属屈辱，而彼加于我之事实亦默不提，未免不近人情。《辞海》出版于今日，应是今日的东西，绝不能单提往事而不及今日之事，尤不能不提今日人人伤心之事。如恐外交上有问题，则以政府公布之事实为准绳，不加臆测之辞可也。故我主张将此类词目如实叙述录入之。再将日本近出辞典检阅，既有上海事件之辞目，且叙述甚详，颠倒是非之处尤多。我以立场不同，绝不能将日人污我之词一一抄入，替政府增罪名，替强邻造反证。但中华民国国民之观点万不可移动。"①众人被舒新城的一番陈词所打动，涉及日本侵华的政治条目遂一一收入。

正是因为舒新城的据理力争，《辞海》的政治性条目才得以全面保留下来。"他没有豪言壮语，却又大义凛然、铁骨铮铮。他也没有斥责规劝他的人，这是因为他也能够理解别人。在国难当头之际，有任何顾虑都属正常，不能以'全性命于苟且'或'营营苟苟'视之。何况一部皇皇巨典，删除那几个条目依然还是《辞海》，几乎是不损篇幅和分量。更何况，抽掉几个雷管似的敏感条目，就可以换取几分平安，也是情理之中的想法。可舒新城就是舒新城，舒新城有舒新城的个性和胆识，绝不因为同人的友谊和好心作立场上的让步，他看重

---

① 钱炳寰：《中华书局大事纪要 1912—1954》，中华书局 2002 年版，第 142—143 页。

的不是删去多少辞条的问题，而是那些政治性辞条本身所蕴含的社会历史价值和国格尊严问题。所以，舒新城的冒险举动，从理性上充当了一个民族尊严的捍卫者和人间道义的承担者。《辞海》不仅开辟了中国大型综合性辞典之先河，也是第一部将中国现代史上的重大历史事件刊载于书的重要典籍。从这个意义上讲，一部囊括上下五千年的《辞海》，同时也是一部中国现代史。斑斑史迹，无不使我们感受到时代脉搏的跳动声音。"①

作为一个群体，中国近现代杰出出版人展现出具有时代风貌的爱国精神，与舒新城持相同信念的出版人还有不少，如王云五、张元济、沈知方、夏丏尊等。1932年"一·二八"国难中，商务印书馆闸北总厂遭到日本军机毁灭性轰炸，公司濒于危殆，斯时，总经理王云五以"为国难而牺牲，为文化而奋斗"为复兴口号，以临危不惧的勇气，挽大厦之将倾，以"日出一书"开创了商务印书馆的鼎盛时期，王云五的这种抗压抗暴的强烈爱国精神，是值得敬佩的②。平生不怎么著书的张元济则编著了《中华民族的人格》一书，砥砺民族气节，弘扬民族精神。此书在抗日战争期间一版再版，影响很大，以至日本侵略者将其列为禁书。1939年，病中的沈知方预立遗嘱，嘱咐同人不要为日伪的威逼利诱所动。还有夏丏尊，上海沦陷期间，日伪威逼利诱他出任伪职，但他宁可牺牲性命也绝不做汉奸。近现代杰出出版家在个人与国家危难面前所表现出的爱国精神，是令人敬佩的。

---

① 李春平：《辞海纪事》，上海辞书出版社2000年版，第62页。

② 范军、欧阳敏：《论近现代杰出出版人的企业家精神》，《华中师范大学学报（人文社会科学版）》2013年第6期。

（三）尽心尽力于《辞海》的宣传推广

1936 年 4 月，《辞海》即将发售。在此期间，舒新城不惮琐碎，尽心尽力于《辞海》的宣传推广。广告何时刊登？登半版还是全版？广告文案如何写？对于这些看似细枝末节的事情，舒新城都思虑再三。

舒新城实际主编《辞海》大概只有两年时光，时间虽然不长，但是舒新城为《辞海》的编纂确立了科学的编纂思想，这是至关重要的。事非亲历不知难，正是因为有过两年的主编时光，舒新城才对《辞海》这项浩瀚工程有了深刻认知。当 1936 年 4 月 10 日舒新城拿到《辞海》的样张时，他既为此感到兴奋，同时亦感到愧疚，他在日记中表明了心迹："我于十六年（1927 年——笔者注）自编百科辞典后，十七年四月改任《辞海》编辑主任，以对于旧学根底太浅，所集材料颇不精萃，原定十八年底完成即可排印，但十九年任编辑所长后交由范敔整理，发现旧日工作颇多浪费，后虽经敔之董经，但为时未久，二十一年秋，请沈朵山任部长，三年来得力不少，今日能发售预约，朵山之力实多，我对于此事颇为疚心；非不负责任，乃为看事太易，不能践言也。此书在中国文化史或亦可占一行，而与个人之关系亦不小。"①千呼万唤，《辞海》终于要面世了！这是中华书局的头等喜事，也是舒新城的头等大事，尽心尽力于《辞海》的宣传推广，也算是稍微弥补先前的遗憾。

4 月 11 日，舒新城交代发行所相关人员要重视《辞海》的宣传

---

① 赵春祥整理：《舒新城日记（选载二）》，《出版史料》1987 年第 3 期。

推广，广告要登半版，一周以内每日见报，两周以内隔天见报，三四周以内隔两天见报，五周以内每周见报。4月12日，舒新城觉得《辞海》的广告，除平铺直叙外，还可作编者访问记，内容以趣味为主，要能引人注意；同时修改陆费逵所写的序及编辑大纲，字斟句酌，甚是过细。4月17日，舒新城亲自校对《辞海》广告文稿，并请所内资深编辑张相作修改。4月20日，致电陆费逵，与之商定《辞海》广告办法，并详阅香港方面寄来的广告文稿。

四、编辑所长的担当

进入中华书局之前，舒新城在教育界服务多年，除了擅长教书育人、著述立说，他在教育行政管理方面也颇有经验。当然，此一时、彼一时，昔年他任中国公学中学部主任时，不过管理十数人；而中华书局编辑所有上百号编辑，管理编辑所大小事务要耗费舒新城大部分的时间与精力。如何做一名合格的编辑所长，成为舒新城进入中华书局后所要修的重要一课。

舒新城通过观察发现，编辑所虽然有一百零几号人，但管理机构的科层色彩并不太明显，氛围比较宽松，同事之间相处得比较融洽。这是中华书局管理制度的特色，当时还有人戏称中华书局就是一个大家庭。舒新城还发现编辑所里有几种沿袭已久的好风气：（1）彼此切磋，文字尽管互相改削，毫无文人自是的积习；（2）彼此均以学术和公司为前提，无私人利害意气之争；（3）按时上下班，很少迟到或早退；（4）因努力工作之故，有几位用功的人肚子很宽，简直可以成一个专门的图书馆；(5) 俭朴成风，没有一个着华丽衣服的，同事间之婚丧喜庆除去平日有私交者外，概不送礼①。

舒新城本性不喜做行政事务，他之所以数十次拒绝陆费逵邀请，原因便在于此。可是一旦舒新城进入中华书局编辑所后，他真切地发现这个组织真是不一般，待在这个组织里竟然有如鱼得水之感。他感慨道："我想凡是负责过处理事务的人，大概都会感到办公室的生活是不容易过的：这里所谓不容易过，并非专指事务中之机械，应付之麻烦，而最使人不愉快的是同人的愁惨面容，处事的机诈心思。但是我在中华书局编辑所办公室坐了十几个月，而且是坐在百余同人的当中，我的脑子里至今还无那些不愉快的印象。最使我悦服的：我们于办事之余偶得一点闲谈的机会，便什么都不分、什么都不管、自由自在地大家谈作一堆。我常想：这样的事业环境，似乎不是现在的一般社会所能有，然而我在中华书局曾亲切地享受了十几个月！"②

由此可知，对于中华书局编辑所的氛围，舒新城是十分满意的，初始的疑虑打消了，对于当好这个出版重镇总把关人的信心也就更加坚定了。舒新城任编辑所长时，全所编辑连同练习生共有 102 人，此后直至抗战爆发前夕，大致维持在此数。编辑所下设总编辑部（所长直辖）、教科图书部、普通图书部、杂志部、辞典部。这是一种较为典型的直线职能制管理模式，总编辑部作为所长的参谋和职能机构，辅助所长对其他部门进行管理。因此，实际上，舒新城主要是对全所的工作在大方向上进行把关，对其他各部部长进行业务指导。在编辑

---

① 舒新城：《狂顾录》，中华书局 1936 年版，第 160—161 页。
② 舒新城：《狂顾录》，中华书局 1936 年版，第 165—166 页。

所长岗位上，他越来越得心应手。

舒新城在工作中善于发现问题、研究问题、总结规律，为书局的长远发展制订规划，充分体现了他作为学者型出版人的优势。

当时欧美各国及日本的出版企业，是由出版部负责出版上的责任，所以一切有关出版的方针大计均由出版部制订，编辑不过按照出版部的规定行事。因此，它们的编辑所规模很小，除了校对人员而外，很少有常设的编辑人员。中华书局虽然是当时国内出版企业的佼佼者，但与欧美各国及日本的优秀出版企业相比，还有不小的差距，譬如组织机构方面，中华书局虽然也有出版部，但它只是一个偏重事务管理的机关，关于出版方面的方针大计等的制订，大半是由编辑所和总经理负责。对于当时以商务、中华为代表的出版企业所面临的困境，舒新城总结了如下几点①。

1. 国内经济不景气

一种行业的繁荣，须得有一种"社会需要"的推动；而推动的效果，又与社会经济的状况密切相关。1929 年的资本主义世界爆发经济危机，中国经济深受影响。一种系统的出版物经过策划、组稿、编校、印刷、发行等种种环节，常需耗费数年时间。等到印行之后，社会的需要有了变动，出版成本因为经济不景气而增高，而读者的购买能力日趋下降，出版物的销量时常达不到预期之数。此外，东三省沦陷于敌手，国内入超高达四万万元，加以水灾、兵灾等横行，一般人维持基本生活尚且不易，全国的教师能按时拿到全薪的少之又少，除

---

① 舒新城：《狂顾录》，中华书局 1936 年版，第 153—157 页。

去万不得已的教科书以外，一般书籍乏人问津，这是中华书局不能发展的根本原因。

2.民众教育落后

中国的社会经济还是农村本位，民众教育不发达，农村的人民在日常生活上对出版物的需求并不高；而同时期的苏联及土耳其注重普及民众教育，且成效甚大。现在印刷上的一切用品，大多来自外国，出版成本较高；上海的生活成本又高过内地数倍。在生活负担沉重的情形之下，文化程度较高的上海民众绝少去买生活上所不必需的书籍，遑论苦难深重的内地农民了！外国出版物的购买主体是大众，而中国的出版物，除去中小学教科书外，读者差不多就是著作者自己。若社会经济无进展，出版业是绝对无法壮大的。这是中华书局不能发展的第二原因。

3.国内政治混乱

1912年以来，中国政治系统紊乱不堪。1928年南京国民政府在形式上统一全国，但地方势力仍然比较强盛，往往各自为政。经常出现这样的情形：一种书籍通过了中央政府部门的审定，却还要经过地方政府部门的审定，方能通行；甚至中央审定通过的书籍，地方却不许发售；甲地部门视为较好之出版物，乙地却列为禁书。中华书局每年因此遭受不少损失。至于各地翻印、伪制现象，层出不穷。因此所耗去的精力、时间及诉讼费用，其损失更不待言。这是中华书局不能发展的第三原因。

4. 出版分工不明确

欧美各国及日本的出版业都是分工的：不仅有文、理、工、艺等专门类型的出版社，甚至还有一个书店专营一两种杂志，所以他们的力量可以集中，出版物可以做到专、精。中国则不然，"万能"的传统观念驱策我们所谓"读书人"什么都得干。所以组织一家出版社，必须得包罗万象，方能称得上是大公司。社会上对出版社做如此期待，书局同人亦如此自许。因而力量分散，结果是什么都有，什么都不精。而书局疲于奔命，社会也终归失望。这是中华书局不能发展的第四原因。

5. 优秀的专职作家人才匮乏

出版业的发展固然要植根基于社会经济及国家文化之上，而与著作者优越的作品也很有关系。无论是著述还是编译，学力与技能都同样重要。而此二者都需要长期的修养与训练。照我国出版业的情形看，固然难于养活专门的著作家，同时也不能养活专门的编译者：因为普通书籍的销量通常只有数百至一二千册，销量达到三五千册的已经不可多得。即使以每种书销五千本计算，抽版税或售版权每十万字所得不过五百元。倘若只售得三千本以下，甚至数百本，著作者固然无法生存，出版社也要承受大的亏损。一般而言，80%的普通书籍都是亏损的，书局之所以还能支持出版普通书籍，是靠其他营业截长补短来调剂。十万字的书，下笔写起来，也许一个月功夫可以写完，但平时的修养往往费时数月以至数年，而购备参考书报与雇用缮写人员，也得费一笔钱。投入与回报如此不成比例，除了经济充裕者愿意写作之外，鲜有人靠写作为生。所以几十年来，中国极少专门的著作家。所有的稿件，大概都出自学校教师之手。这种副业的作品，当然不能如他人专业的精。而近年来因生活的艰难，许多学生都想拿文字来换钱，以致我们每日阅读满案的来稿，而得不着百分之一二的成熟作品。同时我们尽力之所能，拟定一种计划，约定若干专家，请其分任编著。结果，专家往往忙于自己的事情，不能尽心编写稿件。至于真正作家毕生写就的好作品，因为社会不需要，我们以力量的关系又不能承印。这畸形的状态是中华书局不能发展的第五原因。

以上就是舒新城入行数年后，对书局面临诸多困境所做的总结。20 世纪 30 年代前期，《申报》上有一个《出版界》专栏，每期刊载时人对出版界的评论文章，大多数文章对出版业的批评是比较苛刻的，忽视了出版业自身的为难之处；相比之下，舒新城的上述论断抓住了问题的本质，建设性较强。

出版业是社会系统的一个子系统，它不可避免地要受到社会环境的影响，在宏观政治、经济环境方面，出版业可能显得无能为力，但是在微观环境如企业经营方针上，出版企业还是大有可为的。1932 年，作为文化重镇中华书局的总把关人，舒新城心中有着如下规划[①]。

1.收缩业务，集中力量出版中小学教科书

因为经济不景气、政治混乱、书局筹备建香港分厂等原因，不得不改变之前兼收并蓄的出版方针，转而集中力量从事基础工作。以后的出版业务，将集中于中小学教科书及社会大众所需要的书籍；学术

---

① 舒新城：《狂顾录》，中华书局 1936 年版，第 157—160 页。

著作暂不收印，特别有新意者除外。

2. 对中小学教科书精益求精

中小学教科书是中华书局得以生存和发展的本钱，在量的方面，只求各科完备，在质的方面，则力求改进。无论何种社会，无论何种政体，有三种人生的基本要素，是国民必不可少的，也是我国国民过去所缺乏的：（1）科学的智识；（2）生产的技能；（3）勤俭的习惯。在各种教科书中，除遵守政府的规定外，特别注意于此三种基本要素的培养。

3. 精心编撰大、中、小学生课外丛书

为了方便中小学生课外自修，拟针对小学生及一般儿童编撰"小学生丛书" 100 种，"儿童古今通" 40 种；针对初中生及一般少年编撰"中华百科全书" 100 种；针对初高中学生及大学生编撰"汉英对照文学丛书" 50 种。

4. 针对大众需要编撰丛书及杂志

为供给社会大众的阅读需要，拟编撰"国防丛书" 10—20 种；"国际丛书" 20 种以上；"世界文学名著" 100 种。此外，陆续发刊《小朋友》、《中华教育界》、《英文周报》三种杂志。

5. 提高编辑所办事效率

自 1932 年 7 月 1 日起，所有排印事务均集中于总编辑部，与印刷所、出版部会同办理，以求提高办事效率。同时，本年度内一面减

少新稿的收取量，一面切实清理积稿，设法将有契约之稿件一律印出，以后出书按照预定计划及印刷与经济能力进行。对于外来稿件，如无能力在较短时间内出版，宁可不收。所收书稿绝不搁置，当力求迅速出版。

6. 扩充中华书局图书馆

中华书局虽是股份有限公司，但投资则并不"唯利是图，不计其他"。所以拟在经济基础稳固之后，要替社会做一点事情：第一，拟划出一笔经费，刊行于学术上有贡献的著作；第二，拟办一个普通图书馆，附教育图书馆。

以上就是舒新城心中的"编辑所蓝图"，为了当好中华书局的总把关人，他殚精竭虑地在文化效益与经济效益之间维持一种平衡关系。后来的事实证明，舒新城显然是一位优秀的编辑所长，陆费逵果然没有看错人。

在舒新城之前，中华书局的编辑所长一职由陆费逵兼任，他们的行事风格具有较强的互补性。陆费逵比较喜欢冒险，不太注重制订计划，交际广泛，极具个人魅力；而舒新城则是计划性极强的人，讲究步步为营，同时讲究原则，十分厌恶不必要的应酬。中华书局的企业文化带有陆费逵浓厚的个人色彩，用舒新城的话来说就是"中华书局的一切都是不成文法的，很不容易找出一些系统的东西来"①。早年间，陆费逵就因为自己的冒险性格吃过大亏，书局也差点倒闭。这件事在中华书局发展史上称为"民六危机"。事情的大致原委是：辛亥

---

① 舒新城：《狂顾录》，中华书局1936年版，第149页。

革命前夕，趁着教科书出版巨头商务印书馆对时局判断失误，中华书局抢先出版了符合新政权需求的教科书，从而立稳了脚跟；随后的几年里，陆费逵在业务上贪多求快，摊子铺得过大，又无计划性，因而导致 1917 年中华书局资金链断裂，债户纷纷上门提现，书局濒于崩溃，幸赖大股东拉来银团资本，危机方告解决。事后，陆费逵痛定思痛，在经营上稳健了不少，但依旧不太注重制订计划。舒新城进入中华书局后，曾多次规劝陆费逵注重计划，陆费逵多有采纳。

陆费逵兼管编辑所时，在书稿的选取上比较灵活，收了不少人情稿，一方面是不得已而为之，另一方面则是陆费逵天性爽朗的性格所致。舒新城主持编辑所后，一改往日标准，对书稿严格把关，最大限度地杜绝人情稿，同时尽可能地避免参加一些不必要的应酬。为此，公司某些同人和书稿作者对舒新城颇有怨言，曾有同人致信舒新城，表达对舒的不满，请看下文：

  公（指舒新城——本书作者注）之个性颇重，处用世之地位而有遁世之行为，不列"拜访""宴客""闲谈"为正课，虽应酬而非所愿，人日言交际，不惜藉地位而招摇；公则侧重事业，将个人之利害得失置之度外，与"大头先生"（指陆费逵——本书作者注）水乳交融，固非偶然。惟居今之世，不列应酬为正课而处高位，行将国人皆日可杀，必欲得而甘心，不仅影响事功方面而已。曾文正、翁松禅均为书生，其家书中于"拜访""宴客"等事不厌琐细言之，未始无故。公非超人，又非绝世独立，近因责任心之专，岂特私人应酬不甚注意，即于相依为命之著作亦多搁置。独行踽踽，视泛泛应酬为不必要。曾翁皆有书生本色者，

犹与不相干之人虚与委蛇，唯恐有目无余子之诮；公竟视为卑卑
不足道，无怪一般人论及公多啧有烦言也。①

陆费逵向来极为尊重舒新城的行事风格，旁人非议舒新城，陆费
逵则总是对他加以维护，使舒新城在编辑所长岗位上尽情施展才干，
而不拘于行事风格。对于陆费逵的厚意，舒新城铭记在心。因此，虽
然舒新城的本愿是从事教育方面的学术研究，但中华书局总把关人的
岗位于他而言也是有吸引力的，这无关名利，真正的原因在于，一是
可以酬报知己，二是中华书局的企业文化甚合舒新城的胃口。所以当
第一任期（1930—1934）快到期时，舒新城曾向陆费逵提出辞职，陆
费逵盛情挽留并请再签五年，舒新城未作太多思想斗争便应允了。

到了1936年年初，舒新城的第二任期尚余四年时间时，舒新城
决定为公司物色编辑所长的继任人选。此时，他还是惦念着"第一志
愿"，想着做满第二任期后便重返教育界，只是这次的心情没有之前
几次那么迫切了。舒新城首先想到的人选是邹韬奋，遂于1月8日访
邹于三联书店。舒新城在日记中记载了此事：

　　三时访邹韬奋与生活书店。与彼相识十余年。前年彼出国，
去年八月归，尚未与一晤。近来想编辑所长之继任人，就各方面
看来，彼甚适宜：盖彼办《生活》周刊十余年，事业日有发展，
近来生活书店更有进步。前数年，彼拟办《生活日报》，伯鸿拟
为帮忙，后以招股未成而终止，但对伯鸿甚为感激。其才干可于

---

① 舒新城：《狂顾录》，中华书局1936年版，第93—94页。

《生活》周刊中见之，其操守可于办《生活日报》未成，而将股款一一退还见之，其学识可于著作中见之。故早决定相访……先请为总经理秘书，俟其各方事务熟悉后，再调编辑所长。相见之下，彼现任《大众生活》周刊编辑，月薪二百五十元，生活甚苦，泛谈新闻事，而隐漏请其入局之意。彼赠以近作《萍踪寄语》三集一册。

夜间想到邹在才干外尚有两问题，第一思想似乎稍左，第二现政府对之颇不满。尚待与伯鸿详细研究。①

当舒新城把自己的想法向陆和盘托出时，陆费逵当即表示同意，且对邹韬奋"左"的立场并不在意。斯时，陆费逵已年届五十，身体状况亦不是很好，他时常思考总经理的继任人选问题。此番舒新城提议由邹韬奋继任编辑所长，陆费逵顿觉眼前一亮，他向来赏识邹韬奋，且邹比陆小 10 岁，年富力强，是理想的编辑所长乃至总经理继任人选。

2 月 6 日下午三时，舒新城带着陆费逵的嘱托再次到《大众生活》杂志社拜访邹韬奋，相谈不久，便约同邹到中华书局新厂参观，陆费逵在新厂接待了邹韬奋。一番寒暄之后，陆费逵开门见山，诚邀邹到书局任职，邹韬奋表示自己在生活书店所任职务太多，对于《大众生活》周刊的编辑职务亦不能辞去，因而不能承其美意。② 邹韬奋于1926 年 10 月出任《生活》周刊主编，在邹韬奋的苦心经营下，《生活》周刊逐渐成为当时国内首屈一指的时事评论类周刊，1932 年年底发

---

① 舒新城：《舒新城日记》第 7 册，上海辞书出版社 2013 年版，第 16—17 页。
② 舒新城：《舒新城日记》第 7 册，上海辞书出版社 2013 年版，第 91—92 页。

行量达到 15.5 万份，创当时全国期刊发行的最高纪录①。《生活》周刊已经融入邹韬奋的生命之中，一手创办了中华书局并将毕生精力奉献于书局的陆费逵自然明白邹韬奋的本心。虽然陆费逵对于邹韬奋不能到书局任职深感惋惜，但亦表示理解，此事只能就此作罢了。

这段插曲过后，舒新城继续在编辑所长的岗位上兢兢业业，扮演着陆费逵左膀右臂的角色。到了 1939 年 10 月，舒新城在编辑所长位子上坐了快十年了，而他的第二任期也即将到期。舒新城已经将人生最精华的十年奉献给中华书局了，他又决定重返教育界，去追寻自己的"第一志愿"。不出意料的是，陆费逵坚决不同意舒新城辞职，并要求再签三年，三年之后悉听尊便。对于为之奋斗了十年的出版事业，舒新城有着很深厚的感情，况且他又是责任心很强的人，做事半途而废终归不符合他的作风。因此，面对陆费逵的真诚挽留，舒新城最终还是选择留下来。恐怕舒新城自己都没有想到的是，这以后，他就真的是以出版为志业，从此"咬定青山不放松"了。

五、策划出版"大学用书"

在编辑所长任上，舒新城时刻想着要为公司开创新局面，并作出了一些成绩，其中值得一提的就有"大学用书"。

就近现代中国的教育生态来看，相对而言，中国的初等和中等教育的规模足够撑起民营出版业，而高等教育的规模很小，难以撑起

①　方汉奇等编：《中国新闻传播史》第二版，中国人民大学出版社 2010 年版，第 217 页。

以学术出版为根基的大学出版业。从很大程度上来讲，中国近现代民营出版业得以发展并壮大的根基就是中小学教科书市场的逐渐发达。1931 年是中国教育的高峰年，据统计：该年全国初级小学生共计9145822 人，高级小学生共计 1396704 人[1]；中等学校包括中学、师范学校、职业学校，其学生总数分别 396948 人、82809 人、34852 人[2]；专科以上学生共计 44130 人[3]。抗战前，民国时期大学生（包括专科生）的总人数在鼎盛期也不到 50000 人。高等学校学生人数如此至少，以至于民营出版企业在很长一段时间内都不愿意涉足大学教材出版领域，因为发行量太小，利润难以保障。

由此导致的情形是：20 世纪 30 年代以前，中国大学课堂上所用的教材，绝大部分为外文原版教材或外文影印教材。有识之士对此现象甚感担忧。1931 年 4 月，蔡元培在大东书局成立十五年周年纪念会上发表题为《国化教科书问题》的演讲，他指出："现在我国学校自高中以上，率多采用外国文本子，尤其是自然科学，如数理化动植矿等科多用原文教学。这固然是我们文化落伍的国家，想得到现代知识所用的苦法子。但吾人终须认为这是不得已的过渡办法，倘若将这种不良状况长时间的展延下去，则吾国学子所受的损失，将不可言喻，实为一件至可恼痛的事情。"为此，他呼吁高等教育界和出版界一起致力于教科书的本土化。

蔡元培的呼吁很快得到了出版界的响应，商务印书馆、中华书局纷纷开始加大大学教材的出版力度。出版界之所以到 20 世纪 30

---

[1] 王兴杰：《第一次中国教育年鉴丁编教育统计》，开明书店 1934 年版，第 163 页。
[2] 王兴杰：《第一次中国教育年鉴丁编教育统计》，开明书店 1934 年版，第 133 页。
[3] 王兴杰：《第一次中国教育年鉴丁编教育统计》，开明书店 1934 年版，第 31 页。

年代初才开始比较成系统地出版，外因是斯时高等教育人数较之前有较大幅度的增加，内因是经过数十年的积累，几家大型出版企业的经济实力已经比较雄厚。1930 年舒新城出任中华书局编辑所长时，他即着手开始策划出版"大学用书"，截至 1949 年，共出版 93 种。中华书局"大学用书"的出版方式比较灵活，主要为向专家学者约稿、接受大学或学院委托出书。1936 年，舒新城曾制订过"大学用书"的选编标准："（一）选定本已出版可用之书，（二）选定已出版须改编之书，（三）补充书目。选择标准以专而精为主，篇幅不必限制……同时并向各大学调查现在用书之书目（可由各分局及交际员向各大学搜集），再择要翻译。"① 总的来说，除了商务印书馆的"大学丛书"之外，中华书局、世界书局、大东书局等机构所出版的大学教材，使用者较少，影响亦较小，这是由当时高等教育的规模所决定的。当时出版大学教材，大致上是亏本的，但是即使亏本也还要出，这体现了出版企业的文化担当，舒新城坦诚地讲道："我们现在之目的，只是将大学用书之名目叫出，使人知道我非无大学书，只是一般人不用尔。"②

中华书局的"大学用书"主要有陈元德著《中国古代哲学史》、陈启天编《韩非子校释》、周谷城著《中国政治史》、陶天南著《中国行政法总论》、胡求真著《农业经济概论》、蒋元卿编《中国图书分类之沿革》、葛绥成著《地图绘制法及读法》、陈兼善著《史前人类》、蓝梦九著《土壤微生物学》、陶平叔著《实用机织学》等。

---

① 卢润祥、梁建民整理：《舒新城日记（选载）》，《出版史料》1987 年第 2 期。
② 卢润祥、梁建民整理：《舒新城日记（选载）》，《出版史料》1987 年第 2 期。

六、策划出版"中华百科丛书"

作为编辑所长的舒新城，除了当好总把关人、对编辑所进行顶层设计外，他还结合自身优势，亲自策划出版了几套大型丛书，其中最具有代表性的当属"中华百科丛书"。这套丛书定位为中等学生课外读物，"将日常习见现象作学理的说明，以能启发思想，引起研究之兴趣。全书一百种。分总类、哲理科学、社会科学、自然科学、应用科学、艺术、语文学、文学、史地等十类。每类有书 8—24 册成一小单元，可以分购。每书约五万字，书末附有名词索引及重要参考书目，便于读者深造。至 1939 年出齐"①。丛书的详情如表 3-1 所示。

表 3-1 "中华百科丛书"（部分）书目信息简表

类型	序号	书名	作者	初版年份
历史类	1	罗马史	吴绳海	1937
	2	希腊史	卢文迪	1935
	3	美国史	姚绍华	1936
	4	英国史	余家菊	1935
	5	法兰西史	冯品兰	1936
	6	土耳其史	赵镜元	1935
	7	意大利史	吴绳海	1935
	8	德国史	卢文迪	1941
	9	俄国史	娄壮行	1935
	10	日本史	卢文迪	1935
	11	史学概论	胡哲敷	1935

① 钱炳寰编：《中华书局大事纪要 1912—1954》，中华书局 2002 年版，第 123 页。

类型	序号	书名	作者	初版年份
哲学类	12	中国哲学史纲要	蒋维乔、杨大膺	1934
	13	哲学通论	范寿康	1935
	14	现代哲学思潮纲要	瞿菊农	1934
	15	近世西洋哲学史纲要	张东荪、姚璋	1935
社会学类	16	社会学通论	常乃惪	1935
	17	社会进化史	刘炳藜	1935
	18	社会问题与社会政策	周宪文	1934
	19	社会主义史纲	刘炳藜	1934
	20	农村社会学导言	言心哲	1937
教育学类	21	初等教育概论	吴研因、吴增芥	1934
	22	乡村教育纲要	杨效春	1940
	23	民众教育纲要	赵步霞	1935
	24	教育科学纲要	罗廷光	1935
	25	现代教育原理	钱亦石	1934
	26	怎样做教师	俞子夷	1934
心理学类	27	心理学纲要	林仲达	1936
	28	群众心理学	高觉敷	1934
	29	演说学概要	余楠秋	1934
	30	农村经济概论	陈醉云	1936
	31	心理学纲要	吴绍熙	1939
经济学类	32	经济政策	王渔村	1936
	33	国际经济概论	周伯棣	1936
	34	货币与金融	周伯棣	1934
	35	财政学纲要	钱亦石	1935
	36	现代中国经济思想	李权时	1934
	37	经营经济学纲要	何孝怡	1935
	38	世界产业革命史	周伯棣、鲁君明	1935

续表

类型	序号	书名	作者	初版年份
政治学类	39	政治学纲要	杨幼炯	1934
	40	近代中日关系纲要	左舜生	1935
	41	战后之巴尔干	赵镜元	1936
	42	辛亥革命史	左舜生	1934
	43	中国音乐史	王光祈	1934
	44	音乐概论	朱稣典	1936
	45	近代艺术纲要	丰子恺	1934
	46	西洋音乐史纲要	王光祈	1941
其他人文社科学类	47	新闻学概要	黄天鹏	1934
	48	国际法纲要	王惠中	1935
	49	华侨概观	刘士木、徐之圭	1935
	50	世界弱小民族问题	郑旭	1936
	51	佛学纲要	蒋维乔	1935
	52	词曲研究	卢冀野	1934
	53	伦理学纲要	张东荪	1936
	54	统计学纲要	刘鸿万	1935
	55	朝鲜和台湾	葛绥成	1935
	56	图书馆学要旨	刘国钧	1934
	57	世界人生地理	葛绥成	1935
	58	中西交通史	向达	1934
	59	世界人生地理	盛叙功	1936
	60	语言学概论	张世禄	1934
自然科学类	61	航空概要	陶叔渊	1935
	62	近代科学发明概观	华汝成	1941
	63	化学纲要	陈润泉	1935
	64	应用气象学	杨国藩	1941
	65	微生物学纲要	华阜熙	1939
	66	纤维素化学工业	余飒声	1936

续表

类型	序号	书名	作者	初版年份
自然科学类	67	公共卫生概要	赖斗岩	1937
	68	生理学纲要	费鸿年	1934
	69	日用化学浅说	郁树锟	1936
	70	动物学纲要	费鸿年	1934
	71	机械学浅说	王济仁	1937
	72	普通测量术	卢鑫之	1940
	73	发酵工业	陈 声	1935
	74	海洋学纲要	费鸿年	1935
	75	天文学纲要	陈遵妫	1936
	76	进化论初步	陈兼善	1935
	77	气象学纲要	杨仲健	1934
	78	应用电气概论	钱仲超	1936
	79	染织工业	陶平叔	1936
	80	无线电初步	俞子夷	1939
	81	农学要义	陆费执	1937

（一）十年夙愿终得偿

"中华百科丛书"承载着舒新城酝酿了十多年的教育梦想，这个选题完全由舒新城个人策划，他凭此丛书偿了夙愿；同时，这套丛书也与《中华百科辞典》《辞海》共同组成了舒新城编辑出版生涯的三篇华章。其中的原委，说来话长。

1917 年，舒新城大学毕业后，当了七八年的中学教师。在这七八年里，他与学生们朝夕相处，对于他们在学习上遇到的困难也深有体会。舒新城通过观察发现，当时的青少年在求学上面临着两个主要问题：一是在校学生没有适当的课外读物，二是无力进学校的青少年没有适当的自修教材。

舒新城认为当时的中等学校在形式上有种种设备供学生使用，有各科教师指导学生作业，多数人看来这似乎很完备了；但实际上，除少数贵族式学校外，大多数中等学校的设备都是不完备的。而中学生处于精神和身体急剧发展的时期，其求知欲望特别旺盛，仅凭课堂上的知识远远不能满足他们的求知欲望，他们需要大量的优秀课外读物。然而，出版界并不能很好地满足这一需求。每当有学生向舒新城询问该读哪些课外书时，舒新城都感到很为难，因为以舒新城看来，当时并无特别适宜于中学生课外自修的出版物。

1921年，舒新城出任中国公学中学部主任，他与同人一道在学校推行"道尔顿制"。该学制的主要目的在于促进学生自主解决学习上的种种问题，以期让个性得到充分发展。可是在实践中，舒新城最感到困难的乃是得不着适合于学生程度的书籍，尤其是得不着适合于他们程度的成系统的书籍。当时，舒新城和同人们将全国出版机构的图书目录搜集齐全，并且按图索骥亲自去各家书店挑选，结果是十余人费了几日的工夫，竟得不着几种真正适合学生阅读的书籍。舒新城和同人们在失望之余，曾发愤要为中学生编撰一套"青年丛书"。可惜未及一年，学校人事发生变动，同人四散，舒新城也辞职而去，此套设想中的丛书便来不及实践了。

此后，舒新城辗转于几所学校之间，一边教书育人，一边从事教育研究，逐渐成为名满天下的教育家，各地青年纷纷来函请求指示自修方法、开示自修书单者，多至不可胜数。舒新城愧不能尽指导之责，但对青年自修问题却不曾一日忽视。

舒新城（1893—1960）

1923年冬，与少年中国学会友人游园，左一为舒新城

20世纪30年代摄于上海寓所，左起：武堉干、舒新城、向达、武堉宣

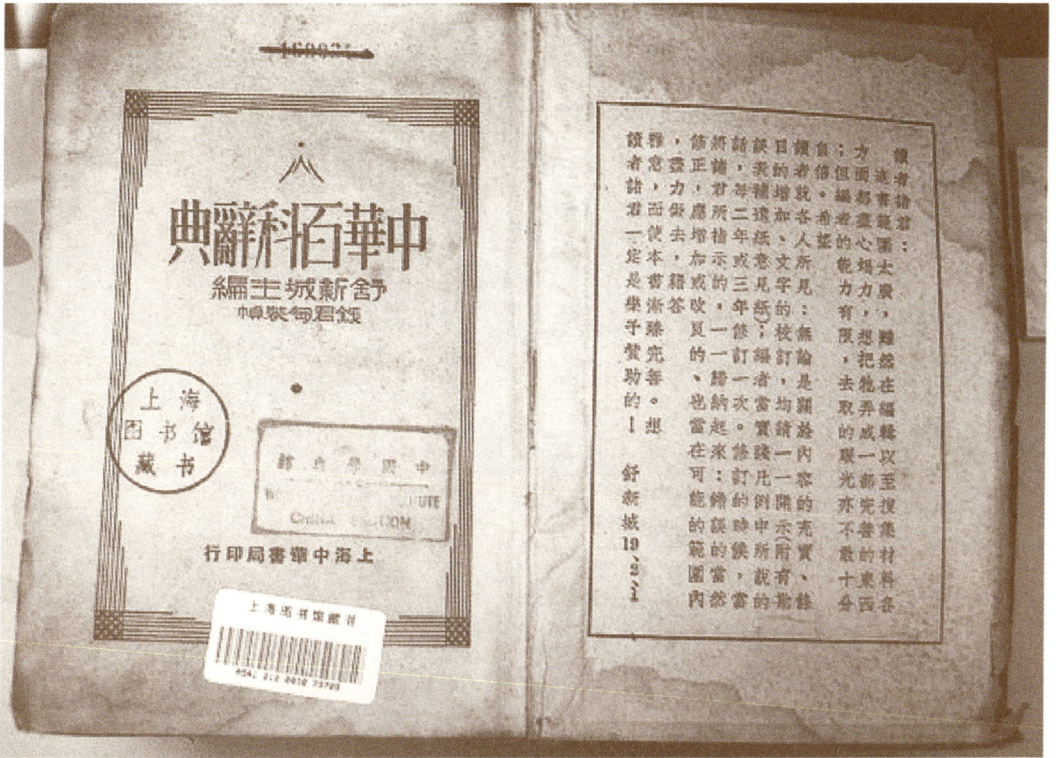

《中华百科辞典》是舒新城主编的第一部现代辞典，该辞典由舒新城及其十余位同人耗时两年编成，他们后来成为编纂《辞海》的核心人员

这张照片摄于 1929 年 10 月，照片左下角有舒新城的签名。舒新城对摄影颇有研究，曾出版过《摄影初步》、《美的西湖》等多部有关摄影的作品

　　1932年，舒新城安排手下两员得力干将钱歌川、张梦麟策划出版"现代文学丛刊"，1932—1937年间共出版56种，1937—1949年间又出版5种。其中影响较大的是李劼人的《死水微澜》、《暴风雨前》、《大波》系列小说，这三部小说的产生与舒新城有着较为直接的关系

舒新城为满足青少年学生的阅读需求，于 1934 年主编了一套"中华百科丛书"，全书共 100 种，至 1939 年出齐，在青少年读者群体中影响比较大

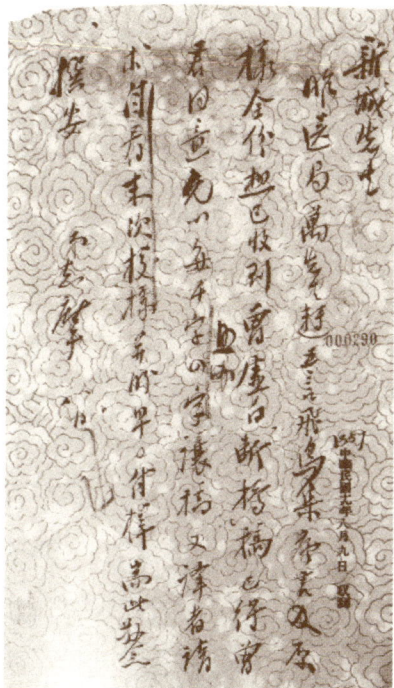

1930 年 8 月 8 日，徐志摩
致信舒新城

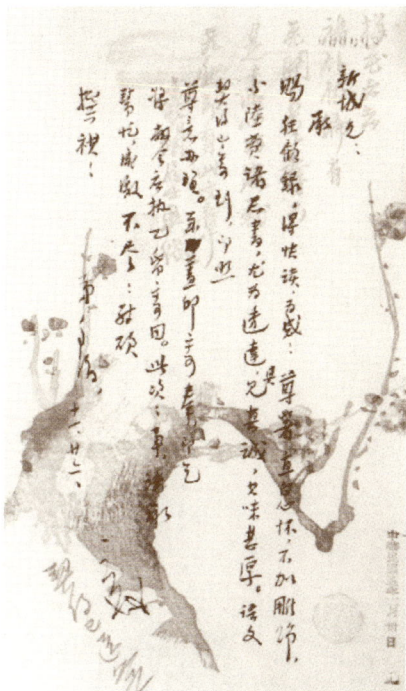

1936 年 11 月 26 日，朱自清
致信舒新城

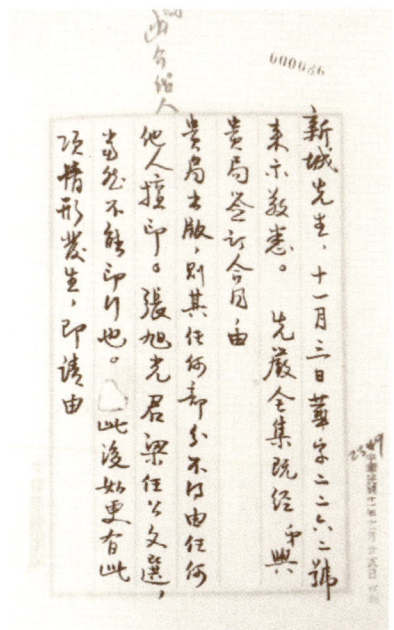

1932 年 11 月，梁思成致
信舒新城

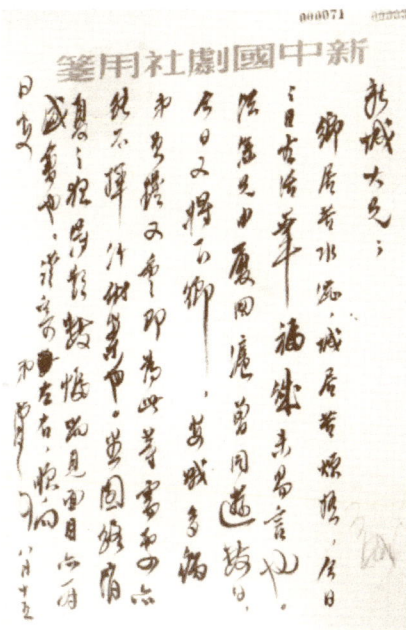

1948 年 8 月 15 日，田汉致
信舒新城

2015—2016年，湖南溆浦县政府在舒新城故居旧址上修建"舒新城纪念馆"

根据上述种种原因，舒新城十余年里常常想要编撰一套可以供青年阅读的丛书，以帮助在校中学生及失学青年自修。

到了 1926 年，舒新城曾拟订两项计划：一是编撰少年丛书，一是编撰百科丛书。舒新城将此计划商之于陆费逵，陆表示赞成，并希望由舒新城牵头，立即进行。此后，舒新城因忙于编撰《中华百科辞典》，此事便暂且搁置了。转眼到了 1930 年，舒新城出任中华书局编辑所长，萦绕心头十多年的计划终于要正式实施了！上任初始，他就将"中华百科丛书"列为编辑所的重点项目，策划、组稿、编校、排印等事项火热进行，至 1934 年，该套丛书的第一批共 20 余种终于面世了！

在这套丛书的总序中，舒新城表达了如下编辑思想。"我们发刊此丛书之目的，原为供中等学生课外阅读，或失学青年自修研究之用。所以计划之始，我们即约定专家，分别开示书目，以为全部丛书各科分量之标准。在编辑通则中，规定了三项要点：即（一）日常习见现象之学理的说明；（二）取材不与教科书雷同而又能与之相发明；（三）行文生动，易于了解，务期能启发读者自动研究之兴趣。为要达到上述目的，第一我们不翻译外籍，以免直接采用不适国情的材料，致虚耗青年精力，第二约请中等学校教师及从事社会事业的人担任编辑，期得各本其经验针对中等学生及一般青年的需要，以为取材的标准，指导他们进修的方法。在整理排校方面，我们更知非一人之力所能胜任，乃由本所同人就各人之所长，分别担任。"①

---

① 舒新城：《"中华百科丛书"总序》，载余家菊：《英国史》，中华书局 1934 年版，序。

舒新城的这种"十年磨一剑"的精神令人感动,这位湘西人一向是"倔脾气",而正是凭着这股坚韧的"倔脾气",舒新城才能将十多年的教育经验与出版实践完美结合起来,为青少年提供了一套受益无穷的精神大餐,在一定程度上为当时的青少年指引了人生道路,而中华书局在教育和文化上的声望也因之日隆。

(二)"大家"编"小书"

这套丛书有一个比较鲜明的特点,也是亮点,那就是"大家"编"小书"。正如舒新城所言,该套丛书的作者主要为中学教师及社会贤达人士,这其中各学科领域的"大家"就有不少,如梁实秋、余家菊、左舜生、王光祈、丰子恺、蒋维乔、周伯棣、向达等,大部分作家都是由舒新城亲自联络,反复沟通,确保丛书质量。"大家"编起"小书"来,自然是得心应手,又兼舒新城严格把关,这套丛书的质量堪称上乘,其中的许多品种一版再版,有些品种甚至到了20世纪50年代还有再版,其在青少年群体中的影响和受欢迎程度可见一斑。下文将选取几个品种加以介绍。

1.《中国哲学史纲要》

该书的初版时间是1935年,再版于1940年,作者为蒋维乔、杨大膺。蒋维乔(1873—1958),中国近代著名教育家、哲学家、佛学家。早年曾在商务印书馆编译所任职,是商务印书馆第一套新式教科书的主要编撰人员,后出入于政界和教育界,1929年出任上海光华大学文学院院长兼国文系主任,在光华大学、东南大学、沪江大学等高校讲授"中国哲学史"课程，颇受学生欢迎。1930年，舒新城开始策划出版"中华百科丛书"，于某日亲自拜访蒋维乔，请其编撰一本《中国哲学史纲要》，字数限定十万左右，内容简洁明了。斯时，蒋维乔与学友杨大膺正筹划编撰一本较为厚重的《中国哲学史》，书稿尚未成型，舒新城听说后，便对他们说道："你们编这大部哲学史，既然一时不得成功，何妨替中华先编一部分量较小的，及早印行，那时彼此都有益的。"① 蒋维乔对舒新城的话极为赞成，便与杨大膺着手开始编撰这本小书。

蒋、杨二人费了两年时间方将此书编成，可谓"慢工出细活"；同时还将书稿作为讲义在光华大学和沪江大学讲授过一遍，并根据学生的反馈意见对书稿做适当的修改。对于这本耗费了他们两年心血的小书的质量，他们是有信心的："总括一句，可以说是极其新颖，现在出版界中，还没有见过这样的创作。"

2.《群众心理学》

该书初版时间为1934年，再版于1936年。作者高觉敷（1895—1993），为我国现代著名心理学家，浙江温州人。早年就学于北京高等师范学校和香港大学教育系。1923年毕业于香港大学教育系。曾任四川大学、广东识别勤大学师范学院、中山大学、湖南蓝田国立师范学院、复旦大学、金陵大学教授，国立编译馆编纂。曾任中国心理学会副理事长、南京师范大学教育系教授。

1932年秋，舒新城致函高觉敷，诚邀高为中华书局编著《群众

---

① 蒋维乔：《中国哲学史纲要》，中华书局1934年版，自序。

心理学》。斯时，高觉敷正在国立四川大学教育系任教，主要讲授社会心理学方面的课程，群众心理学正好是他所教课程的一部分，因此，高觉敷爽快地应承了舒的邀请。除此之外，还有一个重要原因促使高乐于为中华书局编著此书。原来，高觉敷曾于1926—1931年间在商务印书馆编译所工作，先后任哲学教育部编辑和主任编辑，他深知出版丛书的意义远大于出版单本图书的意义，因此他曾经计划出版几套适宜青少年和社会人士阅读的丛书，如"幼稚教育丛书"、"乡村教育丛书"、"成人教育丛书"、"心理学小丛书"等，并向相关专家组稿。可惜商务印书馆在"一·二八"中遭到重创，这几套丛书最终未能出版，令高觉敷引以为憾。所以当高接到舒新城的信函时，顿生"吾道不孤"之感，爽快允他的邀请。

高觉敷在编著此书时带着较强的问题意识。群众有没有一个超人的心灵呢？倘没有，那么群众行动的暴烈又如何可以解释呢？这些问题本不容易寻求一个最终的答案。该书只是要描写群众的行动及群众行动之背后的动机。对于舆论、宣传、流言等事，只求其能根据近时实验的结果而加以诠释。该书还详列参考文献，以便读者做一进步的探索。

3.《文艺批评论》

该书初版于1934年，1941年出第3版。作者梁实秋（1903—1987），浙江杭州人，中国著名散文家、学者、文学批评家、翻译家。1923年8月赴美留学，取得哈佛大学文学硕士学位。1926年回国后，先后任教于国立东南大学（东南大学前身）、国立青岛大学（中国海洋大学前身）并任外文系主任。

1930 年春，舒新城邀请梁实秋为中华书局编一本简短的《文艺批评论》，梁应允之。之后他将以前发表过的和此主题相关文章进行增删修改，不到一个月就完稿。梁实秋在编撰该书时，手边的参考书很少，故该书很有一部分是凭记忆写就的。梁实秋自知该书简略缺漏之病甚多，但倘若手边有充足的参考书籍，这本小册子或许根本写不成了，正如他所言："像文艺批评论这样性质的书，大概只能在自己学识尚浅和手边缺乏参考书的时候才会写得成的罢。"[①] 民国时期的学者似乎普遍懂得"成名需趁早"的道理，虽然梁实秋此时还不满 30 岁，但已经是国立山东大学外文系主任兼图书馆馆长，他的学识水准自然是比较高的。虽然梁实秋自谦该书有诸多不足，但该书的质量还是值得称道的。

4.《怎样做教师》

该书初版于 1934 年，至 1940 年已出到第 8 版，1947 年又被收入中华书局的"中华文库"再度出版。作者俞子夷（1886—1970），著名教育家，祖籍江苏苏州，后迁居浙江。早年肄业于上海南洋公学、爱国学社。爱国学社成立于 1902 年 11 月，是中国教育会为接纳南洋公学俞子夷和沈联、胡炳生等 200 多名学生反对当局的压迫，愤然退学而设，1903 年春季开学。俞子夷曾参加反清革命运动，从1902 年至 1905 年，曾先后两次跟随蔡元培先生，参与过光复会的部分活动。后毕生从事教育工作，曾在南京高等师范学校、浙江大学等高校任教。

---

① 梁实秋:《文艺批评论》，中华书局 1934 年版，自序。

1930年，舒新城约请俞子夷编撰一本小书——《怎样做教师》，这正对俞子夷的胃口，遂爽快应允。该书之所以能长销十数年，一是由于俞子夷本身是名满天下的大教育家，二是因为他很好地抓住了青少年读者的阅读心理，文风通俗，问题意识突出。在编撰此书之前，俞子夷在教育界服务了20余年，培养出了一批成就斐然的教师，俞颇引以为豪，但他认为教师成才主要在个人，他只是起引导作用。他在该书的《自序》中道出了其特色："本书可以做一个帮助的参考。凡是正正式式的心理学、论理学、教育哲学、教学法、训育法等书本里有的，这里都省略。这里记的，大多是实在的好教师的例子，和平常与学生们上课时讨论的东西。不敢说是秘宝，或门槛，但是尽可以当做借鉴。别的教育书算是正史；这本小册子可以当做笔记。这书仿佛是替各种教育书做注解做例证的。所以，自修者可以当做入门书；师范生可以用作参考书。"

不得不说，俞子夷的上述话语是一段极高明的广告语，尽显该书"人无我有、人有我优"的优胜之处，虽然文风极朴实，但信息量却不小，值得我们学习。

5.《机械学浅说》

该书初版于1939年，至1951年出到第5版。作者王济仁(1896—1979)，浙江乐清人。1917年浙江省立第十师范学校（现温州中学）毕业。后赴日本留学，毕业于早稻田大学工科。1923年返国，同年秋被山西太原某兵工专业学校聘任为教授。嗣后，任上海兵工厂技师、国立暨南大学兼中国公学教授、兵工署第四十一兵工厂总工程师、国立浙江大学电机系主任等职。

中华书局出书向来注重教育及社会科学，对自然科学、数学及应用科学则不太重视。舒新城出任中华书局编辑所长后，颇思对此有所改革。他在 1936 年 2 月 5 日的日记中记载道："三四年来亦常以出此类书籍为言，但因伯鸿观点不同，不予通过，遂致毫无基础。今日因其思想稍有活动，拟极力为之。"① 因此，舒新城在策划"中华百科丛书"时，对自然科学、应用科学等类别尤为注意，邀请多位专业人士编撰此类书稿，这其中就包括王济仁。

这本书的特色在于"说明事理，与其藉章句之详尽，不如列表解之简括，更不如作图面之易于显豁。其非图面材料，始求列表示之，更不能表列者，始借章句注释之法，编者认为自然之理。本书为机械学之浅说，尤应走向此道。是以附图凡百八十左右，多采自各方著名书籍或自己特别画绘，读者细细观摩，能得其意味于注释以外者，最所盼幸"② 。当时国内的同类著作可谓不少，但大多深奥晦涩，令读者知其然却不知其所以然，而王著深入浅出，图表极具特色，在当时堪称独树一帜，其能畅销至 20 世纪 50 年代，自然不无道理。

当然，舒新城在中华书局期间所主编的丛书还有很多套，但恐怕没有哪套丛书如"中华百科丛书"那样凝聚了舒新城十多年的教育理念。近现代中国，教育与出版紧密相连，舒新城以教育家的身份办出版，同时以出版家的身份关注青少年的教育需求，"中华百科丛书"将舒新城的教育与出版理念完美地结合起来了。

---

① 卢润祥、梁建民整理：《舒新城日记（选载一）》，《出版史料》1987 年第 2 期。
② 王济仁：《机械学浅说》，中华书局 1939 年版，自序。

七、对新文学的贡献

新文学是指五四运动以来的中国现代文学体系。新文学是以白话文写作，具备"五四"精神，并依赖于新媒介传播的文学样式。新文学在思想上强调人本意识，在体裁上以新诗、小说、散文为主，既积极吸收西方的文学资源，亦继承中国传统文学的精华。陈思和认为"五四"新文学倡导白话文和引进新的文艺形式，这些因素更加符合现代性而被主流文学所吸取，形成了 20 世纪 20 年代以后的文学主流[①]。

1945 年 8 月 15 日，沈从文对湘人在新文学中的贡献做整体梳理，其中对舒新城有着如下评价："在出版方面则有主持中华书局的舒新城先生，在出版业中，曾对国家作出极大的贡献。抗战以前，且对新文学的出版，也感兴趣，做出了成绩。"[②]那么舒新城在主持中华书局编辑所期间，在新文学出版方面到底做了哪些贡献，以至于能够得到沈从文的称赞呢？

舒新城为满足青少年学生的阅读需求，于 1934 年主编了一套"中华百科丛书"，全书共 100 种，至 1939 年出齐，在青少年读者群体中影响比较大。

1932 年，舒新城安排手下两员得力干将钱歌川、张梦麟策划出版"现代文学丛刊"，1932—1937 年间共推出 56 种，1937—1949

[①] 陈思和：《试论"五四"新文学运动的先锋性》，《复旦学报（社会科学版）》2005年第 6 期。

[②] 沈从文：《沈从文文集》（第 12 卷文论），湖南人民出版社 2013 年版，第 199—200 页。

年间又出版 5 种。其中影响较大的是李劼人的《死水微澜》、《暴风雨前》、《大波》系列小说，这三部小说的产生与舒新城有着较为直接的关系。

（一）初涉新文学出版

在上一章我们曾论述舒新城在五四新文化运动的表现，"他不仅教书和创办杂志向学生与湖南人发言，还在中心媒体上发表自己的见解和主张，并提出要对军人进行启蒙，注意同核心的新文化运动领导人建立联系，培养自己的人脉，以获得同情与支持。这样即使在面临不少困难的情况下，舒新城还是成功地维系了自己的身份认同，并获得了地方社会、媒体、同人与出版界的认可，从长沙的一个青年教师，逐步成长为在全国闻名的教育家"[①]。五四新文化运动的历史是由各个地方、各个个体参与者的历史构成的，舒新城是该群体中的一员。

五四新文化运动激发了社会大众对新文化知识的阅读需求，新文学是五四新文化运动的核心内容，受此影响，出版业进入一个发展的繁荣时期。当时沪上的出版机构闻风而动，纷纷调整经营方针，拥抱新时代新受众。譬如，商务印书馆改革《东方杂志》和《小说月报》，由郑振铎、茅盾等新式知识分子掌握商务新式出版物的主导权；中华书局则于 1920 年成立"新书部"，先由戴蔼庐主其事，不

---

① 张仲民：《舒新城与五四新文化运动》，载牛大勇、欧阳哲生主编：《五四的历史与历史中的五四运动：北京大学纪念五四运动 90 周年国际学术研讨会论文集》，北京大学出版社 2009 年版，第 406—407 页。

久即由左舜生接任。左任新书部部长达 10 年之久，期间策划出版了
"新文化丛书"和"少年中国学会丛书"，其中还译介了一些西方文
学作品，对当时的思想界产生了较大的影响；但在本土新文学方面
却缺乏系统的出版计划。至于其中原委，可能是由于中华书局以教
科书起家，其人力、物力资源集中于教科书出版业务上，且教科书
属于长销书和畅销书，利润可观又稳定，因此在业务上形成了对教
科书出版的"路径依赖"，而对预期回报率不稳定的新文学出版自然
就不那么上心了。相反，或由于出版人的文学理想，或由于教科书
出版的门槛较高，又或由于商人的逐利本性，众多的中小书局则对
于新文学小说、"鸳鸯蝴蝶派"小说甚至古典小说的出版有着极大的
兴趣。

1929 年年初，在一个偶然的机会下，陆费逵决定有计划地出
版一套新文学丛书，这套丛书的主编者是徐志摩。陆费逵是如何
与徐志摩产生交集的呢？原来，斯时徐志摩正与陆小曼寓居上海，
经济上很是拮据，徐的友人得知后，便代为设法。其具体情形
如下：

正因为志摩平时待人宽厚，所以志摩有急难时，朋友们从四
面向他伸出友谊的手，分担人生道路上的重压。志摩在客栈里住
了没有多久，友人宋春舫就请他到上海梅白格路六十三号自己家
里。刘海粟知道志摩经济紧张，就去找陆费伯鸿。陆费伯鸿是颇
有见识的出版家，富有同情心。刘海粟说：徐志摩是个难得的人
才，过去编过《诗镌》，在读书界有影响，应当请他编辑一套文
学丛书。伯鸿一听是徐志摩：那好，每月送他二百元编辑费，请

他在家里看稿编书好了。①

如此，徐志摩便成了中华书局的馆外编辑，享受每月 200 元的高薪，经济上顿时宽松不少，须知总经理陆费逵当时的月薪也才 200 元，陆费逵对徐志摩的重视由此可见一斑。凭借着在新文学圈子里的影响，短短一年多的时间里，徐志摩便组到了二十余本书稿。

中华书局现存徐志摩致舒新城的信函共 28 封，均为就"新文艺丛书"编辑事宜的工作往来函件。通过信函可知，舒新城对该丛书的出版是十分支持的，并提出了自己的构想。1929 年，徐志摩担任"新文艺丛书"主编后，最初的编撰计划是出版创作类的新文学著作；舒新城于 1930 年年初执掌中华书局编辑所后，他对该丛书的编辑计划做了适当的调整，舒新城希望徐志摩能够将外国文学翻译作品纳入丛书中来，徐志摩对舒新城的建议表示肯定，并予以采纳。嗣后，徐志摩积极组稿，甚至有过将胡适当时正在组织的集体合译《莎士比亚全集》的书稿交由中华书局出版的设想。在 1931 年 2 月 15 日致舒新城的信中，徐志摩略微提及此设想：

> 适之为莎士比亚事，连接来电函，催我回平，我日内即离沪，然不久仍须回此也。译名作事，另函奉报。②

徐志摩于当年 11 月 19 日不幸飞机失事，该计划还没有全面展开

---

① 顾永棣：《徐志摩传奇》，学林出版社 2004 年版，第 183 页。
② 段怀清：《苍茫谁尽东西界——论东西方文学与文化》，浙江大学出版社 2012 年版，第 213 页。

即告终结；而之前已经组到的书稿则陆续出版。自 1929 年徐志摩担任"新文艺丛书"主编起至 1934 年该丛书最后一本小说出版完毕为止，该丛书共出书 32 种，其中文学创作 15 种，文学评论研究 1 种，译著 16 种。其目录如表 3-2 所示：

表3—2 "新文艺丛书"书目信息简表

类型	序号	书名	著、译者	初版年份
文学原创	1	一个女人	丁玲	1930
	2	一幕悲剧的写实	胡也频	1930
	3	口供	郭子雄	1931
	4	少女书简	夏忠道	1932
	5	幻醉及其他	谢冰季	1930
	6	石子船	沈从文	1931
	7	休息	王实味	1930
	8	还乡集	蹇先艾	1934
	9	阿凤	冷西	1931
	10	轮盘	徐志摩	1930
	11	金丝笼	陈楚淮	1930
	12	春之罪	茅以思	1931
	13	爱神的玩偶	孙孟涛	1931
	14	旅店及其他	沈从文	1930
	15	虹（短篇小说集）	胡山源	1931
文学评论	16	勃莱克	邢鹏举译	1932
文学译著	17	日本现代名家小说集	查士元译	1930
	18	卡尔与安娜	盛明若译	1931

类型	序号	书名	著、译者	初版年份
文学译著	19	死的胜利	伍纯五译	1931
	20	现代法国小说选	徐霞村译	1931
	21	波多莱尔散文诗	邢鹏举译	1931
	22	诗人柏兰若	李万居译	1931
	23	珊拿的邪教徒	王实味译	1930
	24	结婚集	梁实秋译	1930
	25	牺牲	查士元译	1931
	26	过岭记	孙用译	1931
	27	爱俪儿	李惟建译	1931
	28	傀儡师保尔	陈林率等译	1931
	29	断桥	曾虚白译	1931
	30	德国名家小说集	刘思训译	1931
	31	水仙辞	梁宗岱译	1931
	32	五言飞鸟集	姚华译	1931

　　作为新月派主将之一的徐志摩，在文学领域是十分活跃的。他既搞创作，又搞翻译；既写诗，又写戏剧、小说；还从事编辑工作，既参与《新月》月刊的编务，又为上海中华书局主编"新文艺丛书"，这套丛书也带有较为浓厚的"新月派"色彩。客观而言，这套丛书在中国新文学丛书系列中并不显眼，与"新潮社文艺丛书"、"创造社丛书"、"文学研究会丛书"等响当当的品牌丛书相比，"新文艺丛书"要暗淡得多。究其原因，在主编方面，乃是由于徐志摩为家事所累，不能尽全力于丛书的选题策划，与之形成对照的是"文学研究会丛书"的两位主要编辑茅盾、郑振铎深谙选题策划之道；在出版机构方面，

则是由于中华书局向来不注重新文学出版，缺乏优质的新文学方面的编辑人才队伍，总经理陆费逵和编辑所长舒新城虽然有心于新文学出版，但两人的专长在教育，于新文学方面缺乏强大的号召力。

（二）光芒闪耀的"现代文学丛刊"

其实早年的舒新城和陆费逵都是正宗的"文学青年"，舒新城上大学时就曾在长沙《大公报》上发表过小说，换得数十元稿费；左舜生认为陆费逵"喜欢看书，对文学有相当的素养"①。中华书局作为大书局，一向以教科书出版为先，但对于当时一般民众的新文学阅读需求，舒新城和陆费逵也是有所关注的，并等待时机筹划出版较为系统的新文学丛书。

徐志摩去世之后，舒新城于1932年安排手下的两员得力干将钱歌川（1903—1990）、张梦麟（1901—1985）策划出版"现代文学丛刊"，以延续徐志摩主编的"新文艺丛书"。"现代文学丛刊"充分体现了舒新城先前的编辑思想——在注重文学原创的基础上大力译介西方文学著作。舒新城大学的专业是英语，而钱歌川和张梦麟均有国外留学经历，英文极佳，文学功底较为深厚，因此，由舒新城牵头，钱、张二人执行，这套丛书进行得比较顺利。1932年7月至9月间推出5种，全是世界名著，译者也是名人。此后，每年推出十来种，到1937年已出版56种。1937—1949年间又出版5种，共计出版61种。在这61种著作中，原创文学只占12种，其余大部分为翻译文学，少部分

---

① 左舜生：《近三十年见闻杂记》，文海出版社1967年版，第457页。

为文学理论、散文集等。其目录如表3-3所示：

表3—3　"现代文学丛刊"（部分）书目信息简表

类型	序号	书名	著、译者	初版年份
文学原创	1	玫瑰的刺	庐隐	1933
	2	小菊	潘予且	1934
	3	岳飞之死	谷剑尘	1936
	4	死水微澜	李劼人	1936
	5	树下集	高植	1936
	6	暴风雨前	李劼人	1936
	7	成名之后	王家	1936
	8	现代中国女作家创作选	雪菲	1936
	9	独身者	陈鹤翔	1937
	10	大波	李劼人	1937
	11	两间房	潘予且	1937
	12	好人家	李劼人	1947
文学理论、散文、诗歌、随笔等	13	写剧原理	熊佛西	1933
	14	东西文学评论	刘大杰	1934
	15	现代文学评论	钱歌川	1935
	16	艺术与人生	周作人	1936
	17	陈迹	黄仲苏	1940
文学译著	18	几个伟大的作家	郁达夫译	1934
	19	春天的歌	钱歌川译	1933
	20	自由	孙用译	1933
	21	域外小说集	周作人译	1936

续表

类型	序号	书名	著、译者	初版年份
文学译著	22	芥川龙之介集	冯子韬译	1934
	23	还乡	王实味译	1937
	24	爱底雾围	盛明若等译	1932
	25	文明人	李劫人译	1934
	26	女郎爱里沙	李劫人译	1934
	27	人心	李劫人译	1935
	28	马斑小姐	林徽因译	1935
	29	史姑娘	毛秋白译	1935
	30	迷途	刘大杰译	1934
	31	忏悔	何妨译	1934
	32	苦恋	刘大杰译	1932
	33	红字	张梦麟译	1934

总的来说，这套丛书在中国现代文学史上有着较高的地位，其中有几颗明珠——李劫人的系列长篇小说，使得这套丛书光芒闪耀。"李劫人的长篇系列小说，无论在内容开掘的深度上和艺术表现手法上，都达到了很高的水平。但作者埋头写作，不去结伙互相捧场，因而好像没有更大的轰动效应。正如作者自己所说：'所以未能成名者，只在不屑自行鼓吹，而又不请朋友捧场尔。'然而它的意义必将为越来越多的后人所认识。这也包含了这部丛书的重要意义。"①而李劫人的《死水微澜》、《暴风雨前》、《大波》之所以能在较短时间内顺利出版，舒新城起了较大作用。《死水微澜》的创作时间是在1935年，当时李

---

① 倪墨炎：《现代文学丛书散记（续二）》，《新文学史料》1995年第3期。

劫人赋闲在家，经济上很拮据，亏得舒新城向李劼人预支稿费，李才得以渡过难关，安心写作；而在此后的两本书的写作过程中，李劼人亦时常向舒新城预支稿费，而舒总是满足他的要求。可以说，若无舒新城的大力帮助，中国现代文学史上怕是难有《死水微澜》、《暴风雨前》、《大波》这几部杰作了，至少不会如此顺利地在短时间内完成。

1936 年 1 月 27 日，当舒新城看到良友图书公司在《申报》上登的"文学丛书"广告时，他顿觉时不我待，在当日的日记中写道：

> 阅《申报》封面广告，良友出《文学丛书》第二集，作家有周作人、郁达夫等。此类书大概有普遍销场，其所谓名作家，亦大概相识。在历史上我局素不注意于此，遂致颇少与他们联络。实则出版业从营业立场讲，应于此加意！盖近代人有近代人之需要，此类作家其作品虽不能与世界名著或中国古著相提并论，然在现代总是成熟之辈，其作品颇能得到社会赞誉，销售量亦较一般书籍为大也。日前拟定今年进行办法，即注意及此、与伯鸿商定后，将出面与各方面周旋，以期多收较好之稿件。①

舒新城很快行动起来，当年即向周作人约得两部书稿：《艺术与人生》、《域外小说集》。1930—1949 年间，中华书局还出版了其他几套新文学丛书，如"新中华丛书文艺汇刊"、"中华文艺丛刊"、"中国文艺社丛书"等，在现代文学史上也有一定的影响，这与舒新城的努力是分不开的。现在我们回过头来看沈从文对舒新城的评价，其应当

---

① 卢润祥、梁建民整理：《舒新城日记（选载一）》，《出版史料》1987 年第 2 期。

是中肯的。

八、扩充中华书局图书馆

"新中国成立之初,文化部对国内一些图书馆的复本和专业用书,根据各图书馆的性质和专业需要进行配置和调拨。时任文化部长的郑振铎主其事,他针对调整中的一些思想问题进行疏导,强调这项工作的重要性,批评了部分图书馆不愿把书分出去的本位主义思想。但同时他又指出,有些图书馆是不能合并的,应予以保留,并举以宁波天一阁、上海徐家汇图书馆、上海中华书局图书馆(今上海辞书出版社图书馆)、亚洲文会图书馆为例,认为这些图书馆都有各自鲜明的收藏特色,具有独特的文化价值。"① 中华书局图书馆的特色体现为教育类出版物极其完备,堪称当时国内最具特色的教育图书馆,而中华书局图书馆之所以能有如此成绩,与当了 20 年馆长的舒新城的努力是分不开的。

中华书局成立初期,为了方便编辑开展工作,陆费逵特地在编辑所内开辟了一间藏书室,规模很小。1916 年,中华书局印刷总厂在上海静安寺路(今铜仁路)落成,编辑所、事务所、印刷所迁入新厦,原先的藏书室也随之迁入,并扩建为藏书楼,面积达 100 余平方米,藏书达万余册。1925 年,藏书增至 6 万余册,并于年初请著名图书馆学家杜定友到馆指导分类、编目,年底正式更名为中华书局图

---

① 王有朋:《出版人的文化担当——中华书局图书馆述略》,载复旦大学历史系编:《中华书局与中国近现代文化》,上海人民出版社 2013 年版,第 31 页。

书馆。

到了 1929 年年底，舒新城与中华书局签订契约，约定于 1930 年 1 月 1 日起任中华书局编辑所长，为期五年。在正式上任前一个月的 12 月 1 日，舒新城在日记中拟订了将来的工作规划，其中就包括扩充图书馆，详见下文：

> 至于编辑之进行：（1）以一二人搜集材料；（2）每周一二次至中西书局购书，并逐渐改革图书馆；（3）改定出版期、封面及排列方法，编索引；（4）努力于辞典及中学参考书之编辑；（5）继续《小朋友》及普通刊物；（6）办学校；（7）出专门书籍；（8）扩充文艺书籍。①

1930 年 1 月 1 日，舒新城走马上任执掌中华书局编辑所，同时兼任图书馆馆长。在进入中华书局的前几年，舒新城一直过着教育著述生活，并研究潜心中国近代教育史，他深知图书资料之于编辑工作和学术研究的重要意义。因此，甫一上任，他就将扩充图书馆作为一项重要而持久的事项来推进。具体举措包括"积极添置书架，扩大图书采购的范围，词典及工具书置备复本；中西文图书有参考价值的一律采购，对各书局出版的教科书，力求齐备；并收购善本书、地方志、金石书画、报章杂志等"②。

1934 年，舒新城将自己所藏的中国近代教育史资料 7000 余册，

---

① 舒新城：《舒新城日记》第 3 册，上海辞书出版社 2013 年版，第 336 页。
② 陈仲献、钱子惠：《有关中华书局图书馆的情况》，载中华书局编：《回忆中华书局》上编，中华书局 1987 年版，第 173 页。

低价让给中华书局图书馆，其中清末民初的教科书最称完整。这些资料由舒新城自 1919 年至 1934 年间一手一足苦心搜购而得，他非常珍视这些资料。当 1927 年北伐军初入南京之时，匪徒乘乱打劫民宅，舒新城那时住在南京黄泥岗何家花园，门前有两口池塘，为了保护这批资料，他煞费苦心地将这批资料放置在池塘边上，并用木柴遮盖起来。几日后，治安好转，某军又大呼打倒"国家主义"的口号，并且由卫戍司令部查访"反动"刊物，风声甚紧。凑巧的是，舒新城所收藏的资料中有《醒狮》周报，而该刊物在查禁之列，为了保险起见，舒新城于某夜摸黑将该刊物藏于房梁上，下来时不慎跌伤。以后舒新城由南京至杭州，再由杭州迁上海，对这些资料都妥善安置。他之所以如此珍视这些资料，有如下原因。

其一，为教育界保存一点较为系统的史料。舒新城认为当时的所谓教育家，大多只知道引用现成的书籍，尤其只知道引用美国的书籍。即使是在北京大学和中央大学，其图书馆亦不曾有一部完整的《教育杂志》或《教育世界》，更不曾有几部变法时期的教科书。舒新城费了若干年的时间和精力，搜集清末民初的一些珍贵的教科书、教育章程等，希望为教育界保存一点较为系统的史料，以便后来者之用。

其二，这批资料支撑起舒新城的研究工作。舒新城自称有"历史癖"，虽然他并非专业的历史研究者，但他对于历史尤其是近代史颇感兴趣。他之所以能够在教育界占有一席之地，就是靠在教育史研究上有所创见。舒新城引以为豪的三部著作《近代中国教育史料》、《近代中国教育思想史》、《近代中国留学史》均是依靠所藏资料编著而成的。他认为如果自己没有这些资料，则自己在学术上至多也不过替别人做留声机而已。

其三，这批资料是舒新城的精神寄托。舒新城自认是情感与理智并重的人，他兴趣广泛，爱好音乐、美术、文学，同时事业心较强，也好研究学问。当舒新城需要舒展情感的时候，这些资料就成了极好的精神寄托，每徘徊其中时，寻得想要之资料，有不可言状之乐趣。

正因如此，若非陆费逵屡屡催促，以及舒新城想为这批资料找个长久的安放之所，他是断然不会将这批资料移交给中华书局图书馆的。总而言之，这7000余册珍贵的资料成为中华书局图书馆的"镇馆之宝"，为图书馆增色不少。

在舒新城的支持下，中华书局图书馆的组织结构日趋完善，馆藏资料日渐丰富。1934年，中华书局图书馆的大致情形如下：

组织：约可分为三组。（1）征集组；（2）编纂组；（3）阅览组。

馆舍建筑：并非独立建筑。占该局编辑所房屋之一部分，面积约二千数百平方尺。

藏书：中文约七万余册。西文约一万余册。其他东文书约一万余册。杂志报章等约二千余册。特藏明板十种。总计约十万册。

职员：馆长一人，其他职员共六人（馆内由楼云林主持）。

经费：来源由中华书局供给。购书费约六千元（但因编辑上之需要可以超过次数）。薪俸年约二千余元。办公费年约三百余元。

阅览时间：每日上午自九时至十二时。下午自一时半至四时半。与编辑所办公时间同。

阅览人数：每日约六十人，只限局内编辑用。①

当时上海的八十余家图书馆，年经费大多在千元以下，如上海市立图书馆的年经费才九百元，中华书局图书馆的年经费高达六千元，远远高于平均水平，这与舒新城的重视是分不开的。他曾在一篇文章里谈到自己为何钟情于买书，他说："我这样无范围地买书看书，固然由于我对于世界上的一切事情，都愿意指导，愿意学习，同时也由于我自民国十四年夏以后，即专门从事编书，感觉到编辑上所需要的常识实在太多：以为无论什么书本都该阅读。所以我自十九年到中华书局以后，于个人购书而外，更利用公司的财力，努力为中华书局买书。"②

中华书局的各科翻译丛书颇具影响，能及时将海外学术导入中国，而使用第一手资料翻译出版十分重要，舒新城对此是有贡献的。如1930年9—10月，陆费逵带领舒新城等一众书局高层访日，舒新城趁此良机精心选购了一批图书。10月20日，这批图书运抵中华书局，舒新城在日记中记载此事："在日本所购之英文及日本旧书已于昨日运到，置伯鸿室中，拟先由我们检阅一番，择要请人选译编辑。"再有，舒新城在1936年2月4日的日记中写道：

今日见日本丸善书店寄来之新书目录，有日文《工业材料便览》一书，又英文《通俗科学教师》（*The popular science educa-*

---

① 冯陈祖怡：《上海各图书馆概览》，世界书局1934年版，第56—57页。
② 舒新城：《读书·买书·编书·写书》，《出版月刊》1937年第1期。

tor）周刊丛书一部，均可译印。一面嘱图书馆购备，一面与伯鸿商定翻译。惟目前尚得不着适当之人耳。

午后嘱图书馆员将去年陈鹤琴由英购回之书一律拣出送至所长室，拟随时查阅，择要翻译。①

中华书局出版物的品质之所以能够得到读者认可，原因是多方面的，其中重要一点就是书局管理者不惜重金搜购当时国内外较为先进的书刊资料，编辑也能较为主动地对这些资料进行认真学习，以期"创新源于模仿"。"上海辞书出版社图书馆现有 18 世纪末至 19 世纪中叶的英文、日文图书数十万册，随手翻阅便可以看到当年中华书局引用、借鉴这些资料的痕迹。如日新光社版《世界地理风俗大系》中就有不少图片被引用于中华书局出版的教科书中，保证了中华版教科书的资料新、质量好。当年中华书局能以大投入办如此规模的图书馆来保障出版质量和开发选题，充分显现出中华书局作为一个大文化出版企业的开阔视野和足以傲视业界的博大形象"②。

这里有必要对丸善书店作简要介绍。丸善书店创立于 1869 年，是日本东京一家以进口和编译欧美书籍、杂志为主的新式出版机构。"日本在明治维新以后，欧风东渐，西方科技文化的书籍大量被引进。丸善书店正是在这一时期成为日本一家以经营西文书为主的重要书店。不仅如此，西方的墨水、自来水笔、打字机、计算器等文具也多是通过丸善书店介绍到日本的，而西方这些先进的科学技术也多是

---

① 卢润祥、梁建民整理：《舒新城日记（选载一）》，《出版史料》1987 年第 2 期。

② 王有朋：《出版人的文化担当——中华书局图书馆述略》，载复旦大学历史系编：《中华书局与中国近现代文化》，上海人民出版社 2013 年版，第 33 页。

通过丸善书店介绍到日本的，而西方这些先进的科学技术后来又多通过日本传到中国。"①

丸善书店除了大量译介西方先进的图书外，还在经营管理上借鉴西方出版企业的先进做法，如开架销售、预订书籍、开展国际邮购，这一切都给当时的中国读者耳目一新之感，中国近现代许多知识分子都曾长期通过丸善书店邮购书籍，如鲁迅、周作人、贾植芳等人，对丸善书局有着终身的感情。周作人 1936 年在《东京的书店》一文中写道："说到东京的书店第一想起的总是丸善（Maruzen）……我在丸善买书前后已有三十年，可以算是老主顾了，虽然买卖很微小，后来又要买和书与中国旧书，财力更加分散，但是这一点点洋书却于我有极大的影响，所以丸善虽是一个法人而在我可是可以说有师生之谊者也。"②舒新城对丸善书局的了解始于1920年，当时他正苦恼于无法订阅欧美流行的出版物，湖南一师的同事夏丏尊乃向他推荐丸善书店，舒新城一试之后，发现该书店果然非同一般，此后遂成了丸善书店的老客户，正如他说言："以后丸善成为我的书籍供给者，我的衣食节余之资诚然大部分流到他们的银钱库里去了，而我的新知识却日益月异地换来不少。"③他本人的藏书以及中华书局图书馆的藏书，很有一部分即来自于该书店。

在舒新城就职中华书局的 20 余年时间里，他一直很重视图书资料的搜购整理工作。同时，自修、编辑和研究等经历培养了他在鉴别

---

① 张翔、吴萍莉：《鲁迅与日本丸善书店》，《上海鲁迅研究》2011 年第 4 期。

② 周作人：《瓜豆集》，宇宙风社 1937 年版，第 101—102 页。

③ 舒新城：《我和教育：三十五年教育生活史（1893—1928）》，广东人民出版社 2016 年版，第 124 页。

图书资料方面的慧眼，他能够为中华书局的图书搜购整理工作严格把关，从而使得中华书局图书馆的藏书质量颇高且极具特色。至于这个图书馆后来的命运，留待第五章再详细述之。

九、对出版业的回顾与展望

中华书局是个大型文化机关，在这片舞台上，舒新城的才干得到了充分展现，他既编书又写书，对书局的出版方向进行把关，尽其所能地组织书局的编辑力量为民众提供了一批又一批高质量的精神粮食。入职四五年后，他已然成为出版界的老将，对于当时出版业成绩和问题了然于心，同时对中华书局乃至整个出版业的发展充满期待。

1934 年 11 月，舒新城应《文化建设月刊》之邀写了一篇《一年来之出版界》的万字长文①。在文中，他提出了当时的出版业有五种特征，存在三项问题。

先来看"五种特征"：翻印古籍、编印年鉴、杂志热潮、图书审查趋严、书刊价格下降。

（一）影印古籍

自从印刷术发明以后，翻印珍本、善本成为一件稀松平常的事。

---

① 舒新城：《一年来之出版界》，《文化建设》1934 年第 3 期。

但是到了 20 世纪 30 年代前期，社会上出现一股大规模翻印古籍的浪潮，却是历史上从未有过的事情。舒新城认为当时翻印的最为重要的古籍当属如下两种。

其一是《四库珍本》。该套珍本为文渊阁四库未刊之珍本，其初集目录 231 种，编订约 2000 册，由商务印书馆印行。查商务影印《四库全书》，创议于 1924 年，1925—1926 年两度停顿；1933 年，热河被侵，北平震动，文渊阁全书南迁，南京政府教育部复有选印《四库珍本》之议，是年 6 月 17 日教育部委托中央图书馆筹备处与商务印书馆订约影印《四库全书》未刊珍本，订约两月后教育部复聘专家17 人，编订目录，计初集 231 种约 2000 册，于两年内出齐，该馆于1934 春发售预约，于秋季起陆续出书。

其二是《古今图书集成》。该套古籍是中国唯一的百科全书式之大类书，清初陈梦雷就所藏书及诚亲王允祉协一堂藏书 15000 余卷编辑而成，共计 10000 卷，分为 6 汇编，32 典，6000 余部又目录 40 卷。其内容据《陈上诚亲王书》谓："凡在六合之内，钜细毕其在十三经、廿四史者，只字不遗；其在裨史子集者十亦只删一二。"雍正初年，刷印铜活字版 64 部，后以铜字被窃，遂未重印。光绪十六年曾影印100 部，但半毁于火。1933 年年底中华书局因陈炳谦转让康有为之藏本，乃以此藏本为底本，于 1934 年用橡皮机缩印 800 册，发售预约，于 1934 年秋季起分两年出齐。

此外如各省通志、《宛委别藏》与《辽海丛书》、《遂雅丛书》之影印，以及《四部丛刊续编》、《四部备要》重版之发刊，均可证明社会人士对于中国旧籍之重视，凡此种种，可谓 1933 年出版界的第一特征。

（二）编印年鉴

近现代中国的统计事业比较落后，在很长一段时间里，每年出版的年鉴类出版物甚为少见。到了 1933 年，南京国民政府的统治渐趋稳定，国内各项事业逐步走上正轨，在出版界开始出现一股"年鉴热"。舒新城认为该年出版的众多年鉴中，如下 5 种值得提及。

其一是《军备年鉴》。该年鉴由国际联盟会编辑，内外通讯社翻译，中国文化学会印行。蒋介石作序，序中说："国际联盟世界军备之编纂，根据一九二三年之决议开始，迄今十年渐臻完善。一九三三年版以军备会议所得各国政府报告补充旧文，较昔为胜。世界各国陆海空、军令、军政、军区、军实、军费、编制、征募、训练、动员，旁及民军、警察等项；虽其间简详不同，固已粗其具梗概；而又附以丁口、国境、岸线、铁道四事，武备之要，所示弥多。国力强弱，约略可计。"又原序说："此版（第九年）共列六十四国国联会员及非会员均在内。有殖民地及殖民地军之国度，并详叙其武力、组织与编成。"由此可见其内容之概略。

其二是《中国经济年鉴》。该年鉴由南京政府实业部聘请经济专家百余人从事编纂，由财政部各关系机关及全国各专家、各文化团体、各大企业组织、各法团提供材料。全书分 17 章，共计 600 余万字，凡直接或间接与经济有关之统计数字，无论其为已经刊布或尚未刊布者，无不尽量搜集并一一加以整理，分类辑入。此书名义上是年鉴，实际上是一本中国经济全志。全书两大册，定价 15 元，由商务印书馆印行。

其三是《教育年鉴》。该年鉴由南京政府教育部编辑。其体例着重概况之报告，佐以法规之录例，附以研究结果之陈述。全书分 5 编：甲编教育总述，乙编教育法规，丙编教育概况，丁编教育统计，戊编教育杂述。除法规、概况及统计事实取材较近外，余多起自清季。又以我国幅员辽阔，交通不便，政令推行时或窒滞，在最短期间内不易年编一卷，故取回次体而取名《第一次中国教育年鉴》。从实质上说来，称为"中国近代教育史略"亦可。全书两册，分 3 种形式印刷，定价 4 元至 8 元。由开明书店印行。

其四为《外交年鉴》。该年鉴由中国外交年鉴社编辑，主编人章进，生活书店印行。该书分两种形式印刷，定价分别为一元一角和二元五角。全书分 5 章：第一章国民政府与外交，第二章外交及领事机关，第三章中国外交史略，第四章一年来之外交，第五章一年来之外务行政，附录有关外交之表格法规计二十种，以第二、第四、第五这三章为主体。

其五为《全国银行年鉴》。该年鉴的编辑及出版者均为中国银行总管理处经济研究室，厚册，定价 8 元。全书分正附篇：正编自第一章至第八章，专述银行大事、调查、公令、法规、统计、人名等事。附编自第九章至第十五章，述银行有关系之行业，计分：外商银行、钱庄与银号、信托公司、银公司、储蓄会、保险公司、典当等项。取材力求精美完备，俾一面供专门家之研究，一面为学生、教授及银钱业从业人员必备之参考。

（三）杂志出版热潮

在近现代中国出版史上，1933 年有"杂志年"之称，这个称谓是怎样得来的呢？原来，1930 年的时候，全国的杂志尚只有 88 种，1932 年增至 128 种，到了 1933 年则剧增至 209 种，杂志出版业方兴未艾，故而当时有人将 1933 年称为"杂志年"。当时杂志销路最大的是小品文性质类，其次则为画报。由此亦可知当时社会一般人士的阅读需求。

（四）出版物审查趋严

1908 年清政府颁行《大清报律》，对新闻出版业严加管控。南京国民政府成立初期，对于新闻出版业的管控比较宽松，所审查的主要是有关党义的出版物。自 1933 年以后，出版物审查趋于严格，文艺、社会科学类书籍以及杂志，均在审查范围之列。1934 年 6 月，隶属于国民党中央宣传委员会的图书杂志审查委员会颁行了《图书杂志审查办法》，规定一切图书杂志必须于付印前将稿本送审，甚至翻印古书也不能例外，如不送审，即"予以处分"。在审查过程中，检查官随意删改，而且被删的地方不许留白，即所谓"开天窗"，不使留下删改的痕迹。这个"办法"标志着出版物审查制度由之前的"事后追惩"转变为"事先审查"。舒新城认为《图书杂志审查办法》在出版史上占有颇为重要的地位，他认为其中四条对当时出版业的影响尤为重大，详情如下。

第二条　凡在中华民国国境内之书局社团或著作人出版之图书杂志，应于付印前，依据本办法，将稿本呈送中央宣传委员会图书杂志审查委员会（以下简称本会），声请审查，前项审查事宜，遵照中央执行委员会第一一五次常务会议决议：

一、审查之范围为文艺及社会科学。

二、先在上海试办。

第五条　凡合于左列情形之一者，得呈请本会转呈中央宣传委员会核准发给免审证，其请求免审之声请书另定之。

一、当地党政机关出版之图书杂志。

二、凡出版一年以上平日思想正确绝无违背中央颁布《宣传品审查标准》及《出版法》之杂志。

前项准予免审之图书杂志如发现内容有不妥，除撤销免审证外，并依法予以处分。

第七条　声请审查之图书杂志稿本，其内容如有认为不妥之处，得发还原声请人令节依照审查意见删改，如全部文字有犯《宣传品审查标准》第三项之情形及违背《出版法》第四章第十九条之限制者，本会得将原件扣呈中央宣传委员会核办。

第十一条　图书杂志出版后，除应依照《出版法》第十三和及第十五条之规定，每种送内政部二份外；并应送本会三份，以便核对转存。图书杂志出版后如发现与审查稿本不符时，由本会呈请中央宣传委员会转内政部予以处分。

（五）出版物价格下降

1933—1934年间，出版物的价格整体下降。1933年，小学教科书售价由8折改为6折，中学教科书由全价改为8折。到了1934年，除教科书继续减折而外，普通书籍亦由全价改为8折甚至对折，而新标点之旧小说则更以一折八扣登报发售。大廉价之现象普及于各业，出版业亦不例外。

至于"三项问题"，则为教育问题、经济问题及历史问题。

首先来看教育问题。出版与教育存在着密切的耦合关系。20 世纪 30 年代，中国人口虽然有 4.7 亿，但大学生则只有区区 4.3 万人，全国大、中、小学生总计亦只有 1211 万余人，约为全国人口总数的 1/40；而全国不识字者竟占 80%。教育事业如此落后，出版业的发展自然也是举步维艰了。

其次来看经济问题。据统计，1930 年中国的人均 GDP 只有 101元，只有美国的 1/66、日本的 1/17。"九一八"事变后，东北为日寇侵占，国内经济更加不景气，一般民众的生活温饱尚且不能得到保障，阅读消费只能次而又次了。

最后来看历史问题。舒新城所说的历史问题，即一般民众没有养成购买新出版物的习惯。近现代中国依然是典型意义上的农业社会，因为农业社会经济上的"自给自足"，导致一般民众在日常生活上对于文字的需要很少。即使要读书，按照传统观念，一部四书五经式的《三字经》、《百家姓》、《千字文》就可以让子子孙孙一直读下去。对于一般民众而言，教科书每隔几年更新一次，他们很难理解；而新出版物之日新月异，更是超出他们的生活习惯之外。这种现象在沿江沿海开埠地区尚不严重，但在广大的内地，则十分普遍。所以内地许多有能力购书的中产阶级，亦不愿意购买新出版物；更兼交通不便，一种新出版物达到内地，每每需时十数日至数月，导致新刊物时效性丧失，一些好读新刊者，亦因此而灰心，不愿购买新刊。

以上问题只是举其大者，但是中国出版业不能与美日等国争衡，与不易发展之原因，已可概见。

三年后的 1937 年 2 月，舒新城在与某友人的一次谈话中，对当时出版业又做了一次整体的回顾与展望[①]。他发现"五种特征"与"三项问题"依然存在，而且恐怕还将持续较长的时间，这是出版业面临的严峻的宏观环境，非出版人单方面所能改变。同时，出版业也出现了一些新情况，主要是出版物数量迅猛增长，但古籍出版量却超过了新书出版量，详情如下。

据 1936 年出版的《英文中国年鉴》显示，1934 年中国的出版物总数为 6197 册，1935 年为 9223 册。至于 1936 年的数据，据舒新城统计大致为 9469 册。由于当时的政府控制力比较弱，出版物登记制度难以得到全面贯彻，而上海书业公会又不举行全国出版界的调查，因此，上述数据只能反映大概情形。

舒新城认为，虽然出版物的数量有比较大的增长，但却存在着一个问题，那就是新书太少，古书太多。出版物数量虽然多，但未必就可以乐观。

为了说明新旧出版物的比例，舒新城从两者的售价切入进行分析。据他统计，1935 年全国出版物的总价 3843.35 元，而大部古书的预约价为 1663.30 元，古书预约价已占总价的 43.28%。大部古书的预约价大多在对折以下，即使以对折来计算，则大部古书的定价为 3326.60 元，以此价与新书定价之 2180.05 元相加，得 5506.65 元，古书售价已占 60% 强；而古书因为没有稿费，其成本至少比新书低一半以至 2/3。即使以古书之售价较新书低一半计算，古书的总售价亦

---

① 　舒新城：《两年来之出版界》，《中国新论》1937 年第 4、5 期合刊。

达 6653.20 元，已占 75% 强。舒新城认为古书占如此大的比重，实在有点出乎意料。

至于为什么会出现这样一种情况，舒新城援引《读书俱乐部》（《申报》1936 年 5 月 16 日）一文的观点来加以说明。翻印古书之所以盛行于出版界，主要有四种原因。其一是新书来源主要靠作家，而中国的著作家太少；且因新书销数太少，著作家靠稿费难于维持生活，出版家也有亏本之虞，于是尽量翻印无版权的旧书。其二是出版法对于新出版物束缚很严，常有禁止发行或处罚的事情发生，而旧书受到出版法的束缚较少。其三是著作权法不能严格执行，不法商贩对于销路较好的新书，往往盗印并廉价销售，致使正当的出版社遭受损失。其四是供求关系使然，这是最基本的原因。20 世纪 30 年代政治氛围比较压抑，怕事一点的读书人，都钻在故纸堆里以求免祸；而一般经济恐慌，使得要读书的人，买不起书，为了暂充知识的饥饿，只好买廉价的旧书。

以上就是舒新城对于 20 世纪 30 年代出版业的总体分析。舒新城一向是一个比较务实、责任感非常强的人，虽然他最热衷的是教育事业，但是他在中华书局编辑所长任上是非常称职的，这也与他的务实和强烈的责任感是密不可分的。做教育可以理想挂帅，但是做出版，则必须要讲求"在商言商"。在 20 世纪 30 年代的政治高压、经济低迷的氛围下，为了求得生存与发展，出版界不得不与政府达成妥协，一个重要的体现就是忽视新书出版、大量翻印古籍。从 1932 年开始，《申报》开设了《出版界》专栏，每期发表数篇时人关于出版界的评述文章，许多评述文章责备出版机构不该唯利是图，而应该以文化为前提。"事非亲历不知难"，作为出版界老将的舒新城，并不能认同上述观念。他认为虽然出版家经营的是文化事业，但他们还是商人。出版企业的股本不是租税，不能自由耗用，而且还得向股东支付利息，而企业员工更得靠着营业的利润来维持生活。出版家固然要顾到文化，但同时也不能不顾到他们所赖以生存的利益。所以如果将维护文化的责任完全加到出版家的身上，则实在是太看重出版界了，这也是出版界不能承受之重。

虽然出版家没有办法改变不利的社会大环境，但是出版家还是应该积极努力有所作为。作为当时国内第二大出版企业中华书局的编辑所长，舒新城还是颇思在文化事业上有所作为的。受制于政治高压、经济低迷、教育落后的社会大环境，中华书局在出版业务上亦不得不采取相对保守的策略，偏重于出版教科书、工具书以及古籍，对于新文学类和学术类出版物并不热衷。舒新城相信随着政治渐上轨道，社会渐趋安定，各项事业自当会有进步，出版业亦不例外，因此，出版人应该对未来充满信心。

第四章

乱世中的坚守

1937 年 7 月 7 日抗日战争全面爆发以后，中华书局一分为二：总部迁往香港，原来上海的总部则改为上海办事处，香港方面由陆费逵负责，上海方面则由舒新城负责。1941 年香港沦陷于日寇之手，中华书局的总部迁往重庆，负责人为李叔明，上海方面仍由舒新城负责。抗日战争结束后不到一年，解放战争又起，直至 1949 年，尘埃终于落定。1937—1949 年的这段时间，中国的各项事业均处于一种非常状态之中，作为文化机关的中华书局，赖陆费逵、舒新城、李叔明等人苦心维持，方能存续。

一、九死一生的留守岁月

1936 年春，商务印书馆、中华书局、世界书局等企业的负责人预感到中日之间的战事即将爆发，他们曾联合向政府部门递交迁厂报告，希望政府能够为他们迁厂提供便利。在递交的报告中，商务印书馆拟迁往长沙，中华书局拟迁往南昌，世界书局拟迁往武昌，之所以迁往不同的地方，目的在于分散风险。当时政府的重心在于军事方面，对于出版业没有给予足够的重视，更兼中央与地方有诸多龃龉，故而商务等机构的迁厂报告并没有获批。

到了 1937 年夏，政府感到战事迫在眉睫，遂加紧组织上海地区的大学、出版社、报社、工商企业等向内地迁移，商务、中华和世界也在迁移名单之中。不久之后抗日战争全面爆发，商务、中华和世界未及迁移到预定城市，只能自谋出路。

中华书局总经理陆费逵颇有先见之明，早在 1933 年，他就投巨资在香港购买地皮建立中华书局香港分厂；当抗日战争全面爆发后，香港分厂的重要作用立刻凸显出来。为了尽可能地减少损失，维持公司的正产运转，陆费逵一面指令上海总厂加紧赶印可供两年之需的教科书及各种参考书，之后陆续将这些书籍通过水运和陆运的方式送往南昌和上海，运往南昌的书籍共计四五千箱，运往上海的书籍共计二十多万包，正是这些宝贵的书籍在一定程度解了内地中小学校的燃眉之急。

1937 年 11 月，上海沦陷于日寇之手，因应时局变化，陆费逵决定将中华书局总办事处迁往香港，由他本人赴香港主持该处事务；而原先上海的总办事处则改为驻沪办事处，由舒新城全权负责。八年的时间里，为了保护公司资产、维持公司正常运转、保障公司同人的生活需求，舒新城与同人们一道经历了重重艰险与磨难，他本人更是遭受了一场几近致命的大病，九死一生。

近现代上海是一个国内国际各方势力盘根错节的城市，1937年11月，日寇侵占了上海的大部分区域，但对于英美等国的租界却不敢侵占。此后直至1941年太平洋战争爆发，租界成了一座"孤岛"，而许多爱国志士正是在租界中从事着可歌可泣的抗日活动。而作为重要文化机关和舆论机关的新闻出版机构，受到日伪军警的严密监视，新闻出版人的人身安全难以保障。1941年12月太平洋战争爆发后，租界亦沦陷于日寇之手，此后，上海新闻出版人面临的环境就更加险恶了。在高压的社会环境下，更兼纸张、油墨等物资紧缺，因此，当时留守在上海的出版机构大多只能以销售存书艰难度日，中华书局亦是如此。当时上海出版界处于寒冬之中，一片萧索，当时的出版人杨寿清曾对此有过描述，详见下文。

最近两年来的上海出版界，可说是在挣扎的状态中。无论是报纸或杂志，种类果已减少，篇幅更已缩小，长此以往，大概停刊或合并之举，将为势所难免。至于图书方面，自1937年八一三战事发生后，因各大书局大多把出版重心迁离上海，而留着的书铺则以旧日的存书应着门面，新出的单行本简直寥若晨星。到了1941年12月8日战事爆发后，就只有几家新设的报社和杂志社零碎地出版了几种，其中大半是些适应新环境的著译……自去年（1943年——笔者注）以来，虽有"中国联合出版公司"的成立和"太平书局"的开张,而且如世界书局等老书店也在出版新书,但全上海每月平均出不到四五种,反观八一三前商务印书馆日出一新书,和各出版社竞出新书时的盛况,那真有天壤之别。①

抗战爆发以后,上海中华书局的编辑所和印刷所停办,人员大部分被遣散,编辑所保留20余人,印刷厂保留100余人,以维持公司较低限度的运转。因此,在长达八年的时间里,舒新城作为编辑所长,实际上几乎没有编辑方面的工作可做。虽然如此,作为中华书局驻沪办事处大当家的舒新城,工作依然繁重:既要组织沪厂的职工加紧重印内地所急需的教科书,又要在各项物资紧缺的环境中做总的经济调度,以保障同人生活,维持公司运转;同时还要频繁往返于沪、港之间沟通业务,此外又要时刻警惕日军干涉,保护公司财产。苦心经营,殊为不易。

1941年12月8日租界被日寇占领后,日伪势力残暴地蹂躏上海的文化事业。12月22日,日军查封永宁印刷厂②,由日军报导部接管该厂,日人对工厂原有的机械、车辆以及纸张、油墨等材料,任意拆迁取用,导致损失严重。12月26日,上海出版抗日及进步书报的8家新闻出版机构遭到日寇查封,这8家机构是中华书局、商务印书馆、开明书店、良友图书公司、世界书局、兄弟图书公司(即生活书

---

① 杨寿清:《两年来的上海出版界》,《文艺春秋》1944年第1期。

② 抗战全面爆发后,陆费逵为了保险起见,将中华书局印刷厂挂上"美商永宁公司"的牌子,请美国商人 A.F. 沃特生做名义上的经理,以避免日寇干涉。太平洋战争爆发后,上海的英美商人办的企业遭到日寇查封,"美商永宁公司"在查封名单之中。

店）、光明书局、大东书局，所有被认为宣传抗日和共产主义的书刊全部被劫走。被封期间，中华书局的文具、图书损失巨大：纸栈所存的两千筒纸全部被掠走；存书被掠走 60 余卡车，共计 2425 种，1234 万余本。

舒新城作为上海中华书局的负责人，时常要赴香港总办事处汇报工作。1941 年 7 月陆费逵于香港病逝后，诸多事务需要接续，舒新城去香港就更为频繁了。11 月底，他再次赴港处理事务，预定 12 月初返沪，不料 12 月 8 日战事突起，他只得滞留在港。这段滞留时光凶险万分，曾经有两次，炮弹就在舒新城居处的附近爆炸，恰好两次他都外出，因此幸免，而他的一位名叫何世俭的友人则不幸被炸断了双腿。

不久后，上海方面同人拍来电报告以公司被查禁，财产损失严重，并敦请舒新城返沪主持大局。此时，摆在舒新城面前的有两条路：一是去重庆，或者在大学任教职，或者仍在中华书局任职，这样的话，日子会过得安稳许多；另一条则是返沪主持大局，但上海已为日寇完全侵占，这条路注定会走得非常艰难且充满凶险。

到底是去内地，还是去上海？这个问题困扰着滞留在港的舒新城。从情感上来讲，舒新城是想去内地的，趋利避害，这无可厚非；但是从理智上来讲，由于舒新城深具契约精神且重视情谊，他既身为中华书局上海方面的负责人，更兼与陆费逵相知多年，他实在做不到在此风雨飘摇之时选择独善其身。为了此一问题，舒新城失眠了很长时间，毕竟一念之间，舒新城和他所深爱的家人将会拥有冰火两重天的生活。经过一番激烈的思想斗争后，舒新城最终决定返沪，这足以说明他是一位品行高洁、勇于担当的杰出出版家。

日军对沦陷后的香港严加管控，进出香港的手续非常繁琐。几经周折，舒新城终于在 1942 年 4 月 30 日登上了返沪的轮船，5 月 8 日下午两点抵达上海。经历此番磨难，舒新城的体重减少了 20 多斤，身形消瘦到只有 120 余斤了[1]。

舒新城的归来鼓舞了留守在沪上的同人。当天晚上 7 点，沪厂元老、常务董事吴镜渊携新任沪厂经理吴叔同来访，同舒新城商议如何将公司从泥沼中拉出来。中华书局此刻的危机比舒新城原先所想的还要严重得多。据吴镜渊所述：公司在经济上几乎无法维持，数月之间，陆续将公司财产抵押给银行，贷得 70 余万元，方才得以维持至今；1941 年 12 月永宁印刷厂被日军报导部占据后，工人不满日方的蛮横管理而举行罢工，继而日方将一百余工人全部解雇，公司本着人道主义精神，给每位工友发了 6 个月的薪水，共计 20 余万元，公司去职同人亦发给 6 个月薪水[2]。

此外，舒新城滞留在港的半年时间里，沪厂的人事也发生了较大的变动。太平洋战争爆发后，日军攻占租界，公司财产面临着来自日寇的巨大威胁，而作为公司大当家的舒新城远在香港，沪厂同人一时群龙无首。因此，在沪董事高欣木、吴镜渊联名通告各部课："本公司总经理自 1937 年 11 月起远驻香港，上海部分公司事宜由其遥制。现在交通阻隔，彼此消息不克常达，殊感困难。兹特权宜添设经理一人，请吴叔同君担任，主持上海方面各部课事宜，以期维持一部分业务。即希本公司各部课查照为盼。"[3] 在音讯阻隔的情形下，沪厂同人"自立"经理实属无奈之举。幸运的是，新任经理吴叔同勇于任事，

---

① 舒新城：《我怎样恢复健康的修改本》第 3 版，中华书局 1956 年版，第 10 页。

② 舒新城：《舒新城日记》第 19 册，上海辞书出版社 2013 年版，第 12 页。

③ 钱炳寰：《中华书局大事纪要（1912—1954）》，中华书局 2002 年版，第 182 页。

既有责任心又有办事能力，他多方设法，与敌周旋，尽最大可能保护公司财产。

此时舒新城归来，在人事上就存在由谁来主导的问题。吴叔同当即表示自己任经理不符合公司人事制度，理当退让，由舒新城出任。舒新城素来高风亮节，不喜争权，遂向吴叔同坦言："我在途中生活艰苦，精神疲惫，不能治事，且对外界方面我不熟悉，中途换人亦非所宜。且此次之事，公等维持公司之热心与苦衷我至钦佩，一切仍请偏劳，我自当为公司尽心尽力。"① 由于舒新城的克己奉公，人事主导遂不成问题了。

公司的经济开支是最为紧迫的问题，这关系到公司上下数十位同人及其家人的温饱问题。前番虽然贷了 70 余万元的款，但 1942 年的上海物价较 1937 年已经上涨了四五十倍，此时的 70 万元只值战前的 1.5 万元左右。1936 年编辑所人员共计 167 名，该年薪酬支出共计 13.9 万元，编辑的平均年薪为 834 元②。1942 年，编辑所人员共计 20 余名，即使按照 1936 年的标准，1942 年的薪酬支出至少亦需 1.6 万元；而要想维持战前的生活水平，薪酬支出也必须上涨四五十倍，如此算下来，年支出亦得七八十万元方可。因此，70 万元只是勉强够一年的薪酬支出，更兼先前已花去 20 万元，公司资金流不久之后将会干涸，而同人们的生活将无着落。

吴镜渊和吴叔同对此焦虑万分，恳请舒新城代为设法，以渡难关。舒新城应允。不知不觉已到晚上 11 时，舟车劳顿了八九天的舒新城疲惫不堪，吴镜渊等遂道别而去。

① 舒新城:《舒新城日记》第 19 册，上海辞书出版社 2013 年版，第 12 页。
② 钱炳寰:《中华书局大事纪要（1912—1954）》，中华书局 2002 年版，第 177 页。

休息了一晚后，9 日上午 9 时，舒新城与另一名常务董事高欣木、吴叔同共赴吴镜渊寓所，接着谈论昨晚未尽的话题。按照之前的惯例，编辑所留守人员每周开一次编审会议，由舒新城主持讨论编辑事务；舒新城滞留香港期间，编审会议改为每两周开一次。舒新城归来后，吴镜渊提议还是每周开一次，舒则认为不必，因为日军进占租界后，公司的编辑业务几乎完全停顿了，开会的意义不大。

经过两天的思索，舒新城想到了纾解公司经济困难的办法。原来，在 1941 年 5 月初，陆费逵曾秘密嘱托舒新城代表公司在上海各大行存了几笔款，以备公司应急之需，此刻，这几笔存款于公司同人而言真可谓是沙漠中的甘泉。这几笔存款分别是：新华银行，96385.54 元（法币）；浙江实业银行，10000 美元；浙江兴业银行，5000 美元；四行储蓄会，5000 美元[①]。10 日上午，舒新城约集几位负责人在公司商讨此事。他随身携带着四本存折，为了安全起见，舒与吴叔同共同乘坐公司的小汽车前往公司。到了公司会议室后，舒新城说明了这几笔存款的缘由，并向大家展示了陆费逵为存款之事而写给他的信件，信中详细记载了存款的数目，在场诸人无不信服。这四笔存款解了公司的燃眉之急。

至此，公司面临的紧迫人事问题和经济问题总算解决了，但日常事务依旧繁忙。到了 7 月初，由于常年累月地为公司忙碌，加之忧虑国事，舒新城生了一场大病，几致不起。

舒新城患有慢性肠胃病，平素过有规律的生活，身体尚无大碍；但是在战乱时期，食品供给有限，环境苦闷，工作压力又大于往昔，

---

① 舒新城：《舒新城日记》第 19 册，上海辞书出版社 2013 年版，第 14 页。

因此，他的肠胃病终于被激发了。先是连日高烧，烧退后又是上吐下泻，后来虽然止住了，但身体却垮下来了。便秘、口破、头晕、腰酸、背痛、眼花、耳鸣、心悸、咳嗽诸病并发，颈项不能左右转动，失眠伤风，更属常事，而且畏风畏寒，不敢外出，连上下楼梯都需要人扶持。如此到了1942年年底，舒新城的体重竟只有90多斤了，形容枯槁，亲友们见了都不敢相信眼前之人竟是舒新城。

日寇控制下的上海笼罩在恐怖气氛之中，文人、报人、出版人等更是被日伪势力重点"关注"的对象。舒新城是中华书局的编辑所长，在上海文化教育界名气颇大，引人注目。早在1940年冬，就曾有日伪方面的人员找到舒新城，要求舒加入伪组织，舒新城坚拒之，为了避开日伪的继续骚扰，舒新城去香港避了一阵。此番舒新城卧病之后，一些日伪人员前来探病，名为探病，实则是想威逼利诱舒新城加入伪组织。但是当他们看到病榻上消瘦得几无人形的舒新城时，也觉得实在不能勉强，他们大概知道舒新城的耿直火暴脾气，也怕弄不好就要致舒新城一命呜呼，他们反而要担下无谓的责任。因此，这些人终究没有提出他们预设的问题。

这一病就是两三年，直到1945年年初，舒新城的身体才差不多恢复到病前状态。日后他先是在《新中华》杂志上陆续将他的疗养心得发表出来，引起了巨大的社会反响；后来他又将这些文章集结成一本名为《我怎样恢复健康的》的书，由中华书局出版，再版多次，社会影响很大。

当时日伪对上海的生活物资实行配给制，人民的生活十分困苦，而舒新城家则更为困难。原因有三：其一，舒新城是文化人，素来很穷，平日生活都靠薪水，而当时他在中华书局所得的月薪，最多时不过只值一二石米的价钱，最少时还不及五斗米的价钱；其二，舒新城虽然在出版企业服务十多年，但无经商的经验，也无经商的资本，同时也不屑于此道；其三，舒家人多，而舒新城的医药开支又大①。故而当时舒新城一家人在生活上颇费周章。一面节省开支，吃杂粮饭，不添新衣，小孩所需衣服以大人衣服改制，大人所需衣服买布料自己缝制；一面将历年积下来的中华书局股票以及书籍等陆续出卖。如此，方能勉强度日。

物质上的困难尚且能够忍受，精神上的痛苦则令舒新城难受万分。舒新城自幼养成读书的习惯，每日不离报纸已近四十年，而且他的兴趣又是多方面的，除了日常工作及阅读外，还好以旅行、照相、拍摄电影以及玩无线电等为消遣。抗战全面爆发以后，舒新城除了因为职务上之必要常去香港外，足迹不出租界一步，当然更谈不上旅行；至于照相和拍摄电影，一则经济能力不够，二则心情不许。剩余的时间只有尽量用到读书与无线电上面去。可是当时的出版物十分有限，新出版的中文学术书籍极少，报纸上的消息更是真假莫辨，西洋的刊物根本看不到，因为不许进口，日文书籍虽然有不少，但舒新城的日文水平有限，亦读不了。中文旧书虽然很多，但在时局动荡之际，舒新城时时关心的是时局的转变，无意于钻研古籍。

为求了解时局的真相，便只有听无线电广播。但是1942年冬季的时候，日本人与伪政府所主持的"中国广播协会"限令上海所有民间的无线电收音机都要登记，同时将每台收音机上的短波装置拆去，加上封条，并定期派人到居民家中检查，如查出私自改装或私售

---

① 舒新城：《舒新城谈教育》，辽宁人民出版社2015年版，第120页。

短波器材者，以军法论处。限令之后，舒新城不能再听短波了，他在精神上痛苦万分，想要改装，但无法购得线圈。舒新城的长子泽宁时年 18 岁，他自满 9 岁起便玩无线电，在无线电技术上颇为娴熟，当他看到父亲如此苦闷时，便试着为家里的收音机改装短波装置，没想到经过一个月的调试，竟然成功了。当舒新城于 1943 年 1 月 3 日初次重听重庆、昆明、旧金山、墨尔本等地的新闻报道时，真是喜出望外。在随后的两年多时间里，舒新城几乎每天下午的 7 点到 12 点都守在收音机旁边，如饥似渴地听着新闻报道。晚上常常有数位老友到访，与舒新城一道享受"听觉盛宴"，其中来得最勤的要数那位不幸被炸断了双腿的何世俭先生。他每次都是扶着两杖以义足登楼，径入舒新城的卧室，一声不响地坐听到 11 时方去，舒新城对此钦佩不已。

如此到了 1945 年 8 月 10 日，当日晚上 8 点 50 分重庆国际电台广播日本投降的消息，沪上八年的坚守岁月，舒新城九死一生，听到此消息，舒新城欣喜若狂，整个人仿佛获得了重生，而中华书局的前景似乎也一片光明。

二、推动中华书局股票"上市"交易①

舒新城在 1942—1945 年间生了一场大病，养病期间有一件事值得一提，那就是他曾以常务董事的身份联合高欣木、吴叔同、汪伯奇等其他董事共同推动公司股票"上市"交易。此举对于改善同人生活

---

① 此部分内容主要来自范军、欧阳敏发表在《出版发行研究》2016 年第 1 期上的《试述民国时期出版企业股票的发行与流通》。

以及提高公司的社会声誉均具有较为重要的意义。

民国时期，市面（多为非正式交易所）上流通的出版企业股票大致有商务印书馆、中华书局、世界书局、大东书局、开明书店、永祥印书馆这几家。近代中国的证券市场发展幼稚且畸形，证券市场长期是"公债市场"，股票处于附庸地位，在此情况下，商务、中华的股票多通过私下交易的方式进行，但因为企业经营稳固且效益甚好，基本上是有行无市；抗日战争全面爆发以后，股票市场蓬勃发展，商务、中华、世界等企业的股票在证券交易所公开交易，受到投资者的追捧。

1941 年太平洋战争爆发后，汪伪当局禁止外国股票和货币买卖，大量游资向中国股票集中，上海开展股票交易业务的大大小小的股票公司达 140 多家，国内股票市场始告勃兴。

鉴于居留上海的公司同人生活殊为不易，舒新城在与留沪董事高欣木、吴叔同、汪伯奇等人商议后，决定增加股本，并推动公司股票正式"上市"交易，以此来吸引社会游资，改善同人生活。1942 年 11 月 27 日在位于哈同路的事务所召开股东会，主席为舒新城，通过增资案。

本公司股本原系老法币四百万元，依照"功令"折作新币二百万元。兹在准备项目下拨转新币二百万元补足，共为新币四百万元，计每股仍为通用国币五十元。现实百物价高，金融筹码加大，本公司股本不敷周转，有将股额扩充之必要，再增资新币四百万元。老股得认新股一股，计每股随交国币五十元……①

增资的方式与以前相比，最大的不同在于以前是以现金认购为

---

① 吴毅堂：《中国股票年鉴》，中国股票年鉴社 1947 年版，第 22 页。

主，此番则是"升股 + 现金认购"的模式，一般均通过股票市场进行发行。所谓"升股"，是指上海全面沦陷后伪当局强制改法币为中储券，原先票面额按法币计算的股票改为按中储券计算，"法币股票"转为"中储券股票"就是升股，往往一股老股升为 1—5 股新股，带有"送股"色彩。是年 12 月 14 日，新股招收如期截止，16 万份股票被认购一空，公司的财政状况大为改善。

除了中华书局之外，世界书局、开明书店和中法集团旗下的永祥印书馆均有增资。1943 年，受上海恶性通货膨胀的严重影响，世界书局的资本由中储券 500 万元增至 4000 万元，开明书店由 300 万元增至 3000 万元，永祥印书馆由 200 万元增至 700 万元[①]。

此外，在增资发行股票时，一些企业由于得到社会人士的深切信任，投资者踊跃应募，市场需求旺盛，因此，这些企业在增资时股票溢价发行，开明书店便属于这类企业，1943 年增资时，每股票面值为 20 元，溢价 20 元发行。

据时人的统计数据，截至 1943 年 11 月，"上市"文化企业，包括世界、中华、商务、大东、开明等各公司，资本总额为 0.83 亿元（中储券），约为"上市"地产企业资本总额 2 亿元的 40%，约为当时龙头行业——纺织业"上市"企业资本总额 6.6 亿元的 13%，小幅落后"上市"药业公司 1.12 亿元的资本总额，约为当时 117 家"上市"公司资本总额 20.5 亿元的 4%[②]。这些数据一定程度上能够反映出版业在国民经济中所占的较为重要的地位，这也从一个侧面表明了出版企

---

① 吴毅堂：《中国股票年鉴》，中国股票年鉴社 1947 年版，第 29 页。
② 德惠：《市况：人心又呈倏忽，行情略见平软，唯文化股坚挺》，《华股研究周报》1942 年第 175 期。

业文化和经济的双面孔。

中华书局等出版企业在发行股票时受到投资者的追捧，而在股票流通市场，中华、世界、开明等公司的股票同样受到追捧。到了1942—1943年，上海的股票流通市场出现异常繁荣的局面，股市上频频出现投资者追捧商务印书馆、中华书局、世界书局、大东书局等"文化股"的现象。商务等文化股的热门，通过当时报纸上的股市消息可窥见一斑：

六日华商股票市况，人心倏忽，故趋势虚软，惟文化股则殊呈坚昂……商务印书馆，曾扣三百元关，终见平定。中华书局，求户不寂，价颇坚挺。世界书局，进户接踵，而卖方则扳持，是以市气扶摇直上，穿出七十元，昂至午收七十二元半。①

十四日华商股票市况，趋势荣辱互有……商务印书馆、中华书局，俏风仍劲，各升五六元。②

十九日华商股票市况，人心活跃，趋势见挺，商务印书馆、中华书局涨风仍炽，前者由二百四十元俏腾至二百七十五元，又涨二十五元；后者由二百六十五元飞升至二百八十五元，再涨二十元。世界书局，冲出八十元关外，结果上涨六元。③

二十七日华商股票市场……实业股之文化业，涨风又起。中华书局，将行增资，搜购见殷，由二百七十元升至二百八十元，

① 德惠：《市况：行情荣辱互见，文化股俏风仍劲》，《华股研究周报》1942年第181期。
② 德惠：《市况：买户搜求热烈下，文化股猛涨不已》，《华股研究周报》1942年第185期。
③ 德惠：《市况：市势转见稳定，文化股复蓬勃》，《华股研究周报》1942年第192期。

终升五元。商务印书馆，跟亦向荣，挺二元半左右，出三百七十元。世界书局，涨势仍厉，业已穿出一百元大关，午收一百〇二元，升四元左右。[①]

这一时段，商务书局股票每股票面价值为 100 元，中华书局和世界书局都为 50 元，涨幅当以中华书局为最大。当时市场上游资汹涌，投机猖獗，百货股、纺织股、化工股、文化股等都曾被投资者热炒过。对于文化股，投资者除了投机动因，应该还有其他方面的考量：

> 文化股自有其价值。日后局势平靖，民生安定，出版业必可立趋兴盛，持股人既不患无优稳之利益，此其一。华股上涨日盛，依比例而言，文化股的涨度实为最少，因之续涨的可能性仍甚大，此其二。投资应以稳妥有利为大前提，文化股各厂均根基深厚，实符合此项原则，若不贪图近利唯求远益，则投资于文化股，而放长其眼光，确为购买股票上策之一。此其三。[②]

翻阅舒新城 1942—1943 年间的日记，我们会发现大量有关中华书局股票交易的内容，由此也说明股票交易在舒新城以及公司同人的日常生活中常见。在 20 世纪 40 年代初期物价腾涨、物资紧缺的上海，要想生活下去是何其艰难，而股票则成为舒新城及其同人们手中重要的变现筹码，诚如上文中所述，舒新城"将历年积下来的中华书局股

---

① 德惠：《市况：市势转见稳定，文化股复蓬勃》，《华股研究周报》1942 年第 192 期。
② 江川：《文化股的透视》，《华股研究周报》1942 年第 193 期。

票以及书籍陆续出卖。如此，方能勉强度日"。作为编辑所长的舒新城生活尚且如此艰难，那一般职员生活之苦就可想而知了。

三、重返编辑岗位

日本投降之后，老百姓非常兴奋，以为此后中国的一切都将如美、英、苏三强国一般，走上复兴、繁荣之路，最低的限度，一般人的生活水准当可以恢复到战前水平。舒新城自然和一般民众怀着同样的热情，不顾尚未完全康复的疲惫的身心，天天去公司，筹划业务，与各方接洽，工作情绪之高涨可以称得上无以复加。谁料到一年之后，国民党挑起内战，继之而来的是国统区内物价以令人瞠目结舌的速度飞涨，经济崩溃，人民生活日趋困难，而出版业则在社会的泥沼中艰难前行。

1945—1949 年，舒新城作为中华书局编辑所长，积极调动公司的编辑资源，为战后文化教育事业的重建工作作出了一定的贡献。其中尤其值得称道的是他于 1947 年主编了一套"中华文库"丛书，该丛书包括《小学第一集》（全 300 册）、《初中第一集》（全 200 册）、《民众教育第一集》（全 175 册），均于 1948 年出齐。

这套丛书的编印缘起如下："自抗战军兴，公家及私人藏书毁于兵燹者不知凡几；而战时又因物资缺乏，出版维艰，无以补充此文物之损失。今者，强敌已摧，国家方在建设途中，各地学校既急需恢复其图书设备，以利教学；家庭儿女、就业青年、失学民众、小学教师，在日常生活工作中，与种种新事物接触，渴求了解，欲得新读物以餍其求知欲，或增进其专业知识者又亟。敝局向以服务教育文化为事，自当竭其绵薄，以供应此文教上之急需。爰拟就书目，彬特约专家撰述新著，辑为'中华文库'，分集刊行。"[①]经历长期抗战的精神饥荒，中小学生乃至一般民众对书籍的渴求十分旺盛，有中华书局这个大平台，再加上舒新城卓越的选题策划能力，这套丛书甫一面世就受到读者的热烈追捧，许多品种都曾再版。下面列出《小学第一集》的部分书目信息。

表4-1　《中华文库·小学第一集》书目信息（部分）

作者	书名	版次
叶绍钧	十五个小朋友	1947 年 12 月初版，1948 年 8 月再版
	冒险的故事	同上
	世界的人种和民族	1947 年 2 月初版
	中国的民族	1948 年 1 月初版
	人体生理	1947 年 12 月初版，1948 年 8 月再版
	煤和铁	同上
	稻和米	同上
	造一个小花园	1948 年 1 月初版，1948 年 8 月再版
	剪贴和雕塑	1947 年 12 月初版，1948 年 9 月再版
吕伯攸	世界名人的幼年	1947 年 12 月初版，1948 年 8 月再版
	文章修理厂	同上
	上古史话	同上
	湖水	同上
	杨柳姐姐	同上

---

① 钱炳寰：《中华书局大事纪要（1912—1954）》，中华书局 2002 年版，第 219 页。

续表

作者	书名	版次
王人路	新事物	1948 年 1 月初版
罗井花	小谜语	同上
张宗麟	给小朋友的信	1947 年 12 月初版，1948 年 8 月再版
王劲竹	水灾脱险记	同上
陆嘉亮	第二次世界大战	同上
黄晋甫	我国民族海外发展的故事	1948 年 1 月初版
	我国的三大发明	同上
许达年	爱迪生的故事	1948 年 1 月初版，1948 年 8 月再版
赵宗预	陈步德航海	1947 年 12 月初版，1948 年 8 月再版
萧觉先	怪宝石	同上
陈醉云	望月	同上
	采花女	同上
吴翰云	一条腿	同上
	四只手	同上
华汝成	维他命的发现故事	同上
白桃	孩子们的电报电话	同上
吴研因	电和电器	1948 年 2 月初版
姚启锋	原子弹和原子能	同上

中国的教育文化事业在抗战中遭受了巨大的摧残，失学人数剧增，民众教育成为较为突出的社会问题，作为教育家的舒新城对此问题有责无旁贷之感。这套丛书的读者主要是少年儿童和失学民众，作为教育家的舒新城，在数十年的教育和出版生涯中，他一直在探索如何编撰质量更优、更适合读者的教育书籍。在编撰这套丛书的时候，他在总结自己数十年教育和出版经验的基础上，确立了较为科学、先进的编撰思想，这尤其体现在民众教育读物方面。他认为应该从如下

四个方面提高民众读物的编撰质量①。

（一）选择适合一般民众的语言风格

舒新城认为当时的民众文盲率很高，实施民众教育，一定是用语言的时候多，用文字的时候少。所以民众读物中的文字，应该依照怎样的语言写下来才能为民众所接受，这实在是编撰民众读物时最重要的问题。

实施民众教育的目的不仅在于使民众听懂多少话、认识多少字，还在于使民众通过接受教育，能够有改进自身处境的能力。语言文字只是一种生活的工具，民众教育中所用的语言文字必须从民众的生活中来，又必须在民众的生活中用得着，如此，民众读物才会为民众所接受。而当时的民众语言，就内容来说，有不少落后的成分。因此，编撰者还得做进一步的工作，要使民众语言的内容逐渐现代化，最后在教材中所采用的语言应该是现代化的民众语或民众化的现代语。

舒新城认为，所谓现代化的民众语或民众化的现代语，其词汇应该是现代化的，其语法应该是民众化的。即当以现代的词汇为其内容，以民众的语法为其形式。因为从语言学的角度来看，词汇是不断变化的，新的词汇比较容易为一般人所接受，而语法的改变则极难。如果书中所采的不是民众习惯使用的语法，就难以为民众所接受，民众也绝不会应用。

---

① 舒新城：《基本教育中课本之编辑问题》，《中华教育界》1947 年第 1 期。

先说词汇。20世纪40年代，一般民众的口头词汇既落后又贫乏，凡是作为一个现代国民应该知道的东西，我们的民众往往根本没有这个概念，在口头上当然不会有其词汇。舒新城认为要想使国家现代化，物质上的现代化固然是当务之急，而国民精神上的现代化实乃根本中的根本。所谓民众教育，其目的不仅仅在于使文盲能识得多少字，更重要的是要在民众的启蒙和观念的现代化方面下一番苦功夫。

再说语法。舒新城认为民众读物的语法必须是民众口头习用的语法，切忌采用知识分子用在书面上的语法。知识分子写的东西，无论是书籍、报纸还是杂志上的文字，都只能供知识社会这个小范围里的人阅读，对于民众很少发生作用和影响。自文学革命运动以来，白话文渐渐压倒了文言文，所谓白话文，分析起来有两种成分：一方面承袭了近代语的旧戏剧、旧小说的骨干，另一方面加上了外来语的形式——欧化的和日本化的语法。所谓近代语的旧戏剧、旧小说，虽然是我们自己的，但并不完全是民众口头上的用语，跟一般民众的口头用语相去有间。而且旧戏剧和旧小说中的许多语句还带有文言的气味，不容易为民众所了解、所接受。在编撰民众读物时，不应该盲目套用旧戏剧、旧小说中的用语。至于欧化和日本化的语法，多出现在书面文字里，对口语不会发生大的影响。

舒新城认为，要想做一个现代的中国人，必须具备经济、政治等各方面的进步观念，在编撰民众读物的过程中要把代表这些观念的词汇，尽可能地选用；语法应该是民众的，凡是只在书面上有而为民众口头所无的语法，无论旧的新的，要尽可能地避免。

（二）以采用常用字为准则

民众读物，应该用常用字编撰。舒新城认为采用常用字并非是一种限制民众识多少字的廉价教育，实际上常用字词是现代本国语文的精粹。采用常用字词，其真正意义在于用最少而最精粹的教材，把本国语文精粹介绍给民众，使民众在生活上能娴熟地运用本国语文。

有别于大部分民众读物的编撰者从单词着手而忽略词汇，舒新城认为应该从常用词汇中选出常用字，原因在于：（1）现代国语词类复音化的趋势日益明显，复音词逐渐增多；（2）必须从词汇着手，然后可以确切知道每一个常用字究竟有多少意义和用法，其中以何种意义和用法最为重要，如此方能确定每一个常用字的应用价值，并确定其在读物中出现之先后次序。

（三）编撰体例要贴合民众阅读心理

民众读物的编撰需要遵循以下准则：（1）造句宜短，宜使容易上口；（2）虚字宜少用，民众口头虚字本极少，课文中凡是可省的虚字，都宜省去；（3）课文宜长，课文短了的话，内容的概括性太强，不容易懂；（4）词或字宜多次重复，越常用的字越要多重复出现；（5）宜多练习，越到后来，练习应该越多，全书正文与练习之比至少当为 1：5 ；（6）要便于利用新工具，语句内容要具体的、动作的，庶可便于利用新工具表现；（7）要多用连续故事的写法，以便于摄制电影；（8）要多附图表，可以帮助语文用经济方法说明事物的图表，以及民众生活上所常用、易接触的各种图表。

（四）教材的正确使用

以上三项是由语文学习到编撰，都还只是教具问题；如何使用这种教具，使民众能充分了解应用到日常生活上去，似乎是一个更重要的问题，舒新城认为编辑既要有编书的本领，又要有教育的本领，使用教具的人至少应该具有如下几种本领。

其一，教育者必须深入了解课本的文字和内容，唯有深入才可浅出。例如做一个现代人所必须要懂一些常识，而一般民众又不能正确理解这些常识，如权利、义务、民主、社会之类的词，教育者都必须明确地了解其意义，然后用民众日常使用的语言正确简明地说出，使民众从他们自己已有的观念来认识一切新事物。

其二，教育者必须具有语言的技巧。说话必须口齿清晰，发音清越，使远近听的人都能每个字听得清楚，无丝毫的模糊。必须能说国语，至少能很正确地懂得国语，将国语中所用的词和字改作方言而丝毫不走了意义。

其三，教育者必须懂得修辞学或雄辩术，能将自己对于民众所说的每一句话都要仔细推敲、体味过，如何使得听者喜欢听、容易懂，而又能把握住听者的注意力。

其四，教育者必须能利用新教学工具。一些新式的辅助教具如电影、幻灯片、无线电广播，以及旧有的影子戏、傀儡戏等直接或间接有助于教学者，教育者都应该能熟练地使用。

总之，重返编辑岗位后的舒新城爆发出了极高的工作热情，大病初愈后的他将自己的满腔热忱倾注在出版与教育事业上。出版与教育相长，在做好出版工作的同时，舒新城对教育界的前沿问题保持着高度的研究热情。

四、电化教育的先驱

"中国近代 80 年，系统阐述电化教育理论的只有舒新城，他是中国电化教育思想的集大成者。他汇集了当时电影教育、影音教育、摄影图片、幻灯、教学技术等多方面，不像其他人往往只关注电化教育的某一方面。"[①]1947—1948 年间，舒新城在电化教育的理论探讨与实践方面都取得了较为卓越的成绩。

（一）积极参与电化教育实践

我国的电化教育萌芽于 19 世纪末 20 世纪初，形成于 20 世纪 20—40 年代，20 世纪 50 年代后得到迅速发展，形成了今天的繁盛局面[②]。民国时期所谓的电化教育，是指借助电影、电视、无线电广播、幻灯片等技术手段所开展的教育活动，当今所流行的数字化教学往前回溯便是电化教育。

自青年时期起，舒新城就对摄影、无线电等当时的新媒体产生了浓厚的兴趣，这些兴趣伴随他一生。他在摄影方面有比较深的造诣，20 世纪 30 年代曾出版过几本摄影方面的画集和教材，也产生了一定

---

① 黄立志等：《创新与借鉴中国教育技术路径研究》，中国物资出版社 2012 年版，第131 页。

② 阿伦娜：《电化教育的孕育与诞生》，《电化教育研究》2010 年第 12 期。

的影响。在教学过程中，他亦十分注重运用这些新式教学工具，深受学生追捧。这算是他早期的电化教育实践。

太平洋战争爆发后，上海中华书局的业务几乎完全停顿，收听无线电广播成了他每日的必修课，而且一听就是四五个小时。因此，他对无线电的教育和传播功能有着比较深刻的认知。

抗战胜利后，教育事业重新焕发生命力，舒新城积极参与到教育事业的建设中去，战前曾经一度发展的电化教育在此时开始狂飙突进。1947年，舒新城在中华书局编辑所设立电化教育实验室，购置电化教育器材及美国百科全书影片公司的教育影片，并组织编辑自制注音符号及识字幻灯片与识字动画片，以供编辑参考并向学校开放供教学之用，以期为推广电化教育之助。

由于舒新城身体力行地大力倡导电化教育，更兼他时常在报章上发表有关电化教育的文章，因此，许多社会团体和个人纷纷向他请教电化教育方面的问题，这段时光忙碌而又充实，舒新城回忆道："因为我以摄制电影及收听无线电为业余的消遣二十余年，去年又为青树基金团主持电教，今年除在国立社会教育学院电教系讲授电教，同时并为本刊经常写电化教育讲座，为中华书局主持电影制片厂事宜，于是国内之欲以电教为工具者，如上海、南京两市教育局，国外之要在中国推广电教者，如美国百科影片公司、联合国教育科学文化组织之大众文化传播（Mass Communication）调查组，以及其他社会之热心电教者，都不断和我谈论电教问题。"①

此外，舒新城还多次受邀参加电化教育方面的社会活动。"1946

---

① 舒新城：《电化教育与中国建设》，《中华教育界》1947年第1期。

年 6 月 18 日，中国教育学会成立电影与播音研究委员会，舒新城和金陵大学的孙明经以及中华教育电影制片厂的李清悚一同被选为会议召集人。1947 年 3 月 4 日，在上海中国电影照相器材供应公司召开了'第一次电化教育座谈会'，参加会议的有 7 人，其中也包括舒新城。这些足见他在电化教育界中的影响。"①

（二）电化教育理论的集大成者

舒新城首先是一位出版家，然后是教育史学家，再就是电化教育家。他也是一位百科全书式的学者，在电化教育理论研究方面达到了当时的最高水平。从 1947 年开始，舒新城在当时教育界的权威刊物《中华教育界》上发表了一系列关于电化教育的文章，还于 1948 年出版了著作《电化教育讲话》。他的电化教育理论对当时乃至后世教育界都产生了一定影响。

在有关电化教育的诸多论著中，舒新城的《电化教育讲话》一书最具代表性。该书是舒新城在已发表论文的基础上加工而成的，是当时首部系统论述电化教育理论与实践的专著，1948 年由中华书局出版。不像其他人往往只关注电化教育的某一方面，舒新城在此书中汇集了当时电影教育、影音教育、摄影图片、幻灯片、教学技术等诸多方面，创新性较强。全书共分为 8 章及一附录。第一章"电化教育的实施问题"，提出经费、电源、人才的问题。第二章"电影放映"，讲器材、影片、场所、观众、技巧等问题。第三章"电影教

---

① 黄立志等：《创新与借鉴中国教育技术路径研究》，中国物资出版社 2012 年版，第 134 页。

学"，讲电影在教学上的优点和缺点、电影教学法等。第四章介绍有关教育电影制片厂的必要性和问题。第五章"教育电影的教育观"，提出"教育平民化"及这种教育观在中国教育上和教育电影上的贯彻问题。第六章"教育电影的艺术观"，讲了教育电影的艺术条件及其同形象艺术的关系。第七章"摄影常识"，介绍了光学知识、镜头构造、光圈、快门和摄影方面的化学常识。第八章"摄影技术"讲题材的选择、特技、动画、字幕、剪辑等。[①] 该书后来多次再版，足见其影响。

舒新城在《电化教育讲话》中还提出教育实践中综合运用各种媒体的重要性，并指出媒体只是手段，是为教育方针服务的。他说："电影与播音不过是教育上的工具，它们有超过其他工具的效能，但在学校教育中绝不能完全代替书本、仪器、标本、图表等，在社会教育中，也决不能完全代替图书馆、科学馆、体育馆等。也就是说：我们从事电化教育的人，固然要重视电影与广播的效用，尤其是重视它们在中国教育上现阶段的效用，但决不可轻视其他工具的效用。至于教育方针更是教育工具的指标，我们教育者固然要善于运用教育的工具，但又不可不注意教育方针的研究和厘定。"[②] 从上述文字可以看出，舒新城是不赞成"技术决定论"的，电影、广播等各种媒体只是辅助教育的众多手段中的一类，不可偏重，教育的目的归根到底是对人的教育而不是对工具的使用。

有学者认为，"近代中国，在电化教育的理论上有建树的当属舒新城，在教育电影摄制上有作品的当属孙明经，在行政和法律上有作

---

① 吴在扬：《中国电化教育简史》，高等教育出版社 1994 年版，第 28 页。
② 舒新城：《电化教育讲话》，中华书局 1948 年版，第 2—3 页。

为的当属陈立夫，在电化教育的标志上有代表性的当属蔡元培，在电化教育名称设立上有贡献的当属陈立江"①。可见，舒新城在民国电化教育界的地位是非常高的，他是中国现代电化教育的理论先驱。如果舒新城能够在此领域深耕下去，他一定能达到更高的高度。无奈随着内战的日趋激烈，公司面临的困难日渐增多，舒新城不得不将全部精力投入到出版事业中去，从而放弃了对电化教育的研究。

转眼到了1949年，国民党败局已定，解放战争进入尾声。

中华书局的总经理李叔明在政治立场上亲近国民党，1949年年初中国人民解放军即将挺进上海，李以治病为由，赴港不归。在纷乱的时局中，为了保护公司财产，公司董事们于1949年2月25日举行临时董事会，公推舒新城为公司协理，在李叔明离沪期间，由舒新城全权处理上海公司的各项事务；同时，为了加强分头负责及取得联系起见，拟恢复局务会议，亦由舒新城代为主持。

舒新城素来不喜行政事务，但为了使他倾注了多年心血的中华书局能够安然迎接新时代的来临，他最终决定出任代总经理，全权负责过渡时期公司的全部事宜。

舒新城历来对中华书局的职工态度友好，在中华书局历次的罢工中，他同情工人，并居中斡旋劳资双方的关系，尽量为工人争取权利，这使得他在工人中赢得了"舒青天"的称号。当中华书局的工人得知舒新城出任中华书局代总经理后，工会随即组织茶话会表示欢迎，并劝勉舒新城为解放上海、保护工厂和文化遗产多做些工作。舒态度明朗，表示一定会保护好编辑所图书馆珍藏的50万册图书资料，

---

① 黄立志等：《创新与借鉴中国教育技术路径研究》，中国物资出版社2012年版，第135页。

并经常主动向中共党组织汇报局内情况。① 实际上，舒新城一向同情并亲近共产党，是共产党的同路人。在抗战胜利后不久，作为堂堂中华书局编辑所长的舒新城竟然做起了小本生意，开了一家川湘土特产食品店，实则是以该店作为我党情报人员联络的秘密地点。

1949 年 5 月 25 日，中国人民解放军进入市区，上海解放。在新的时代，舒新城以满腔热情为人民的出版事业燃烧自己的智慧与才干。

---

① 钱炳寰：《中华书局大事纪要（1912—1954）》，中华书局 2002 年版，第 325 页。

第五章

老当益壮的晚年

1949 年新中国成立后，舒新城继续担任中华书局编辑所长、图书馆馆长，并出任中华书局业务管理委员会委员、劳资协商会议资方代表及派充少年儿童出版社股东代表、上海市书业公会代表、海外课本联合编刊社社务委员等职。[①] 晚年的舒新城老当益壮，为新中国出版事业倾情奉献自己的智慧与才干。

一、中华书局图书馆的命运

新中国成立前，舒新城自 1930 年至 1949 年

[①] 王震：《舒新城传略》，载《晋阳学刊》编辑部编：《中国现代社会科学家传略第7辑》，山西人民出版社 1985 年版，第 340 页。

任中华书局图书馆馆长长达20年，在这20年里，该馆的馆藏由五六万册增至五十五万余册。"据不完全统计，约有中文图书二十五万册，西文图书两万六千余册，日文图书两万三千余册，总共图书约四十万册。另有中文杂志散本约七千册，西文杂志散本三万余册，日文杂志散本二万五千余册，总共约十二万五千余册。另有报纸近五千册合订本。"①在这55万册书刊中，比较有特色的书刊主要有以下几类：

（1）地方志。连复本在内有2500多种，20000余册，各省重要县市的地方志、大多齐备。

（2）丛书、类书。包括罕见的丛书、类书，如佛藏、道藏以及厚版铜活字本、图书集成等，共约1200种，5000余册。

（3）金石书。包括甲骨、东方学、考古学报等，共670余种，3000余册，当时国内所有的甲骨书志基本收录在内。

（4）上海金石原版拓片，共208版。

（5）善本书。20世纪20年代，中华书局影印出版《四部备要》时，曾大量收购善本书，陆续收购300余种，3000余册。

（6）现代史料。其中散本杂志12万余册，报纸460余种，合订本4700余册。

（7）从清末至1949年，所有各阶段重要教科书大多收集齐全，共500余种，6000余册。

中华书局图书馆馆藏之丰富，冠绝上海图书馆界，其功不能不归于舒新城。1950年，舒新城在一份自传中写道："1930年我进中华书局任编辑所长，到现在已是二十一年，在这二十一年中，职业不

---

① 王震、王荔芳：《舒新城对我国图书馆事业的贡献》，《图书馆》1996年第6期。

变——间或教书，只是偶然兼职。——论理应当对中国文化上有些表现，但八年抗战，公司被日寇控制，三年解放战争期间，反动政府控制更严，但勉强可述的只有：中华书局的图书馆在二十一年中由藏书五万册而扩充到五十余万册，且经多次变乱仍能保存无缺，是公司已故创办人陆费伯鸿先生与图书馆同人信任我、帮助我的结果。"①

新中国成立之后，国家对民营出版业进行调控，众多民营出版企业经营不善、经济困难。对于舒新城经营了二十余年的图书馆，有些股东觉得是个大包袱，他们的理由是维持图书馆的日常运行要耗费书局本就有限的资金，再加上当时国家百废待兴，对于如何继承和整理文化遗产尚未提上议事日程。因此，对于如何处理书局图书馆，股东们主要分成三派：（1）有些股东主张将图书馆的书卖掉，作为红利分给股东，当时旧书店的回收价极低廉，有的摊贩甚至论斤收购，若真以此种方式将书卖掉，无异于暴殄天物；（2）有些股东则觉得该图书馆的图书简直就是一堆堆废纸，还是把它们上交国家算了；（3）还有些股东主张将图书馆化整为零，按照学科、门类，分别捐给若干家图书馆。股东们为此争论了两三年而无结果。

后来，时任文化部社会文化事业管理局局长郑振铎得知了这一消息。郑振铎青年时期在商务印书馆当过多年的编辑，自然知道图书馆之于文化事业的意义，因此，他特别想收购该馆或请舒新城捐献该馆。为此，他特地致函舒新城，信中说道：

新城先生：中华书局图书馆出让事，我局极为重视，兹因我

---

① 王震、王荔芳：《舒新城对我国图书馆事业的贡献》，《图书馆》1996 年第 6 期。

局王冶秋副局长赴沪之便，拟与您面谈其事，请和他细谈一切为荷。中华的书堪足以补充中央所未备，故极盼能收购。当然，能够捐献更好，但决不勉强。①

舒新城却认定中华书局自有用处，并毅然决定完整地保存图书馆。同时，他认为化整为零地捐献相关书刊虽然容易，但是不易保存史料，不能充分发挥史料的集成作用，因为图书馆藏书宜采取集中收藏的原则，分散的话则难以发挥作用。议论了两三年的卖书、捐书总算有了个结论。

中华书局图书馆是我国出版人办的图书馆，体现了出版人的文化追求和文化，它的丰富收藏是中国近代出版的一面镜子。② 从中华书局图书馆中，我们能够发现以舒新城为代表的一批现代学者型出版家，为促进文化事业进步而做的种种努力，重温先贤典范、再造出版精神，是当代出版人应当铭记在心的信念。

二、为中华书局公私合营而奔走努力

由于商务印书馆和中华书局对中国近现代文化教育事业作出了重大贡献，新中国成立之初，中央政府决定保留这两家公司，并循序渐进地对它们进行社会主义改造。按照国家政策，公私合营将是这两公

---

① 王震、王荔芳：《舒新城对我国图书馆事业的贡献》，《图书馆》1996 年第 6 期。
② 王有朋：《出版人的文化担当——中华书局图书馆述略》，载复旦大学历史系等编：《中华书局与中国近现代文化》，上海人民出版社 2013 年版，第 38 页。

司的命运归宿，为了达成这一目的，公方代表和资方代表进行了多次商谈。中华书局的资方代表为舒新城和潘达人。

1950 年 9 月 15—25 日，第一届全国出版会议在北京召开，中华书局的参会代表为舒新城、潘达人和王瑾士，舒新城被推举为大会主席团成员。会议明确了今后人民出版事业，必须以中国人民政治协商会议共同纲领的文教和经济政策为基本方针，在出版总署的领导下，为人民大众的利益服务。在工作的改进与发展上，逐步实行出版与发行、印刷的分工；并在国家有组织、有计划的原则下，逐步做到出版专业化。

1953 年 11 月 21 日，中华书局董事会正式以书面形式，向出版总署申请公私合营。在此后的两个月时间里，公私双方开始了紧张的筹备工作，舒新城作为私方代表，全程参与了公私合营的筹备工作。

1953 年 12 月 16 日下午，舒新城、卢文迪来到华东新闻出版处，与公方人员商谈公私合营的相关事项。舒新城表示基本上同意潘达人先前向出版总署提供的关于中华书局进一步公私合营的方案，即：（1）资产方面，估算中华书局全部资产约有 2000 亿元（人民币旧币值，下同——笔者注），在进一步公私合营时，可先划出可以实际运用的资产约计 200 亿元左右，其余部分待清理后再转为投资资金；香港部分财产他们意见另行划开，不计入合营后的私股中（在全部 2000 亿元资产中，香港部分约占半数），以后盈亏国内不管，香港部分自理（实际香港部分是亏损的）。（2）中华书局进一步公私合营，在私股股东方面估计不会有什么意见，他们的要求是能按时分得红利与股息就好了。（3）组织方面，认为在董事会下设业务管理委员的办法很好。公股参加后，对书局的领导就加强了。改组董事会时，望能够照顾到海外的关系。①

12 月 17 日，中华书局召开董事会，通过了向政府请求进一步公私合营的决定，要求政府加强管理、充实领导，以完成公私合营的相关手续。本月 19 日，舒新城与卢文迪赴北京，与出版总署相关负责人继续商谈公私合营事项。

1954 年 1 月 15 日，出版总署、中华书局董事会就中华书局全面公私合营问题召开了第一次会议。出席会议的有出版总署的胡愈之、陈克寒、黄洛峰等，中华书局有舒新城、李昌允、陆费铭中、潘达人、卢文迪等。会上，舒新城作了发言，他认为董事长由私方担任，是政府给予的特别照顾，资方代表一定会做好工作。同时他还提出中华书局的海外分局问题，一些海外分局如新加坡、马来西亚等处的分局仍有发行业务，他建议在广州挂一块中华书局的招牌，归国际书店领导。此外，中华在香港还有一个厂，在资金上，国内的财产可以清产，但是海外的则不能清产，应该独立划出，另立账目，单独计算盈亏，不作为对新机构的投资。他还提请政府调拨一些画片任务给港厂。②

至此，中华书局全面公私合营开始步入快车道，在接下来的三个多月里，舒新城作为私方代表，积极协助政府开展公司的资产清理核查工作，将资方和劳方团结在一起，依靠党的方针政策，不断克服困难，同时尽可能地为同人创造较好的福利条件，稳妥地把一个旧企业

---

① 朱晋平：《中国共产党对私营出版业的改造》，中共中央党校出版社 2008 年版，第 153—154 页。

② 朱晋平：《中国共产党对私营出版业的改造》，中共中央党校出版社 2008 年版，第 155 页。

逐步改造成为适应社会主义需要的人民出版事业，获得了公司同人的尊敬和信任。

三、为新中国出版事业的发展殚精竭虑

1953 年 7 月，舒新城从他为之服务了 20 多年的中华书局编辑所长和图书馆馆长岗位上退休。董事会在批准舒新城退休的决议中，对舒新城给予了高度评价，详见下文。

> 舒所长新城自 1930 年 1 月进本公司主持编政以来，已二十三年半之久，荩筹硕画，对本公司贡献至伟且巨。抗战胜利以后，对本公司出版转向进步，曾作积极准备与推动，自解放以后，由于舒所长之努力及主持，配合国家政策，使本公司开始其分工经营及奠立出版专业之基础，争取我旧有企业逐渐转向成为人民出版事业，俾为新中国服务。年来读者对本公司之观感显有转变，足证成效已著。要求比照劳保条例退职养老，勉当照准。①

虽然退了下来，但他以中华书局董事的身份为书局的公私合营事务积极奔走；同时，他还以上海市人大代表及全国人大代表的身份，时刻关心着中华书局及全国出版业的发展，为之殚精竭虑。

---

① 钱炳寰：《中华书局大事纪要（1912—1954）》，中华书局 2002 年版，第 262 页。

1956 年，国家对私营工商业（包括出版业）的改造基本完成。这一年的 4 月 28 日，毛泽东在中共中央政治局扩大会议上提出，艺术问题上的"百花齐放"，学术问题上的"百家争鸣"，应该成为我国发展科学，繁荣文学艺术的方针。这一方针由毛泽东提出，经中共中央确定为关于科学和文化工作的重要方针。

"双百"方针提出后，出版界对于新中国出版事业的成就与问题展开了热烈的讨论。在众多观点中，有一种观点认为新中国的出版事业只有缺点没有优点，书籍又缺又滥。这种观点显然有失偏颇，舒新城决定对 1949—1957 年间的新中国出版事业进行纵向与横向的梳理，总结成绩，指出不足，用翔实的论据来反驳那种偏颇的观点，并为新中国出版事业的发展提供建议。下文将客观呈现舒新城的相关观点。

（一）总结新中国出版事业所取得的成就

舒新城认为新中国出版事业的成就主要体现在对旧式出版业的改造和新式出版业的建设两方面。

1. 改造方面的成就

舒新城认为，中国近代出版事业的起点是 1897 年商务印书馆的成立。近代出版事业主要存在着以下缺陷：（1）虽然近代主要的出版社有几百家，但除去少数的进步书店以外，大多数的书店都在"文化事业"的招牌下，实行同行倾轧，以至投机倒把；（2）在过去半封建半殖民地客观条件限制下，出版业的发展比较畸形，不能满足大众的真正需求，而投机商人渗入其中，出版了许多格调低俗的书刊，影响很坏；（3）旧时的出版机构，大部分都没有专职的编辑校对人员，出版物的品质难以保障。

新中国成立后，社会经济基础改变，旧的经营方式不适用了，因此，当时绝大部分的出版社在经营上都陷入了极大的困境。中央政府遂于 1950 年秋召开全国出版会议，商讨应对之策。同年 10 月，政务院根据全国出版会议决定的"统筹兼顾、分工合作"的原则发出十项指示，由出版总署依据出版、发行、印刷实行专业分工的方针，对旧出版业进行改造，由新华书店加强领导。

1950 年全国出版会议以后，出版总署对私营出版业和公营出版业进行专业分工。在发行方面以新华书店为主，负责发行工作，使条件较好的旧式出版社能够继续维持；对于那些条件较差的出版社则统筹拿牌，把性质相近的进行合并，人员则全部包下，统一安排工作。经过国家大力调整，1951 年以后，出版业逐步走上有组织有计划的道路。全国正式注册的私营出版社，到 1956 年合并为 19 家公私合营的出版社，从此，私营出版社成为历史名词。

此后改造的成效逐渐显现出来：适合于人民需要的书刊逐年增多，格调低俗的书刊逐步绝迹；而通过新华书店的统一发行，邮局的代发书籍和报刊，书刊的发行量大大增加，全国任何边远地方的人民都可以在差不多相同的时期买到各出版社的出版物和报刊，而且不要多费一文"地区差价"。

2. 建设方面的成就

截至 1957 年，在新式出版事业的建设方面，除了多家机关部门设立若干专业出版社，各地方也有出版社（全国 101 家）。1949—

1957年间，不仅各种专门书籍和地方性、通俗性的出版物逐年增加，出版物价格逐年降低达50%，就是出版物质量也逐年有所提高。为了增强说服力，舒新城将1950—1956年与1936年（近现代出版史上出版物数量最多的一年）的图书情况进行对比，以彰显新中国出版事业在建设方面所取得的成就。详情见表5-1。

表5-1 历年图书出版情况

年别	种数	册数（千册，千份）
1936	9438	178000
1950	12153	274633
1951	18300	703304
1952	13970	788744
1953	18384	754519
1954	19177	939962
1955	22538	1079574
1956	30196	1786435

注：1.历年的种数均包括初版、重版图书的种数。

2.1956年系初步统计数字。

3.表列数字均包括教科书。

从表5-1可知，1956年我国的出书种数为1936年的三倍多，册数为1936年的十倍多。1950—1956年共出版马克思、恩格斯、列宁、斯大林的著作241种，2700余册。新中国的出版事业在建设上的成就是十分明显的。

（二）指出新中国出版事业所存在的主要问题

作为出版界的"老将"，舒新城对新中国出版事业所存在的问题也有着清醒的认知，他利用出差之便对各地的出版业现状进行调研，再结合自身多年的出版实践经验和心得，他认为新中国成立八年来，出版事业主要存在以下问题。

1. 缺书问题

1956 年秋，大众通俗读物大量积压，书刊存在"滥"的问题，全国各大报纸关于此现象有诸多报道，当时有很多人将此问题归咎于新华书店的制度不完善。舒新城对这种看法不以为然。他认为，所谓"滥"，是与当时文化部一些领导的冒进思想有很大的关系，不能专责新华书店；到了 1957 年，"滥"的问题已成过去，最主要的问题是"缺"。1956 年秋季以来，中学汉语、文学分科，大多数师生连《唐诗三百首》那种旧日私塾里读的书都买不到，也没有适合中、小学生用的新字典、新辞典。再比如，近年来，大家要研究鲁迅，但《鲁迅全集》却很难买到；许多有价值的孤本、善本、遗著都被遗忘，需要对它们进行有计划的搜集印行。

此外，就是商务印书馆、中华书局过去编辑的《辞源》和《辞海》、印行的《四部丛刊》和《四部备要》，开明书店印行的《二十五史》等较大的出版工作，也没有听到有哪些出版社在计划进行。而这类工作是出版事业中的重工业，非有十年八年的时间，很多的人力物力不能完成。现在若不急起直追，由出版社网罗人才、搜集资料、充实图书馆，作有计划的进行，等到"老成凋谢"、资料图书散失之后，要整理、校印古籍，也将无人去干、少书可据，对文化的损失是无可补偿的。

除了出版社自身计划性不强而造成缺书外，发行部门分配图书不适当也是造成缺书的一个重要原因。新华书店的发行制度能够使全国出版的书籍在短期内发行到全国各地区，它的制度是适合社会主义建设需要的。新中国成立后，书刊的发行量达到 1936 年时的 10 倍，这与新华书店的发行制度及其工作人员的努力是分不开的。但是新华书店的发行制度也存在缺点，就是不能更好地掌握读者的需要，比如，有许多学术类书籍被送到不需要这些书籍的读者手中；而有些专业性较强的书籍因为需求量不太大，新华书店往往从营业观点着眼而不愿重版，以致一些本该供应的图书也缺乏。

2. 出版物的原材料问题

舒新城认为新中国出版事业在纸张、油墨、制版器材等方面都存在一些问题，但最主要的还是国产手工纸的缺乏。

抗战以前，上海出版业印刷线装书等古籍所需要的连史纸、毛边纸、宣纸等手工纸，主要是向福建、浙江、安徽、江西等省专造土纸的作坊订购，上海的造纸厂也生产机制连史纸和毛边纸，但其质量不如手工制的，容易风化变质。抗战以来，出版业遭受严重打击，各大出版社的古籍出版业务几乎停顿，中式账簿和学生习字练习簿也不用或大量减少，因此手工纸大量减产。有些原来制造土纸的技术工人陆续改业，而机制连史纸与毛边纸的生产也基本停止。

到了 1956 年前后，社会上对手工纸的需求逐渐增加，手工纸的产量也逐渐恢复，但生产出来的毛边纸较厚，不适合线装书之用；连史纸则因农村缺少漂白粉，产量亦很有限。同年，国家将手工连史纸列为统一收购物资，由供销合作社统一收购、供应后，出版业所需要的手工纸的数量、质量就更加无法保障了。1957年上半年，上海几家需要手工纸的出版社曾派专人到福建、浙江等地，调查手工纸生产情况，打算与手工纸作坊建立联系，但因为供销社不负责供应文化用纸，所以没有结果。商务印书馆、中华书局、古典文学出版社等要印古籍图书需用手工纸，也只得到一部分。此后，书籍用手工纸出版的用纸量会越来越大。因此，这一问题不解决，对今后古籍出版工作是很有影响的。

3. 干部问题

舒新城认为中国现代意义上的出版事业虽然已有60多年的历史，但是缺乏培养出版人才的专门组织，所有出版社工作者都是由知识分子在工作中摸索经验而成长起来的，因此，旧时出版社遗留下来的编辑出版专业人才并不多。

据不完全统计，到1956年为止，全国101家出版社的工作人员共约9690人，其中编辑人员约3730人，出版社非编辑人员与编辑的比例约为3∶1（上海为5∶1）。从这个数字可以看出编辑人员的缺乏，非编辑人员的比例过大。这种非生产与生产人员的比率是不合乎社会主义文化事业经营要求的，也说明应当加紧培养编辑人才。

由于近代中国知识分子做出版是一种比较普遍的现象，因而社会上有一部分人便以为出版工作是一切知识分子可以干得了的，所以不重视编辑人才的培养。事实却是，一个大学毕业生经过短期的专业训练可以教书或做科学研究工作，但却很难在出版社担任编辑。现在编辑工作者虽有三千余人，但能独立工作者尚不足 1/5，而古籍出版方面的编辑尤其少见。出版事务工作人员虽多，但质量还不及一般编辑人员。新华书店有分支店、门市部、书店共 3450 处，职工 33999 人，但文化水平一般为高小毕业程度，小部分为中学毕业程度，大学毕业生少之又少。

新中国出版事业中存在的一些缺点，除去客观原因及领导上的教条主义外，编辑、出版、发行干部的质量不高也是重大原因。新中国经济建设日趋繁荣，人民对文化生活的要求也日益增长，对于编辑、出版、发行干部的培养，国家应该及早订立长期培养计划。

4.组织领导问题

1950 年 10 月 28 日，政务院发布《中央人民政府关于改进发展全国出版事业的指示》文件，内中提出了十项指示，其中有一项要国家行政部门和地方及人民团体尽可能设出版社或编辑部，同时从人民出版社起，各出版社的内部组织把中国旧出版业中一些可以采用的技术和经验也最大部分摒弃不用。这项指示对如下问题考虑得不够周到：（1）如何借鉴出版工作中的技术标准如文字结构、排字铸字方法的特点；（2）新中国出版事业在目前生产力水平下应该如何组织、管理方能保证出版生产、发挥其最大力量等；（3）新中国只有 10 万名左右的高级知识分子（而苏联有中等以上专家 600 万人），能负担多少出版社的稿源。

1951 年以后，中央国家机关的许多部门以及地方与团体纷纷设立专业出版社，但发展不平衡。如建筑部门有建筑工程出版社、建筑材料工业出版社，而无农业出版社。领导力量很分散：各专业部门的出版社由各专业的国家机构领导，音乐出版社、青年出版社等由中国音乐家协会及中国共产主义青年团中央委员会等领导；地方出版社由各地方行政机关领导。

此外，在组织管理方式上也存在"叠床架屋"现象。例如，文化部出版事业管理局虽然统一管理中央一级出版社的业务，但对直属人民政府各部门和人民团体的出版社则只管理它们的出版计划和出版制度，而编辑业务、选题计划、人事安排等则由它们的直接上级领导机关管理。因此，在分工上往往发生各出版社一面拉稿、一面有稿件却无出版社出版的现象；出版社的行政组织和干部也有许多浪费的地方。

除了上述制度方面的组织领导问题外，出版行政部门的领导思想也存在问题。新中国成立后，出版行政部门在出版事业的改造和建设方面取得了很大的成就，但领导对于出版事业的本质和特性重视不够，把握不足，在思想上有把出版事业看作单纯的企业的倾向。

首先是"唯数字论"的问题。他们对出版社的管理，虽然有监督出版社贯彻党和国家的方针任务和提高出版物质量的规定，但实际上则经常抓出版社的出版字数、种数、册数、用纸、定价等数字指标，对发行部门每年按照比例增加任务。于是，出版社为了要完成数字指标任务，有时便不能不脱离读者的需要出书，更不敢制订长远计划、编印大部书，只能专心致志于"一年生草"的小册子；而发行部门有时为了要完成销售数字任务，便不得不利用摊派方法去完成任务。

其次是"唯利润论"的问题。舒新城认为出版企业是一种学术性的企业，它的经营只有在贯彻国家文教政策、满足读者要求的条件下方才有意义，利润的上缴不应该列为主要目的。1956年，上海人民出版社上缴利润 209 万元，上海人民美术出版社上缴利润 265 万元，而真正工业部门的第一工业局却只缴 360 万元。由此可见，出版干部的培养、图书资料的充实、大部书籍的编印在出版部门内部的经济上是没有条件的。

最后是编辑积极性的问题。1953 年 7 月，出版总署规定编辑工作制度，其过于强调三审制和对于书稿的政治责任，使编辑与作者难于做朋友。对编辑一面要求他们审阅专家的书稿，承担出版物的一切错误的责任，而待遇却远不能与他们的工作相称。例如，上海人民出版社出过不少专门书籍，但却没有一个编辑享受高级知识分子待遇。此外，1950 年后不曾再开过一次全国出版会议，也没有出版工作者自己的组织。凡此种种，都不利于调动编辑的积极性。

5. 木刻书版问题

我国木刻书版创始于五代，现在尚有唐咸通年间刊行的《金刚经》，是公元 9 世纪留下来的一件艺术品，宋、元、明、清各代的精本刊，开卷时好像有一股精气扑面而来。木刻书版不仅保存了祖国的许多文化遗产，也保存了许多雕刻的艺术。舒新城认为若不重视这些书版，时间稍长，这些书版将因霉烂、蛀蚀而逐渐消亡，将来后悔也来不及。

古籍出版社曾经聘请专家到杭州、南浔、苏州、广州、武昌、南京等地调查木版情形，已经看过木版约五十万块，其中有很多难得的版本，如存放在常州的《蒙兀儿史记》，存放在扬州的《汉学堂丛书》等。据报告称，木刻书版主要存在如下问题。

其一是妥善保存方面的问题。各地的书版一般是由当地文化局存放在破旧的房屋里，谨守钥匙，防止偷盗，但是否因潮湿或虫蛀而导致损坏则不过问。至于清理，当地文化局以为第一没有空的房屋，第二没有经费；在人力方面还不是主要的困难，因为各地方的文史馆员都愿自告奋勇（广州文史馆经过1956年的大量发展，有一批馆员年纪在30岁左右，他们有无事可做的苦闷）。

其二是相关部门不重视。有些地方的文化部门的领导重视不够，对书版问题的处理不当，如广州存放书版的房屋，有4位干部及家属共20余人住在里面，书版难保没有损毁；南京官书局的书版则全部失踪；前中南行政区文教部曾对中南地区各地现存的书版作过一次调查统计，但现在连档案也找不着。盛宣怀家中所藏的《常州先哲遗书续集》及《愚斋存稿》两种书版，1952年9、10月间，由上海房管局接收盛苹臣家具的时候，把书版连同108部书架以及愚斋的公文稿件数十箱拿去，当时有一部分送拍卖行拍卖，一部分放在房管局仓库。也有少数私家藏版要出卖，但无人收购；也有人愿意将书版捐献，但找不到愿意接受捐献的机关。

舒新城认为我国重要文化遗产之一的木雕书版是处在"存亡之秋"的紧要关头，国家需要进行有计划的抢救。有一次，毛泽东接见新闻出版界代表，舒新城在列，他提请毛泽东关注此事，对木版书刻的抢救工作起到了一定的效果。

（三）为新中国出版事业的发展建言献策

在总结了新中国出版事业的成就、指出不足之后，舒新城以一个资深出版家的远见卓识，为新中国出版事业的发展建言献策。

1. 召开全国出版会议统筹解决出版事业面临的诸多问题

出版事业牵涉的面很广，除了作者、读者和出版、编辑、印刷、发行等各方面的关系外，还牵涉纸张、油墨、照相器材、五金用品、机器制造等方面的问题。出版业务虽由文化部管理，编辑、选题等计划则由专业部门领导，但文化部和各专业部门并不能完全解决出版中各方面的问题，尤其是解决不了手工纸、外贸的问题，更不能解决社会对出版事业的认识问题。因此，舒新城建议文化部先把1956年各报纸及1957年各地宣传会议和整风运动中所揭露出来关于出版问题的资料整理出若干问题，再邀请有关方面的人员讨论，总结出一些主要问题后，定期召开一次全国出版会议。参加会议的除了与出版业务有关的出版、编辑、印刷、发行（包括邮局）等人员外，并要请各类作者、各类读者（可以各类图书馆的工作人员作为读者的主要代表）和有关部门如轻工业部、外贸部、供销合作社等参加。

舒新城认为这个会议应该致力于解决如下问题：（1）确定今后出版事业的方针和任务；（2）取得大家对于出版事业性质及其基本任务大致相同的认识；（3）解决出版、发行、印刷之间的主要矛盾，如出版与发行对于书籍印数的决定权与双方的经济责任关系，印刷如何改进质量，更好地为出版服务；（4）各部门、各地方的出版社应否统筹调整，如何调整；（5）体制如何调整，如何总结利用旧中国的出版经验；（6）作者与出版社的关系及其相互之间的责任，尤其是久悬不决的稿酬问题；（7）发行工作如何改进，使各项书刊能更及时地送到需要的读者手中；（8）出版工作者应否有自己的组织、如何组织，使大家能利用这种组织加强学习，提高政治与业务水平；（9）干部培养办法。

中华书局于 1942 年 11 月 27 日增资发行股票，此后中华书局股票在证券市场公开交易至 1949 年，股票上的首席董事为舒新城

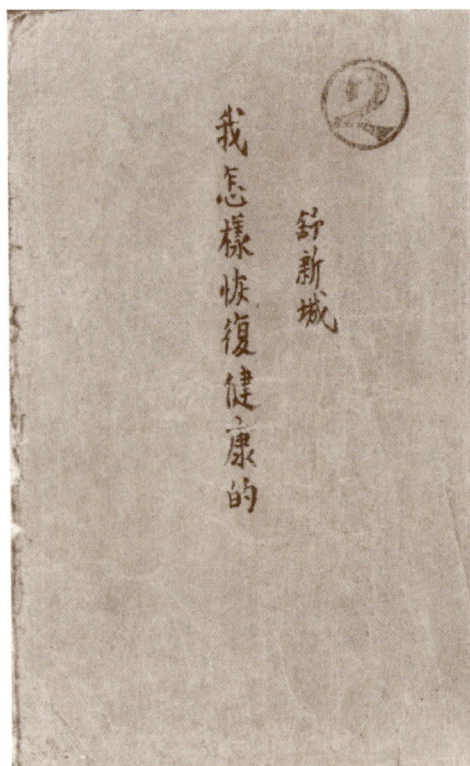

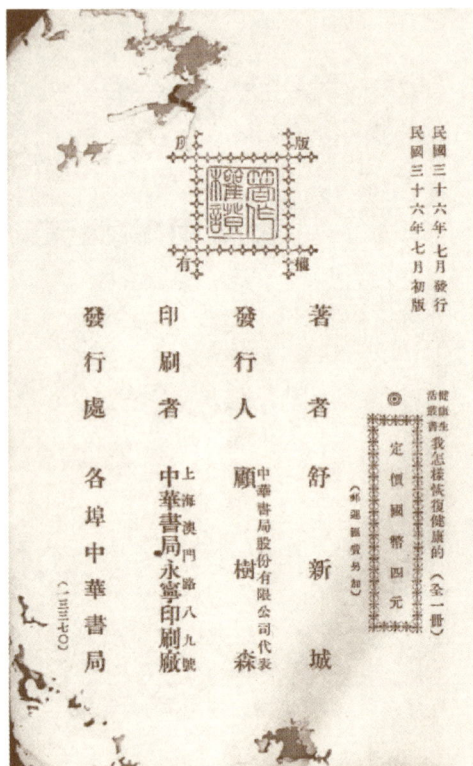

我怎樣恢復健康的

舒新城

版權所有

民國三十六年七月發行
民國三十六年七月初版

健康叢書 我怎樣恢復健康的（全一冊）

定價國幣四元
（郵運匯寄另加）

著　者　舒　新　城

發行人　顧　樹　森
　　　　中華書局股份有限公司代表

印刷者　中華書局永寧印刷廠
　　　　上海澳門路八九號

發行處　各埠中華書局
（三七一○○）

1942—1943 年间，舒新城生了一场大病，几至不愈，后来主要依靠食疗和调整作息，竟然恢复了健康。舒新城先是将这段经历陆续发表在报纸上，竟至引起轰动；应读者的强烈要求，舒新城在已发表文章的基础上经过加工，写就了该书。该书后来竟然成了畅销书，到 1950 年时，已出到第 3 版

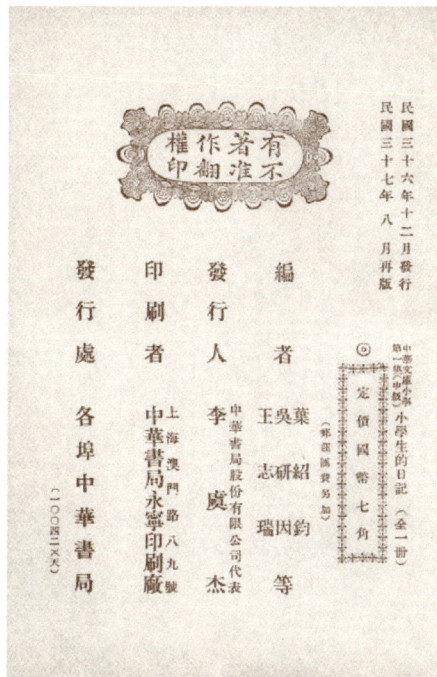

中華文庫　小學第一集

小學生的日記

中級　語文類

中華書局印行

民國三十六年十二月發行
民國三十七年八月再版

編者　葉紹鈞　吳研因　王志瑞　等
發行人　李志杰（中華書局股份有限公司代表）
印刷者　中華書局永寧印刷廠（上海澳門路八九號）
發行處　各埠中華書局

有著作權　不准翻印

定價國幣七角

中華文庫小學　第一集（中級）小學生的日記（全一冊）
（郵匯費另加）

中華文庫　小學第一集

淘氣的小偶人（二）

中級　故事畫類

中華書局印行

民國三十七年二月發行
民國三十七年八月再版

編者　王人路
發行人　李志杰（中華書局股份有限公司代表）
印刷者　中華書局永寧印刷廠（上海澳門路八九號）
發行處　各埠中華書局

有著作權　不准翻印

定價國幣一元六角

中華文庫小學　第一集（中級）淘氣的小偶人（二）（全一冊）
（郵匯費另加）

　　1947年，舒新城主编了一套大型丛书——"中华文库"，分小学、初中和民众教育三个类别，出书数百种，叶圣陶个人承担了十数种的编写任务

1947年，徐悲鸿赠给舒新城的画作

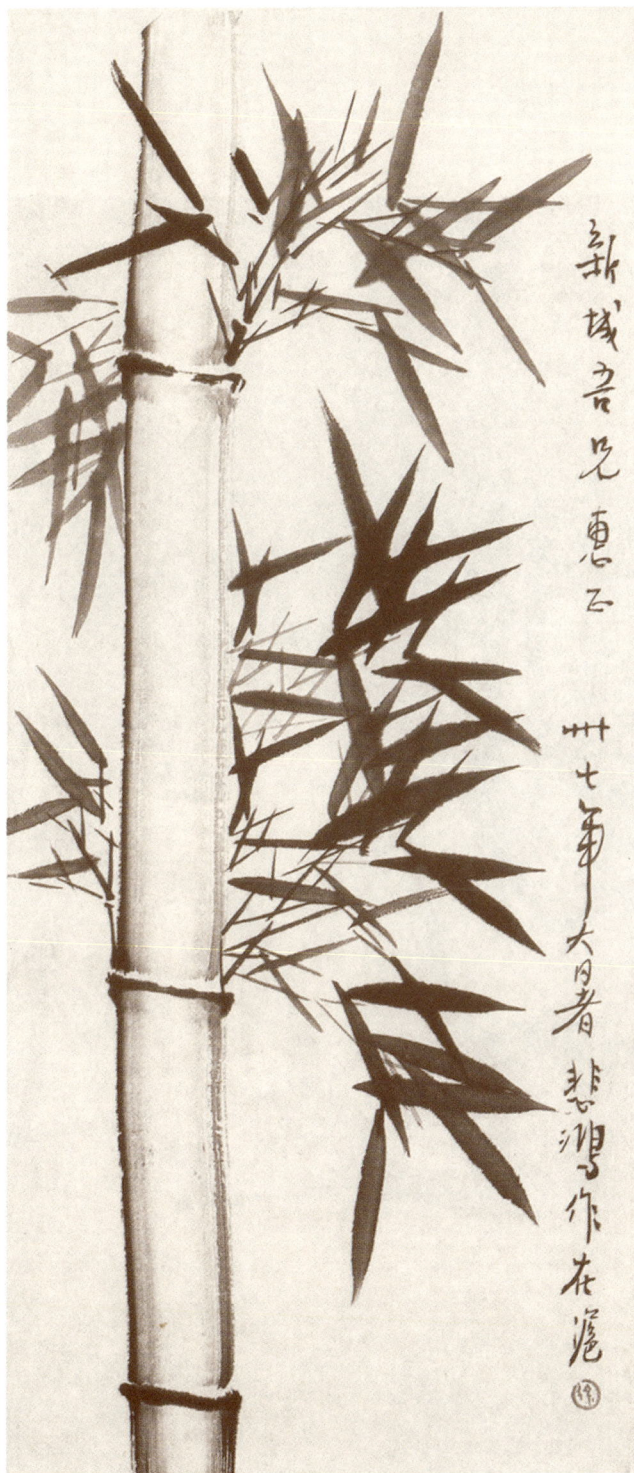

1948 年，徐悲鸿赠给舒新城的画作

1921 年，舒新城在吴淞中学任教时留影

1954 年，舒新城夫妇与女泽姗、子舒池摄于上海

20 世纪 50 年代舒新城与夫人刘济群、岳母摄于上海

舒新城纪念馆内陈列的社会名流与舒新城的往来书信及各种版本的《辞海》

2.利用各种办法培养编辑出版干部

舒新城认为新中国初期的编辑干部数量、质量均不高，出版事务与发行干部量够而质不高，专业思想都很不巩固，培养起来需要相当长的时间。培养办法如下：（1）用带徒弟的办法由老年专业工作者在工作中培养青年；编辑部门招收大学毕业生，出版事务及发行部门招收高中毕业生，先进行短期的业务上的基本训练，再在工作中锻炼、逐步提高到能独立工作为止；尤其要注意培养有专业知识和长于政治活动、学术活动的领导干部；（2）由出版社及发行机关自设短期培训班，调集在职干部轮流学习；（3）由国家设出版专业学校，或由综合大学设出版、编辑、图书贸易系，培养出版、编辑、发行专业干部；（4）由国家调派一部分科学、文艺专家到出版社担任编审工作，对在职编辑干部进行专业学科的业务辅导；（5）联络社会各方面的老年专家，主要是文史馆老年馆员，派人个别从师，学其在文化上的专长。

3. 整理重印书籍，保存古书木版

舒新城认为我国文化遗产浩如烟海，国家应该有计划、有系统地整理、重印，并将古书木版收集保存。他建议在国务院科学规划委员会之下设专门机构，约请全国专家各就其专业开具应整理、应翻印、辑印（如地方志汇编）的古籍书目，组织出版社制订长期计划，逐步印行。对于古书木版，国务院应通令各省市人民委员会进行调查、清理、整补，善为保存，并选择有价值的书籍在适宜的地方印刷。除了公共机关所存的木版外，以前私人刻书的风气很盛，有若干书版尚由私人收藏，也要调查整理，如愿出售者，国家出价收购，有自愿捐献者，国家应接受并予以奖励，鼓励私藏书版出售或捐献于国家。

4. 发展储备手工纸，供印行古书之用

舒新城认为手工纸生产少、供应紧张，除去古籍出版业务萎缩外，还存在以下原因。（1）供销社不把文化用纸列入供应计划之内，以致有些地方以手工纸作他项不必要的用途。如南京供销合作社将"毛太纸"（补旧书用的）大量出售作民间用纸，广东鼎湖山市府用上等毛边纸作"便纸"。（2）收购价格极不合理。以1956年和1934年作比较，1956年机制新闻纸的价格接近1934年的6倍，而手工连史纸只增加区区2%，机制连史纸增加1.5倍不到。实际上，手工连史纸的价格仅及机制新闻纸价格的1/4。因为生产手工纸无利可图，甚至要亏本，产量自然减少。

有鉴于此，舒新城提出如下建议。（1）适当改变目前统一收购的供应办法，由国家允许一部分纸质较好的手工纸作坊直接与出版社联系，组织其生产，由文化部统一收购供应各出版社。（2）由文化部、轻工业部对出版手工用纸统一规格，提高收购价格，并深入调查历来国产优质纸的生产技术，继续发扬，原料有困难的请有关部门给予帮助、解决，并改进操作技术，试制新产品，继续提高手工纸质量。（3）手工纸的生产过程比较迟缓，且季节性较强，不能平衡供应各出版社使用。建议文化部收购一批手工纸作为国家储备，同时允许出版社适当储备手工纸，以供印制规模巨大的古籍。（4）上海过去生产机制连史纸、毛边纸的质量较好的造纸厂，每年分配一定数量的机制连史纸、毛边纸的任务。

5. 设立国家编辑部门，编辑中国百科全书

舒新城建议由国务院科学规划委员会领导设立国家编译机关，组

织专家，成立编辑委员会，分别计划、编辑中国百科全书，在一定的时期内完成、出版（苏联于 1923 年即成立大百科全书编辑室，苏联百科全书第一版出版时间前后达 32 年；1948 年由苏联中央政府决定新成立大百科全书总编辑部，到 1956 年，第二版出过 43 卷。并在编辑部下设一个直属的大百科全书出版社，社长受总编辑部领导）。百科全书的编印工程浩大，需要相当长的时间方能完成，而且需要各方面专家群策群力。现在国家有条件在文化上作长期的打算，国内和国际也都需求《中国大百科全书》，故建议在最近期间把中国百科全书编辑部列入规划之中，逐步推行。

6. 加强重点领导

舒新城认为，新中国成立后，出版行政部门对于出版事业的社会改造与建设，有很大的成就，但在具体领导工作上有偏重于业务经营及抓具体数字指标的情形。因此，他建议今后把领导工作的重点放在如下方面：（1）政治思想领导，监督出版社对于党和国家政策方针的贯彻；（2）计划推进出版事业的全国性大计划，经常督促、检查、帮助各出版社进行工作；（3）研究具体办法提高各种出版物的质量。

以上就是舒新城对于 1949—1957 年间新中国出版事业所做的整体梳理及对策与建议。从上述内容中，我们不难发现作为一名从事出版实践长达 20 余年的资深出版家的舒新城，对新中国出版事业的深深热爱之情，以及为了新中国出版事业的发展而殚精竭虑，倾情奉献自己的智慧与才干。作为一名典型的"学者型"编辑，舒新城在对 1949—1957 年间新中国出版事业做整体分析时，非常注重论据的充分性和严谨性，运用大量翔实的数据来说明新中国出版事业所取得的成就、存在的问题，非常具有说服力。他所做的关于新中国出版事业的梳理，对于我们了解和研究中国当代早期出版史具有一定的参考价值。

四、老将挂帅重编《辞海》

（一）重编《辞海》的缘起

《辞海》初版于 1936 年，此后陆续重印，各种版本预计发行在 100 万册以上。上海解放后，舒新城明显感到老版《辞海》已不能满足社会需要，因此他一直想重编老版《辞海》。但是重新修订《辞海》是一项大型的出版工程，需要投入巨大的人力、物力和财力，而上海解放初期的私营出版企业普遍在经营上陷入困境，中华书局也不例外，因此重编《辞海》的条件暂不具备。有鉴于此，舒新城在 1949 年 6 月 30 日制订了《辞海〈增补本编辑计划〉》，确定了详细的收词范围和工作步骤，预计增补 3600 条新词，成稿约 48 万字，先出单行本，待《辞海》修订时再分条插入[①]。

囿于新中国成立初期的政治经济形势，编辑"增补本"无疑是个不错的权宜之计。但当时国家正计划对私营出版业进行改造，中华书局的出版方向尚不明确，舒新城的《辞海》增补计划也没能如期实施。直到 1951 年，他才请沈仲九增补了部分哲学社会科学方面的条目。

---

① 李春平：《辞海纪事》，上海辞书出版社 2000 年版，第 67 页。

1953 年 7 月，舒新城从中华书局编辑所长岗位上退休后，《辞海》增补计划就完全落空了，至于重修《辞海》就更是无从谈起了。

舒新城自中华书局退休后，仍然担任中华书局图书编审委员会委员、上海市人民政府文化委员会委员等 20 多个社会职务，还被选为上海市人大代表、全国人大代表。作为出版老将，他时刻关心新中国的出版事业。1957 年，在第一届全国人民代表大会第四次会议上，他建议由国家设立百科全书编辑部和专门出版大型辞书的出版社。舒新城为新中国出版事业奔走呼吁，逐渐引起了毛泽东的重视。是年，舒新城与毛泽东有过三次接触，而重修《辞海》的计划也因之而正式启动。

1957 年 9 月 17 日，毛泽东来上海视察，接见了他的同龄人和少年中国学会的会友舒新城。舒新城提出编辑大辞典和百科全书的建议，毛泽东勉励舒负责修订《辞海》，并在这个基础上搞百科全书。重编《辞海》是舒新城多年来一直挂念的事情，现在毛主席发话，舒新城自然是义不容辞，遂承接了此项任务。

老版《辞海》的编纂前后费时 20 余年，由此可知编纂一部体大虑周、严谨科学的大型辞典是一项多么浩大的工程，既需要主编者具有极强的组织协调能力和百科全书式的知识结构，也需要专业的编辑人才队伍和充足的财力、物力作支撑。当时重编《辞海》最大的问题就是经费和人员的问题。舒新城"提出需要正式编辑二十人至五十人，另需助理编辑、资料人员、校对人员各若干。对于第一种人要求上级调派，对于后三种人，要求从大学毕业生或高中毕业生中培训，并具体提出了训练资料员的计划和课程。还建议将原中华书局编辑所的可用人员尽量调回。工作的总方针为'由通到专，由小到大，由近及远，

自己动手'。后来又概括为'百位干部，百万元经费，五年时间'的
出版方针"①。

为此，舒新城首先找到时任出版总署出版局局长的黄洛峰，向他
请求支持，黄洛峰也是资深出版家，对于重编《辞海》这样利国利民
的文化大工程自然支持。随后，舒新城又来到中华书局上海编辑所，
同金兆梓、钱子惠、陆嘉亮、吴廉铭等"旧部"谈《辞海》的修订问
题，希望大家共同出力，再现往日辉煌。接着，他又来到上海市出版
局和市委有关部门，传达了毛主席的意见，并提出了一系列建议，希
望其能够为重编《辞海》提供人力、物力和财力上的保障。

经过舒新城及其同人们的奔走努力，重编《辞海》所需的经费
和人员初步到位，1958 年 5 月 1 日，中华书局《辞海》编辑所正式
成立，由舒新城负责。该编辑所名称中虽然有"中华书局"四字，
但实际上是一家独立的事业单位，其在行政和业务上归上海市出版
局管理，这就是后来上海辞书出版社的前身。重编《辞海》工程正
式启动了。

正所谓万事开头难，刚刚启动的《辞海》编辑所现有编辑力量十
分薄弱，与舒新城所要求的"百名干部"相去甚远，这一问题不解决，
《辞海》的重修工作将很难顺利进行。为此，舒新城多次向上海市委
宣传部及出版局、出版总署、中共中央宣传部等寻求支持，收到了比
较满意的效果。在编辑所同人以及各级机构上下一心的努力下，修订
工作逐步理顺并走上正轨，进入了健康、有序的工作阶段。

---

① 王震：《舒新城传略》，载《晋阳学刊》编辑部编：《中国现代社会科学家传略第 7
辑》，山西人民出版社 1985 年版，第 393—394 页。

（二）重编《辞海》的具体措施

1960 年春，《辞海》的试写稿基本完成，当时上海的学术界已是"满城争说编《辞海》"的局面。3 月初，舒新城因病住院开刀治疗，这时正是第二届全国人民代表大会第二次会议前夕，他因病不能出席会议，遂向大会提交了书面发言稿，在发言稿中对《辞海》修订工作做了阶段性总结。

当 1957 年秋，舒新城奉命修订《辞海》时，他的思路是"百位干部、百万经费和五年时间"，后来发现这个想法是行不通的。之后又得到了领导的指示："依靠领导，组织各学术研究单位的力量和编辑部三结合的编辑方法"，"按照学科的大体分类，分别由上海各高等学校、学术团体及有关单位，分工负责包干"。最终确定了两个基本思想：一是依靠全国学术界，二是走群众路线。

到 1960 年年初，《辞海》的编辑单位已经达到 90 多家（如以大学的"系"作为单位，则有 142 家，这些单位绝大部分在上海，少部分在北京、南京、合肥、杭州、厦门等地）。参编人员在 2600 人以上（其中包括大学生约 700 人）。词目初步确定为九万条，总字数约 1200 万字。

在主持新版《辞海》的编纂过程中，舒新城主要采取如下措施来确保工作进度和质量。

1. 狠抓初稿质量

舒新城从统一认识、编印《〈辞海〉试写稿》、反复修改初稿三个方面来确保《辞海》初稿的高质量。

首先是统一关于体例的认识。对于大型辞书而言，体例统一是至关重要事情。老版《辞海》由专业编辑编纂而成，核心成员不过20余人，统一体例相对容易；而重编《辞海》则采取群众路线编纂方式，参编人员达2600余人，统一体例的难度可想而知。对于舒新城及其同人们而言，群众路线很陌生，他们必须在实践中边学习、边提高，在体例方面形成共识。他们面临的主要任务之一就是不断总结各编写单位的经验，帮助发现问题，共同研究，使得在实际编写过程中不断提高质量。为了达到这个目的，舒新城主持编印了《〈辞海〉编辑情况》的小册子，在编写单位内发行，它的主要任务就是研究质量，交流提高质量的经验；此外，他们还经常通过学科编委小组会以及分别和编写单位讨论提高质量问题，反复求得统一认识。

其次就是编写《〈辞海〉试写稿》。该书稿于1960年3月下旬出版，约20万字。它是全体编写单位努力突击下编出来的。内容包括两个部分：一部分为修订《辞海》的一些原则、初步规定，但考虑还不够成熟，其中有不少意见还没有一致；另一部分为释文内容，有试写稿（是主要部分）、写稿研究（用原草稿和修改稿对照并加说明）、释文讨论（学术上有争论的以及写法上有分歧意见的问题的讨论）。编印《〈辞海〉试写稿》的目的在于，试图通过它作为初步的质量标准，请读者批评指教，以期集思广益，使修订后的新版《辞海》具备高度水平。

最后就是反复修改初稿的草稿。要提高初稿质量，必须经过反复钻研、反复讨论、反复修改。在《〈辞海〉试写稿》的基础上，在编委会的指导下，和编写单位一起，进一步反复讨论草稿，反复进行修改。

2. 采取"三结合"的办法进行群众性全面审查

所谓"三结合"的群众性全面审查，即包括编写单位、专家、群众三方面力量的审查。采取的办法，除将初稿分送全国各地有关方面广泛请求审查外，拟邀请上海部分大、中学教师，大学生，业务部门和工厂企业干部，以及编写人员，集中在一起，分成小组，集中力量、分门别类地对质量标准、词目及释文内容进行讨论、审查和修改。这样做，既可以吸取专家的意见，又可以吸收群众的意见，并从中了解不同读者对象对《辞海》的反映和要求，使修订后的《辞海》能有更为广泛的群众基础。通过群众性的全面审查，既能发现初稿中的重大缺陷和倾向性问题，也能对词目、释文提出具体意见，纠正错误。

1960年3月下旬《〈辞海〉试写稿》出版，舒新城在病中仍逐条审读，并对排校技术和原则性等方面的问题写下了几十条的意见。比如，对于"喜马拉雅山"词条，他就认为"原稿只是客观地叙述地势及位置，而没有谈属于我国的部分，如珠穆朗玛峰，即为藏语圣地之意。而其他地理词目，也纯写地理位置等，是只重地文地理而没有与人文地理相结合，此为脱离实际"①。3月26日，他致信毛泽东，汇报《辞海》修订工作，信中说：

润之主席：

一九五七年九月在沪奉命修订《辞海》，当即在中共上海市委直接领导下进行工作，……去年以来，组织了上海及京、苏、

---

① 王震：《舒新城传略》，载《晋阳学刊》编辑部编：《中国现代社会科学家传略第7辑》，山西人民出版社1985年版，第393—395页。

浙、皖、闽等地学术及研究机关单位，二千六百余人参加工作。
我们预定今年五月完成初稿，暑假将全部初稿分请各学校、企业
单位、人民公社做群众性审查，今年底完成二稿，明年再进行修
改，六月底完成三稿，如质量有保证，年底出版。现在工作进行
得很顺利，我有一份向全国人代会议的发言稿略述经过。并将
《〈辞海〉试写稿》分送各代表委员请提意见，以期集思广益。①

舒新城写这封信时，身体状况已经很不好了，但我们仍能从信
中感受到他对出版事业的深深热爱之情和重修《辞海》的旺盛意
志。怎奈天不假年，1960 年 11 月 28 日，这位中国现代杰出出版家、
辞书家、教育家，最终医治无效，带着对出版事业的深深眷恋而离
世了。

---

① 舒新城:《舒新城日记》第 34 册，上海辞书出版社 2013 年版，第 226—227 页。

第六章

舒新城的人际交往

　　"交往"是社会心理学的一个重要概念，它对应的英文单词是"communication"，而该词在中国新闻传播界一般译为"传播"。因此，"交往"不仅是社会心理学的重要概念，更是新闻传播学的学科根基。作为传播者的出版人，其人际交往融入在事业之中。

　　出版人作为一种具有独特文化标签的群体而出现，出版企业作为一种有别于一般工商企业的文化色彩浓厚的组织而出现，都离不开出版人在与其他个人或群体的交往过程中，有意识或无意识地对自我及出版行业的逐步认知与建构。本章论述舒新城的人际交往，目的在于探讨舒新城在交往过程中，如何建构自己作为"出版人"的主体意识并将其运用到事业中去。

一、舒新城与陆费逵的交往

若论中华书局史上最重要的两个人，自然非陆费逵和舒新城莫属。陆费逵为中华书局奋斗 30 年，舒新城也有 30 年，正是他们两人共同演奏了中国近代出版史上中华书局的一段华彩乐章。可以说，若无陆费逵在长达七八年的时间里数十次锲而不舍地真诚相邀，舒新城绝不会舍弃他所钟爱的教育界而进入出版界。两人的深厚友谊是中国近代出版史上的一段佳话。

舒新城与陆费逵是彼此的知己，他们之间既有情感上的交流，也有工作上的探讨，还有学术上的切磋。

（一）舒新城与陆费逵的情感交流

舒新城曾谈及他和陆费逵一见如故的缘由，他说："我为湘西人，他为浙江人，以民族性讲似不易做朋友，但他生于汉中，长于南昌，自幼即受地理上之影响，其生活习惯已异于一般浙人；而在体质上为神经质兼多血质，故爽直而富感情，处事有决断有毅力。其体质与习性与我这湘西人的刚爽脾味相合。"① 可知，在舒新城眼中，他与陆费逵在习性和情感上是非常相投的，而在公司同人看来，两人绝对是知己。舒新城在感到苦闷之时，也时常向老友陆费逵倾诉。

1931 年，舒新城与刘舫女士结婚，受到了一些人的非议，舒新

---

① 舒新城：《我和教育：三十五年教育生活史（1893—1928）》，广东人民出版社 2016 年版，第 341 页。

城即向老友写信，寻求精神支持。其信中所言如下：

> 人生既然是无目的的一种不得已的事实，实际上也是一种苦难。这苦难的渡过，谁也找不着一种普遍的办法——因为这样未免太单调——只好凭各人的主观自为抉择。我素来持这种见解，所以我在伦理学上相信利己说和自由意志论；对他人之一切行为，只要出其所自愿的，不论是社会上所推崇的或鄙弃的，我都一样尊重。我的见解也完全为这种见解所支配：所以民国十年我在吴淞中国公学要改造中等教育，什么艰险都不避；十四年我从成都出来，不愿作教师，什么诱惑都不受；现在遇着有十年患难生死交之恋爱问题，我的素性能许我放弃平日的见解而与世沉浮吗？①

这封信写于 1931 年 7 月 12 日，在信中，舒新城向陆费逵表达了自己一直以来坚持的信念，陆费逵在此事上是坚定支持舒新城的。

诸如此类的事还有很多。对于陆费逵长久以来的深情厚谊，舒新城是十分珍视的，所以即使舒新城对教育界久久不能忘怀，但却难以舍弃老友而重返教育界。

每当舒新城萌生去意，想重返教育界时，只要陆费逵执意挽留，舒新城总会再"暂留"一阵子。如 1939 年舒新城又一届任期将满之时，他不想续约，人在香港的陆费逵得知消息，去信坚决挽留，信中谓："我未返沪前，你不能辞职他去，须迟三年后方可考虑。"此时的中华

---

① 舒新城：《狂顾录》，中华书局 1936 年版，第 101—102 页。

书局面临着内忧外患，内忧是中华书局香港分厂的 1600 余名职工因遭解雇而发动绝食运动，迁延到次年 2 月方告解决；外患是日军侵华，中华书局的营业大受影响。舒新城收到陆费逵的信后，思虑再三，还是决定与老友共度时艰。10 月 17 日，舒新城致函陆费逵，同意再续约三年，并在信中"述怀"，希望陆费逵能够理解。信中略谓：

> 弟之不欲续约……最简单说，只是"自觉"两字耳。所谓自觉，第一个性不相宜于行政事务，第二觉习惯不相宜，第三觉生活不相宜。
>
> 五岁入学，十岁作文，十四岁因读曾涤生之日记而写日记，十六岁读《了凡纲鉴》，日作论文一篇（无任何督促率），二十岁卖文供零用（时高师完全官费），二十四毕业高师，虽任教师近十年，但从未放弃写作。卅三至卅七岁专事著述（在南京、杭州）。现又十年，虽未能写作，亦未能与著作脱离关系。而十年来因公之指导与职务上之需要，于人生之体念，得益不少，于书报之阅读，亦得益不少。而环顾全国青年，于科学之外，在治事处事修身之诸方面，需人指导者不少，可以供彼等阅读之刊物太少，于是著述热与文章报国热与日俱增。另一方面，于事务亦日增厌恶，弃彼就此，为求心安与有益社会。在工作上仍照常努力，非欲作院士也。
>
> 蒙公订交已廿年，再过三年，弟已行年五十。五十以前之时当尽力献之公司。五十以后，当谋其心之所安也。①

---

① 钱炳寰编：《中华书局大事纪要（1912—1954)》，中华书局 2002 年版，第 173—174 页。

可知，舒新城时常"身在曹营心在汉"，若不是陆费逵执意挽留，以及舒新城珍视与陆费逵的友谊，他恐怕早已离开出版界了。正如他所言："我自揣为文人而非企业界人，多年来即想离弃现职，只因以与伯鸿之友谊及国难而隐忍不去。"[①]1941 年 7 月 9 日，陆费逵因脑溢血而离世，也许是出于对老友的怀念，舒新城从此坚守在中华书局，再无彷徨。

（二）舒新城与陆费逵在工作上的交往

1. 尽诤友规劝之责

1930 年年初，舒新城正式执掌中华书局编辑所。一段时间之后，他发现书局的工作计划性和系统性不足，而这一切的源头便在于陆费逵个性爱冒险，不喜为计划所束缚。为此，1931 年 5 月 14 日，舒新城给陆费逵写了一封恳切的信，在信中苦口婆心地规劝陆费逵注重计划。原文摘录如下：

> 我曾再三说过我们从前都只有应付而无计划，所以弄得不太科学，昨天我们说到立定计划慢慢做去，果真不忘记而能脚踏实地地作去，自然要好得许多，而我仔细想过，还不是根本的办法。
>
> ……
>
> 我是相信"知识即权力"的，所以我的求知欲特别强，同时

---

① 舒新城：《舒新城日记》第 18 册，上海辞书出版社 2013 年版，第 95 页。

我也是相信人是有无限自觉的创造性的，所以对于现实总是不满足。从前我们论命运时，你以打牌为例，谓本事好的得不着好牌，无论如何都不会赢，不过可以少输一点。这句话的段末已给"知识即权力"的一个证明（倘若我们对于牌有全知、全能，当然会赢）；而前半之得不着好牌，我之视为物质条件不具备，这不具备，一般人以为是偶然，实则若把齐牌、掷骰子的手续加以研究，便可以发现其中的必然。所以我在知识上不许我相信有冥冥的主宰在暗中作怪，也不许我安于现实的故常。这是我所以时要动作，要为有计划、有原则的动作之原因。

根据我的知识与信念，我总觉得你于运用你的应付常识以外还得进一步从科学知识中求得有原则的计划。有了原则，一切问题的解决都很容易，这在你并不难：因为你的经验与天才远过于人；只要把注意力一改动，将全部的一切与世界的一切过细估量，厘定几条方针切实作下去，其有造于社会国家，岂仅如你从前所说之良相而已哉。这只看你对于科学有无信心，对科学的知识愿否研究而定。[1]

陆费逵笃信佛教命理之说，这在当时沪上出版界是出了名的。陆费逵做事一向奉行"谋事在人，成事在天"，做事不太讲究计划，不太注重规章制度的设计与执行，因此，中华书局曾被竞争对手讥诮"像一个家族，而不像一个企业"。譬如，陆费逵任中华书局总经理数十年，从未聘任过总经理专职秘书，他的理由是：将事情交由秘书去

---

[1] 舒新城：《狂顾录》，中华书局 1936 年版，第 102—104 页。

办，倘秘书不得要领，又要自己重新去办，如此，还不如自己亲力亲为。以现代企业管理理论而言，在大型企业，职能参谋部门的存在是非常有必要的，而秘书机构则是重要的职能参谋部门，陆费逵过度相信自己的能力，这在舒新城看来，是不妥的。面对舒新城的恳切规劝，陆费逵在表达感激之外，也适度采纳了舒新城的意见。而舒新城在执掌编辑所后，一改之前陆费逵兼管时期的散漫无计划状态，为编辑所制订了较为科学、规范的计划，在稿件的把关上更趋严谨，陆费逵对此是十分赞赏的。

在此，我们有必要将中华书局与商务印书馆的管理制度加以比较，通过比较能使读者明白为什么舒新城对于陆费逵的管理方式多有规劝。

商务印书馆创办于 1897 年，创始人为夏瑞芳、鲍咸恩、鲍咸昌、高凤池等。上述四位主要创始人皆为虔诚的基督徒，受过中等程度的西学教育，因此，在他们身上既体现着光谱较深的新式企业家色彩——注重现代企业制度建设，也彰显着浓厚的宗教伦理——重视员工福利；1901 年张元济加入商务印书馆后，又为商务增添了浓厚的教育理想主义色彩。以上因素成为商务印书馆企业制度的"原始基因"，商务日后的发展大致循着这条路径而延展，由此也形成了企业管理方面的"路径依赖"。

任何制度，不论其初始时的设计有多完善，随着时间的流逝，制度难免会失灵甚至是对事物发展形成阻碍。20 世纪 20 年代中期以后，商务的管理制度面临着失灵现象日益严重的窘况。"商务印书馆的管理机制已经多年运转不灵，需要强有力的人物出任总经理，进行有力度的整改。商务印书馆在管理方面的混乱，同前任总经理鲍咸昌大权旁落有关。鲍咸昌为人处事忠厚有余，胆识不足，抱着多一事不如少一事的处世原则，实际上只致力于印刷所所长的兼职，而将总经理职务内的工作委托给李、夏两位经理。李、夏两人顾忌于职分不明，不敢越权，将具体事务转委于机要科科长陈叔通和副科长盛桐荪，于是造成有权者不负实际责任、负责任者权位不当的状态。这种不伦不类的局面，同商务印书馆人事关系复杂、劳资矛盾时有爆发也是有关系的，多数干部抱着'少管事，少得罪人的想法'，遇到麻烦事，辄苟安回避。商务的管理机制本身也存在问题。董事会对馆务拥有较大的干预权，高层行政权力又受到合议制的牵制，总经理地位虽高，实权却不大，造成层层推诿疑难事务的陋习。"① 为了解决这一难题，1930年新任总经理王云五决定对商务的管理制度进行全方位的大改革，其指导思想就是美国工程师 F.W. 泰勒的科学管理理论。

其实早在 1925 年前后，王云五便开始在商务印书馆编译所内不动声色地推行科学管理制度，成效比较显著。到 1930 年任总经理后，王云五决定在全馆推行科学管理制度。该制度的根本目的在于提高效率，核心在于实施标准化管理和制定工作定额。经过王云五的大力整顿，商务的管理制度与夏瑞芳、张元济的时代相比，王氏制度明显是将企业员工由"社会人"变为"经济人"，少了人情味，多了制度约束与激励，但始于夏瑞芳时期的福利制度得以保留，这也是"路径依赖"的一种体现。改革的成效是显著的，人员减少了，但企业总体绩效反而增加了。这在编译所体现得尤为明显。1931 年之前，商务的编译所有 200 多名职员，编译员身兼编辑与著作人两种角色；1931 年

① 郭太风：《王云五评传》，上海书店出版社 1999 年版，第 151—152 页。

之后，王云五取消编译所，裁撤了原先的绝大部分职员，转而设立编审部，职员不过十数名。然而就是这十几人的编辑团队，其所创造的绩效远超之前两百多人的大团队的绩效。从编辑制度而言，商务印书馆远远走在同业前列。

反观中华书局，虽然制定了不少规章制度，但总体而言缺乏系统性，也没有严格的标准化管理和目标考核管理。陆费逵习惯于"家长式"管理，虽有独断之嫌，但是企业文化人情味满满，也吸引了一大批对中华书局忠心耿耿的优秀编辑，人数常年维持 100 左右，直至 1937 年抗战全面爆发。在 20 世纪 30 年代的上海企业界，科学管理是一股较为流行的管理思潮，当时上海有 20 余家企业结成"科学管理"联盟，商务印书馆、中华书局、世界书局、大东书局均在其中。由此可知，陆费逵对科学管理是有一定了解的，对其并不抵触，而且也在一定程度上推行科学管理制度，只是他并不像王云五那样将科学管理奉为企业管理的圭臬罢了。

王云五无比推崇科学管理，陆费逵同样极度迷恋"家长式"管理，凡事过犹不及，身边有个合适的同人来进行纠偏，就显得非常必要了。高梦旦之于王云五，就如同舒新城之于陆费逵，高、舒二人扮演着"纠偏人"的角色。对于陆费逵在企业管理中的"不科学"的做法，舒新城敢于指出，而陆费逵也听得进去，两人互补正在于此，而中华书局的辉煌也有赖于两人如斯的默契配合。

2. 工作上相互尊重

在绝大多数情况下，两人的合作是愉快的，彼此之间能够做到相互尊重、求同存异。这里举两个事例。

第一个事例是关于行事风格的。舒新城于 1930 年进入中华书局，出任编辑所长。作为一家大企业，与其他大企业一样难免会存在人事龃龉方面的问题。舒新城个性耿直，是一位典型的"学者型"出版家，他十分不喜业务上的应酬，遇有应酬则是能推就推，这引起了公司内部一些同人的不满，他们向陆费逵以及舒新城本人提出意见。舒新城不为所动，特向陆费逵写了一封信表明自己一贯的行事风格绝不会轻易更改。舒新城在信中大致表达了三个观点：（1）自己是文化机关的伙计，应当尽力为书局谋发展，为社会做有益之事，因而不愿意为谋个人便利而参赴无谓之应酬；（2）他愿意将有用之时间用于事业及个人修养方面，不愿将其浪费于应酬之中，而且要劝别人也效仿他；（3）他但求从实际出发，以质量取稿，而绝不愿为人情降低标准。虽然陆费逵本身并不排斥应酬，且将应酬列为重要的日程，但在此事上，陆费逵是坚决支持舒新城的，有了陆费逵的支持，其他人也就无从置喙了。

此外，两人在对于出版工作的理念上有着高度共识。陆费逵在几十年的出版经营中，对于经营与文化、教育与出版是有一套很成熟的理念的，质而言之，就是在经营中坚守文化、在文化中维持经营。他有一句名言："我们希望国家社会进步，不能不希望教育进步，我们希望教育进步，不能不希望书业进步，我们书业虽然是较小的行业，但是与国家社会的关系却比任何行业为大。"舒新城与陆费逵持有相似的观点，他认为："中华书局在形式上与性质上，虽然是一个私人企业机关，但对于国家的教育和文化，同时也想顾到。因为要谋公司的生存，不能不注意于营业，同时觉着过于亏本的东西，又非营业所宜。在这'左右为难'的境况中，我们只好两面都'打折扣'。这就是说：凡属与营业有重大利益，而与教育或文化有妨碍者，我们弃而不作；反之，某事与教育或文化有重大关系，而公司要受较大损失者，也只得弃之。换句话说：我们只求于营业之中，发展教育及文化，于发展教育文化之中，维持营业。"① 这是他与陆费逵的共识，也是他们共同经营中华书局的理念基石。

（三）舒新城与陆费逵的学术切磋

陆费逵未接受过正规的学校教育，是自学成才的典型。陆费逵一生保持着阅读书报、勤学不倦的习惯，他对于教育问题也是非常关心的，在此方面有不少著述，亦称得上是一位教育研究专家。而舒新城终其一生亦对教育研究保持着浓厚的兴趣，当 1922 年两人在吴淞中学举办的晚宴上初次相遇时，两人侃侃而谈教育问题，非常投缘，大有相见恨晚之感。在进入中华书局之前，舒新城写下关于教育的著作十数种，其中的绝大部分由中华书局出版，背后离不开陆费逵的鼎力支持。

两人还时常写信交流教育问题，如 1925 年，舒新城在研究中国近代教育史时，就近代教科书的历史向陆费逵请教，陆费逵接信后，思索了好几日，在回信《与舒新城论中国教科书史》中做了详细解答，这封信在各种出版史料集合教育研究论著中为人们广泛引用。

此外，在舒新城的多部著作中，都可以看到陆费逵所作的序。1931 年，陆费逵为舒新城的《中国教育建设方针》作序，该序是陆

---

① 舒新城：《狂顾录》，中华书局 1936 年版，第 150 页。

费逵论述教育最长的文章。以下一例也能说明两人在学术上的关联：1930 年，陆费逵发明"四笔计数检字法"，经过舒新城修改，在刊登广告时注明"陆费逵发明，舒新城主编"①。

陆费逵临终前推荐的总经理是董事李叔明，而非舒新城。这并非陆费逵不信任舒新城，而是陆费逵深知自己的老友在个性上不喜应酬，过不惯行政上的拘束生活，总经理职位于舒新城而言只是负担。而李叔明早年是中华书局的练习生，通过刻苦自修，逐渐成长为书局的经营骨干，后辞职去金融界发展，1946 年出任中国农民银行行长。李叔明对中华书局有着深厚的感情，经营才干突出，人脉又广，关键是愿意做事，是非常合适的总经理人选。而出于对老友中道离世的痛惜，舒新城从此坚守在中华书局，继续着老友未竟的事业。

二、舒新城与刘范猷的交往

舒新城在进中华书局之前，有过一段专门的著述生活。在此期间，他逐渐组织起自己的编辑班底。1928 年舒新城担任《辞海》主编后，在原班人马的基础上招兵买马，队伍增至十余人。这批人后来又随舒新城一起进入中华书局，他们是舒新城十分倚赖的一个群体。在这批人中，舒新城与刘范猷的关系最为密切。

刘范猷（1895—1971），湖南宝庆人，1912 年自宝庆中学毕业后，

---

① 王建辉：《教育与出版——陆费逵研究》，中华书局 2012 年版，第 144 页。

在长沙广益大学预科、湖南高等商业专门学校就读，1917 年毕业于
湖南高等师范本科英语部，与舒新城是同班同学，两人交情比较深
厚。1916 年夏，两人曾在《湖南民报》任兼职编辑，共事过两个月。
1919 年以后，刘范猷历任桂东县教育科职员、邵阳爱莲女子师范学
校校长、长沙《湖报》总编辑、湖南暂编陆军第二师师部上尉秘书及
少校秘书。1926 年，舒新城来函邀请老同学刘范猷赴南京共编《中
华百科辞典》，刘素来不喜案牍工作，遂欣然赴约。

对于刘范猷的到来，舒新城颇为兴奋。当时，刘范猷携妻子及
母亲一同来到南京，舒新城为安顿好刘家人而忙前忙后，帮他们置办
了家中几乎所有的生活用品，待他们如同一家人。刘范猷的妻子回
忆道：

> 新城兄对范猷的学识才华倍加赞赏，经常对人说："范猷是
> '活字典'，编辑《辞海》缺范猷就不行。"范猷也不负新城兄重望，
> 对编辑《辞海》工作格外热爱，如鱼得水，竭尽全力，起早贪黑，
> 忘我工作，辛苦异常，为选辞、解释，常常思索至深夜，经常半
> 夜爬起来查书、编写，星期天、节假日也毫无例外。……后来我
> 们又随新城兄去杭州、上海，致力于《辞海》的编辑。所以《辞
> 海》缘起上说"范猷任辞典部副主任，收罗整理十年如一日，致
> 力尤多"，在百数十位编撰人员中除几位总负责人外，他算出力
> 最多的一员。①

---

① 宁卓群：《对刘范猷先生的回忆》，载中国人民政治协商会议邵阳市委员会文史资
料研究委员会编：《邵阳市文史资料》第 6 辑，中国人民政治协商会议邵阳市委员会文史资
料研究委员会 1986 年版，第 93 页。

　　1930 年年初，舒新城携《辞海》编辑部十余人一道进入中华书局。舒新城任编辑所长兼辞典部主任，不久后因公务繁忙，无法兼管辞典部事务，遂由编辑所副所长张相（1877—1945）接任辞典部部长。张相为人谦虚谨慎，对于辞典部的工作又不愿意多出主意，故而此后一年多的时间里，辞典部的日常工作是由副主任刘范猷主持的，比较重大的问题，则由刘范猷请示舒新城决定解决。1932 年，沈颐（1881—1946）继张相之后任辞典部主任兼《辞海》主编，刘范猷仍为副主任，两人通力合作，四年后《辞海》编纂工程终于竣工。

　　抗战全面爆发后，中华书局编辑所进行大裁员，除教科书部保留一半人员外，其余部门全部解散。刘范猷所在的辞典部被裁撤，之后他回到湖南，重返教育界。

　　1958 年，舒新城筹备修订《辞海》，在组建编撰队伍时，他首先想到了刘范猷，遂去函相邀。此时刘范猷任湖南省历史考古研究所图书组主任兼古代史组研究员，并参与《湖南省志》的编纂工作。湖南历史考古所的领导非常赏识刘范猷的才华，不愿意放刘走。舒新城多次交涉，仍未果。无奈之下，舒新城向时任中宣部部长的陆定一写信寻求帮助，陆定一亲自向湖南历史考古所下达"放人"的批示，刘范猷才得以调到上海中华书局《辞海》编辑所工作。

　　舒新城与刘范猷自 1912 年相识，结下友谊。1926 年，刘范猷加入舒新城的编辑团队，此后直至抗战全面爆发，刘范猷都是舒新城的左膀右臂，彼此亦是知心朋友。1958 年，分开 20 余年的一对老友重聚上海中华书局，为修订《辞海》而并肩作战。他们是彼此事业的风雨同路人，共同谱写了《辞海》这部中国现代出版史上的华彩篇章。

三、舒新城与徐悲鸿的交往

中华书局的老员工沈谷身称徐悲鸿为"中华书局之友"①，这个说法是靠得住的，从舒新城与徐悲鸿的交往中便可窥见一斑。

1992 年，中华书局成立八十周年之际曾出版过一部书信集：《中华书局收藏现代名人书信手迹》。内收 1949 年以前的来信近 400 件，信的作者共 131 位，大部分信件是写给舒新城的。其中徐悲鸿所写的信最多，共 39 封，远远超过平均数，当中有 33 封是写给舒新城的，两人关系之密切可见一斑。

在这 33 封信中，最早一封的日期是 1930 年 4 月，最晚一封的日期是 1948 年 7 月。1930 年 4 封，1931 年 6 封，1932 年 2 封，1936 年 3 封，1939 年 5 封，1940 年 5 封，1948 年 1 封。在 1930 年的前三封信中，徐悲鸿称舒新城"新城先生"，自第 4 封信起改称"新城吾兄"，此后的信件中均为此称呼。

舒新城和徐悲鸿的交往始于 1930 年。当时徐的一本画集正交由中华书局出版，在这个过程中，他和当时的编辑所长舒新城就出版的事情多次通过信函进行交流磋商，两人的友谊逐渐建立。"徐悲鸿经常是走到哪里，就要中华书局将稿费支付到哪里，而舒新城从不拒绝。甚至徐悲鸿要求将稿费提取部分，送与岳丈、岳母，舒新城一样

---

① 沈谷身：《遗世独立御风而行——缅怀"中华书局之友"徐悲鸿》，载中华书局编辑部编：《回忆中华书局上编》，中华书局 1987 年版，第 147 页。

照办。"①徐悲鸿在国外需要马毛制画笔、书籍等，舒新城也为其邮寄。

中国传统交际文化讲求"知心"，朋友之间最可贵的地方在于坦诚彼此的心志或心意。徐悲鸿把舒新城当作知心朋友，出现情感问题，他也会向舒新城倾诉。

徐悲鸿的一生感情波折。他的第一次婚姻是包办的，家里人强迫他举行了婚礼，并生了一个儿子，但不久妻子逝世，儿子也因出天花夭折。1917 年，徐悲鸿与心仪他已久的蒋碧薇私奔到日本，结为连理。

徐、蒋二人度过了十年左右的患难生活后，隔阂渐生。1930 年 12 月 14 日，徐悲鸿致信舒新城，信中隐含着对蒋碧薇的不满。后来，徐悲鸿与自己的学生孙多慈产生了恋情，在 20 世纪 30 年代曾轰动一时。1935 年，徐悲鸿筹划为孙多慈在中华书局出版个人画集，以此增加孙出国留学的筹码。孙多慈在绘画上较有天赋，舒新城仔细看过徐悲鸿送来的画稿后，确定不是滥竽充数之作，遂应允出版。这部画稿从筹划到印行，前后费时不过三四个月，主要是因为舒新城的大力支持。为了此画集能够尽快出版，徐悲鸿前后给舒新城写了七八封信，跟踪出版进度，舒新城对此事也颇为上心，指示手下人优先办理此画稿。

在画稿出版期间，徐悲鸿与蒋碧薇之间的矛盾愈演愈烈。1935年 4 月 20 日上午 10 点，苦闷不堪的徐悲鸿来到中华书局编辑所找舒新城倾诉。不等舒新城发话，徐悲鸿就开始讲述 1934 年夏末回南京后，因与孙多慈交往，引出蒋碧薇的猜疑，夫妻间一次次争吵又给双方尤其是自己带来更大的痛苦。徐悲鸿并不是个说话很碎的人，但是这次将近两个小时的长谈，基本上都是他一个人在独自诉说。舒新城

---

① 李天飞：《徐悲鸿与中华书局》，载复旦大学历史系等编：《中华书局与中国近现代文化国际学术研讨会论文集》，上海人民出版社 2013 年版，第 192 页。

在日记中记载了当日的情形。请看下文。

> 十时悲鸿来访，道其去年回国后因孙多慈女士在家庭间所发生之极大问题与痛苦，至十一时末方去。此种男女问题，在艺人间本是常事：盖艺人以感情为生活，若不浪漫，则其作品无生命，即师生间真成情侣，亦妨不了什么，不过在中国是麻烦。我劝其读邓肯女士的自传，或可得一丝安慰。[①]

舒新城与徐悲鸿的良好关系还表现在，舒新城的《美的西湖》、《美术照相习作集》摄影集，即请徐悲鸿作序。徐悲鸿还曾委托篆刻家、音乐家杨仲子为舒新城刻了一方"新城捉得"印。

徐悲鸿还经常向中华书局推荐书稿。舒新城虽然尊重徐悲鸿，但并非对于徐所推荐的书稿来者不拒。1931 年 1 月 13 日、17 日，徐悲鸿两次致信舒新城，推荐青年翻译家侯某的一部书稿。徐悲鸿在信中再三强调此稿有多么优秀，但舒新城仍然认为不合要求，坚决退稿，最终也得到了徐悲鸿的理解。

四、舒新城与李劼人的交往

李劼人（1891—1962），生于四川成都，祖籍湖北黄陂，中国现代具有世界影响的文学大师之一，也是中国现代重要的法国文学翻译

---

① 舒新城：《舒新城日记》第 6 册，上海辞书出版社 2013 年版，第 110 页。

家、知名社会活动家、实业家。原名李家祥，常用笔名劫人。代表作有《死水微澜》、《暴风雨前》、《大波》，均由中华书局出版。可以这么说，如果没有舒新城的倾力相助，上述作品恐怕就难以顺利诞生，而文学界也将少了李劫人的身影。

李劫人与舒新城有过一段惊心动魄的患难与共经历。1924 年 10 月至 1925 年 4 月，舒新城在成都高等师范学校任教育学、心理学教师。他在成都高师期间，大力提倡新思想，遭到守旧人士忌恨。1925 年 4 月 28 日，守旧派请成都宪兵抓捕舒新城，并声明抓到后就地处死。舒新城事先得知消息，遂到同事李劫人寓所中躲避。当抓捕舒新城的人群涌到寓所门口时，李劫人乘着酒兴出门与之大闹，实则为舒新城拖延时间。在李劫人的掩护下，舒新城得以从后门逃出，到另一友人陈岳安家中躲避，而李劫人则被宪兵捕去，受了十余日的牢狱之灾，其左手无名指上的结婚戒指亦被宪兵乘乱掠去。舒新城对此深感愧疚。5 月 8 日，李劫人在成都高师同事的疏通下得以释放，当夜，李劫人便赶去看望舒新城，并与陈岳安一道为舒新城策划出川方案。舒新城能够顺利脱险并安全回到南京，实赖李劫人与陈岳安之力。

自此，两人结下深厚友谊，虽甚少晤面，但时常有书信往来。

1930 年，因愤于军阀、政客蹂躏大学教育，迫害进步师生，李劫人毅然辞去"公立成都大学"教授头衔及预科主任职务，回家开了一家名为"小雅"的餐馆，既做西餐，也做中餐。当地报纸以《成大教授不当教授开酒馆 师大学生不当教授当堂倌》为标题报道此事，在成都引起了不小的轰动。

他还计划着写长篇小说，并致信舒新城，询问舒的意见。信中说道："且欲出其余力，制一长篇小说。此小说从辛亥正月写起，到现在为止。以成都为背景，将此二十年来社会生活及粗浅之变迁，与夫社会思潮之嬗递，一一叙说之，描写之；抉其原因，以彰其情。全书告成，大约在百万字以上。粗分数部，每部自为起讫。若法国大仲马之所为者。全书定名《年轮》，第一部已动手写出两万余字矣。自辛亥年正月起写至反正时止，大约有二十万字上下，今年底可作成。拟在开明出版，不知如何？要之，将来出版一事，仍奉托吾兄与舜生兄主持之。"① 但因为餐馆生意较好，忙于经营，因此，这一计划便暂时搁置了。

"小雅"餐馆在当时的成都很有名，"一些进步人士常常去聚餐，每于酒酣耳热之际，揭发当日统治阶级的丑闻。一般都传说他生意兴隆，赚了不少钱，因此一个军阀部队的连长，指使一些散兵游勇，把他的儿子绑架了，当了'肥猪'。那时他儿子才八九岁，在一些袍哥大爷的帮助下，出了一笔钱，才取出来。直接出面干预的一位袍哥叫邝瞎子，这人就是《死水微澜》中那个'罗歪嘴'的原型"② 。经过此事，"小雅"便关门了。

"小雅"关门后不久的1933年秋，李劼人举家迁往重庆，出任重庆民生机器修理厂厂长，他的文学创作计划也一再迁延。然而文学创作一直是他的理想，始终不想放弃，正如舒新城虽然在出版界，但对教育却保持着无限热忱。工作之余，他又思将搁置数年的写作计划重新开启，并致信舒新城，信中说道："工余多暇，多年拟作之十部联络小说，已动手弄第一部，拟写十万字。今年已写得五万余字。阴历年内，可将初稿完成。明春可将二次稿改出。自以为结构尚佳，文字

① 李劼人：《李劼人全集》第十卷·书信，四川文艺出版社2011年版，第19—20页。
② 沙汀：《杂记与回忆》，重庆出版社1998年版，第59—60页。

力求平正，不尚诡奇……书名尚未定，拟用《暴风雨前》或否俟稿成再斟酌。"①

1935 年 5 月，李劼人辞职回到成都，并开始创作长篇历史小说《死水微澜》。在初动笔时，舒新城便与李劼人签订了约稿契约。此后的近一年时间里，李劼人经济拮据，时常找舒新城预支稿费，舒新城从不拒绝，"几乎可以说，没有舒新城的支持，中国文坛怕难有《死水微澜》、《暴风雨前》、《大波》这样的杰作，至少不会那样顺利地在短时期内完成"②。我们来看具体事例。

1935 年 6 月 14 日，李劼人致信舒新城，请舒新城代为设法帮其售稿，信中说道：

> 惟事搁事之后，即便精穷，全家生计不能不先事筹措。余资百余元，尚足俭省支持一个半月。去年所作小说，本有数万字，但不满意……决计回家之后，专心为之。期在时日内写出四万字，再以二十日之修剪裁抄录，则是在七月底可得一部十万余言之完整小说。此部小说暂名《微澜》，是我计划联络小说集之第一部……今弟欲赖此为活，故甚愿凭吾兄运动之力，售得现金。如每千字能售在四元以上，则此四百余元够我五月生活。在此五月中，我又可以续写两部矣。计弟自十五年出任教职、报事以来，于今十载，所入不下三万余金，不但随手而尽，且至今尚欠账二千。念已到中年，始做卖文为活之计，言之笑人。吾兄知我，或不哂其妄，而返钦其豪？不过剩此一条生路，要亦望友朋

---

① 李劼人：《李劼人全集》第十卷·书信，四川文艺出版社 2011 年版，第 36—37 页。
② 韩石山：《舒新城的气度》，《读书》1994 年第 10 期。

帮忙标榜之外，尚须代找买主。海上朋侪不少，望为弟一商。设能赖兄大力，先将买主找得，俾我能心安为之。①

很快，李劼人就得到了舒新城的回信，由舒新城做主，中华书局以千字四元的价格预约了李劼人的书稿。舒新城在 1935 年 6 月 20 日的日记中记道："劼人辞职返蓉，此后将从事写作，复一函，告以出版界之地位，赞助其从事写作。"② 由此，李劼人便可以安心创作了。

此后，李劼人闭门写作《死水微澜》，每日作 4000 字左右，至 7 月底，终于完稿，计 11 万余字。李劼人兴奋地致信舒新城告知此事，拜托舒新城多多费心于此书稿。信中谓：

此书系弟欲写之连续小说第一部，自为起讫。时代为光绪庚子年，背景为成都乡间小镇，地方色彩极浓，而又不违时代性，方今作家尚无此笔墨。中华收买，弟自同意。但仍须赖大力，印刷宜速，校对宜精，定价宜廉，广告宜大吹大擂。惟以时间关系，不及留稿。寄来之稿，即系原稿，倘有污损错落，为害殊大。若复校书为作者，便希连原稿寄回。此请注意者一也。

字数未精数，究应得若干元，望兄早为力能在一周内将稿费寄一半来最佳。盖弟回家后，仅余一百五十余元，仅能支持本月廿边，故极望钱来，以资生活。此请注意二也。

弟于今日，已动手写第二部，字数亦在十万字上下，名曰《暴风雨前》。背景仍成都。时代为宣统年至辛亥保路风潮。盖承

---

① 李劼人：《李劼人全集》第十卷·书信，四川文艺出版社 2011 年版，第 39—40 页。
② 舒新城：《舒新城日记》第 6 册，上海辞书出版社 2013 年版，第 171 页。

第一部而写也。至迟九月半可完。究之何处，望兄留心。弟意今年必写出第三部。第三部名曰《大波》，字数同前，即写辛亥癸卯事。此三部能全卖出，又能早出版，则弟明年绝不做他事，将继续写下去，然而无兄帮忙，终是问题也。①

由此可知，李劼人的写作计划之所以如此顺利，在很大程度上多亏舒新城的鼎力支持。写完《死水微澜》后，李劼人趁热打铁写第二部小说——《暴风雨前》。至 1935 年 10 月初，已写就六万余字，而此时李劼人家中钱粮又告急。思来想去，他又一次给舒新城写信，请求预支稿费。信中谓："兹有求者，即是近须还小账一笔，以及家缴之需，能无赖兄大力，先与我兑下三百元，以安此心。弟素非骗钱之徒，兄所素知……三百元望以航空兑下，以免被打折扣，并希注明交成都现洋。盖申钞每元须缴税五钱，前之四百元颇为吃亏。"②

此次李劼人求助，舒新城依旧应允；而李要求航空汇兑，以免被打折扣，"对这样琐碎的事，舒新城从不回绝，总是及时加以批复，让下面人办理"③。在舒新城的支持下，《暴风雨前》于 1935 年 11 月定稿，1936 年年初由中华书局出版。紧接着，李劼人马不停蹄地开始创作《大波》。至 1936 年年初，《大波》上卷完稿，在交稿时，李劼人"照例"请舒新城预支稿费四百元，仍旧通过航空汇兑的方式支付。舒新城二话不说，照此办理。这笔稿费来得非常及时，使李劼人能够心无旁骛地创作《大波》中卷。

---

① 李劼人：《李劼人全集》第十卷·书信，四川文艺出版社 2011 年版，第 40—41 页。
② 李劼人：《李劼人全集》第十卷·书信，四川文艺出版社 2011 年版，第 42—43 页。
③ 韩石山：《舒新城的气度》，《读书》1994 年第 10 期。

　　1936 年 5 月，李劼人费 20 天之力，竟将《大波》中卷写出。此卷一气呵成，中间并不耽搁，他感觉颇好，自认此卷较前三本书要胜出一筹。舒新城对老友的小说也是十分认可的，出于对老友的重视和促进销量，舒新城特地请同为川人的郭沫若为该系列小说写了一万余字的长篇书评，郭沫若将李劼人比作中国的左拉①，表达了他对李劼人及其小说的高度肯定，郭评论道："三部书合起来怕有四十五万字，整整使我陶醉了四五天。像这样连续着破天的工夫来读小说的事情，在我，是二三十年所没有的事了。二三十年前的少年时代，读《红楼梦》、《花月痕》之类的旧小说，读林琴南译的欧美小说，在那时，是有过那样的情形的。然而，那样的情形是二三十年来所没有的事了。单只说这一点，便可以知道李劼人的小说是怎样地把我感动了的。据刘弱水说，李的创作计划是有意效仿左拉的《鲁弓·马卡尔丛书》。每部都可以独立，但各部都互相联系。他要一贯地写下去，将来不知还要写多少。是的，据我所读了的这三部著作看来，便分明是有联系的作品。"②

　　《死水微澜》、《暴风雨前》、《大波》相继出版后，李劼人信心倍增。因此，他打算专职从事写作，而将其他一切事务推掉。1936 年 5 月 23 日，李劼人在信中将此一想法告知舒新城。信中略谓：

　　　　刘大杰要弟下海教书，决不干。我现在写小说极感兴趣，好不好不管，自信有些见地，殊非时贤所及，每于疲不可支之余，

---

　　①　爱弥尔·左拉（法语：Émile Zola，1840 年 4 月 2 日—1902 年 9 月 28 日），法国自然主义小说家和理论家，自然主义文学流派创始人与领袖。
　　②　郭沫若：《中国左拉之待望》，《中国文艺》1937 年第 2 期。

而兴会尤浓也。设不幸而有战事，我仍开馆子，终不教书也。《大波》下卷奔腾心中不能自已，大概四五日后即动手。只问吾兄：其他地方尚能买我长篇小说否？能今年给我预介几部甚感，而价钱能稍高尤感。①

由于当时时局不靖，中日之间的战事一触即发，沪上的几家大出版社如商务印书馆、中华书局、开明书店等为因应时局，均大力压缩新文学出版业务。此番面对老友提出的请求，舒新城感到很为难，同时亦为老友专职写作的想法而感到担忧。5月26日，舒新城给李劼人回了一封长信，劝告其不必专职写作。舒新城在当日的日记中写道："彼不欲教书，转以卖文为生，我乃告以文坛近况。谓此时真正收稿共只商务、中华两家，我在地位上不便介绍稿件给他人之困难，而劝其应以教书维持生计为好。且谓：'学问是事业，生活是事实，要在事实上站得住，方能在事业上做得开。'"②

虽然收稿有困难，但是舒新城仍然设法为李劼人开辟一条绿色通道。舒新城想到的办法是，仍由中华书局收购李劼人的书稿，但每年以二十万字为限，每千字的稿费仍为4元。李劼人感激舒新城的盛意，但提出每年以四十万字为限，每千字的稿费则降为2元。舒新城允之。李劼人为何甘愿多写而少拿钱？他在致舒新城的信中说明了缘由：

盖我心中，仍认为做小说是我之本等。民国十五年已耽误了一次，此时断不能因目前小利，又自误也。日来心中，正自计画，

---

①　李劼人：《李劼人全集》第十卷·书信，四川文艺出版社2011年版，第48页。
②　舒新城：《舒新城日记》第8册，上海辞书出版社2013年版，第68—69页。

将如何改作《横流》，将如何写一部现代作品。……去年太玄看了我《死水微澜》稿后，便代为定计：不作他事，专心写作。期我十年，必有成就。临出省时，亦复再三告我。且许从经济上为我之助。故彼时刘大杰来找我任讲师，太玄反对最烈。而月前果竟寄我二百元，以践前言。今晨时珍重负张真如劝驾之命来找我，我尽量与之一谈，彼亦认为今日教书，虽有小利，而终无大益。

中华与兄能予我精神与物质上一分鼓励，我终有一分之成就而断不有负于"中华"与我兄。今日之辞去年收三千六百元，而甘求年收八百元（是就年写四十万字、千字得二元计），正为将来打算，而并不专专乎只在金钱中翻斤头。[①]

如果时局宁靖，按照此计划，李劼人在文学上应当会有更大的成就。一年以后，抗日战争全面爆发，李劼人又回到实业界，担任重庆乐嘉纸厂董事长，从此无暇从事文学创作。但舒新城和李劼人的友谊则维持终身。1960 年舒新城过世后，李劼人与舒家仍保持着较为密切的联系。在李劼人的文集中，收录有两封致舒新城之子舒泽池的信，从信的内容可知，李劼人将舒泽池视为通家子弟。

五、舒新城与王光祈的交往

王光祈（1891—1936），四川成都人，音乐学家和社会活动家。

---

① 李劼人：《李劼人全集》第十卷·书信，四川文艺出版社 2011 年版，第 51—53 页。

1920 年赴德国留学，研习政治经济学，1923 年转学音乐。1927 年入柏林大学专攻音乐学，1934 年以《论中国古典歌剧》一文获波恩大学博士学位。他的研究开东方民族音乐之先河。代表作《东方民族之音乐》、《欧洲音乐进化论》、《论中国古典歌剧》等。

舒新城与王光祈素未谋面，但两人却通过书信密切交流了十余年。早在 1919 年，舒新城在长沙的中学任教时，就已经听闻王光祈的大名了。那时少年中国学会办有会刊《少年中国》，舒新城十分关注这份刊物，几乎每期必读，而在诸多文章中，王光祈所写的一系列文章给舒新城留下了深刻的印象。舒新城回忆道：

> 《少年中国》创刊号中，光祈兄有篇题名《少年中国之创造》的文章，他将他对于改造中国的意见系统地加以说明；而最适合我的胃口的，就是所谓"书生之见"的不谈政治、专注社会事业与个人改造。他以为"现在中国人的思想行为，无论在什么主义之下，都不能生存；要想中国人有适应各种主义的能力，非先由一番预备功夫不可"。这预备功夫，就是先使中国的少年有创造的、社会的、科学的生活，再与一般平民打成一气，从事教育事业、出版事业、新闻事业，使中国复兴起来。这种主张，现在看来，自然是过于单纯，而在当时未曾踏进真正社会之门的我看来，他却是一个精神上的同志了。[1]

1923 年 11 月，舒新城经恽代英等人介绍而加入少年中国学会，

---

[1] 舒新城：《狂顾录》，中华书局 1936 年版，第 169—170 页。

斯时，该会内部分歧严重，会员们决定改组。后公推政治色彩较淡的舒新城、李儒勉等五人组成改组委员会。在筹备改组的过程中，舒新城通过书信与王光祈交换意见，这是两人正式交往的开始。少年中国学会的改组因为种种关系而未能实现，不久之后，该会便宣告解散了，而舒新城对于王光祈的认识与友谊却因为通信而增进了许多。

1930 年，舒新城任中华书局编辑所所长以后，与王光祈的通信甚多，虽然大半属于接洽稿件上的事务，但彼此之间的友谊却加深了。自 1920 年赴德国留学至 1936 年病逝于德国波恩大学，王光祈在德国待了十六载。这十六年间，因为王光祈是自费留学，自然得不着官方资助，同时他亦拒绝私人资助，坚持靠为国内报纸撰稿、为国内出版社编书换取稿费以维持生活，过得十分艰辛，但在学问上却日有长进。

1932 年 3 月 31 日，王光祈致信舒新城，在信中表达他有感于中国国防事业之落后，遂决定参照德国国防经验，编译一套"国防丛书"。当时沪上出版机构还笼罩在"一·二八"国难的阴影下，各大出版机构很少收新稿。但舒新城素来敬仰王光祈，对王的计划自然格外重视，他说道："十九年而后，我对他的观感一变：不独认为他是一位刻苦自励的学者，而且认他是一位大有希望的事业家。每与陆费伯鸿先生谈及，彼亦甚以为然，所以公司无论如何困难，如何紧缩，对于他的计划从未拒绝，他的稿件亦从未退回。"[1] 由此可见，中华书局为王光祈提供了比较稳定的稿费来源，他能留德十六载而在经济上能

---

① 舒新城：《狂顾录》，中华书局 1936 年版，第 178 页。

够自足,与陆费逵、舒新城等人的仗义相助有较大的关系。

在为中华书局编撰"国防丛书"的过程中,舒新城发现王光祈在编辑出版事务上的才干是非常突出的,因此,他给王光祈写了一封长信,力劝王回国到中华书局任职。王光祈则允诺,等再过几年将"国防丛书"编撰完毕后,即归国到中华书局任职。怎奈"天有不测风云,人有旦夕祸福",由于积劳成疾,1936年1月12日,王光祈突发脑溢血而离世。舒新城闻讯之后悲痛万分,一痛自己失一好友,二痛国家失一精英。

六、舒新城与其他文化名人的交往

中华书局在民国时期是全国的一座出版重镇,舒新城作为这座重镇的总把关人,与他打过交道的现代文化名人不计其数,除了已经提及的几位,还有几位文化名人也与舒新城有过值得记叙的交往经历。

(一)舒新城与向达的交往

向达(1900—1966),湖南溆浦人,土家族。1919年考入南京高等师范学校;1924年以后历任商务印书馆编译员、北平图书馆编纂委员会委员兼北京大学讲师;1935年到牛津大学鲍得利(Bodley)图书馆工作,并在英国博物馆检索敦煌写卷和汉文典籍;1937年赴德国考察劫自中国的壁画写卷;1938年回国后任浙江大学、西南联合大学教授；抗战胜利后，任北京大学历史系教授兼图书馆馆长；新中国成立后，任中国科学院哲学社会科学部学部委员。

　　说起向达，他和舒新城的渊源很深。两人是湖南溆浦同乡，又是溆浦县立高等小学堂的同班同学，当年读书时，向达把其父亲的一部藏书《曾文正公文集》带到学校，舒新城见后眼馋不已，便找向达借来此书细细读了一遍，还模仿曾国藩而养成了记日记的习惯，这本书对舒新城的影响比较大。1932 年，舒新城约请向达为中华书局翻译《甘地自传》，次年即由中华书局出版；不久，舒新城在策划出版"中华百科丛书"时，又把向达所写的《中西交通史》列入该丛书，于 1934 年出版；随后又请他翻译斯坦因的名著《西域考古记》。在短短的三四年间，向达便在中华书局出版了 3 本书，这在当时对于一个年轻的学者而言，是非常光荣的事情。这三本书的稿酬也是比较丰厚的，就是靠着这三笔稿酬，向达才实现了出国留学的梦想。晚年的向达仍然感念舒新城和中华书局当年的扶持，"他深情地说，应该感谢中华书局，使他在这一时期内得到一笔可观的稿酬，才能在经济上支持了他在 1935—1938 年间在欧洲的学术考察活动……抚今追昔，向先生不禁动了感情"[①]。

（二）舒新城与庐隐的交往

　　庐隐（1898—1934），福建闽侯人，中国现代著名女作家。庐隐情感经历坎坷，第一任丈夫郭梦良年仅 27 岁就病故；1930 年，庐隐

---

① 沙知编：《向达学记》，生活·读书·新知三联书店 2010 年版，第 220 页。

与小她 8 岁的李唯建结婚。舒新城与李唯建、庐隐夫妇交情不错，两家在上海法租界愚园比邻而居。李唯建夫妇要照顾两个小孩，经济负担较重，舒新城得知后，便在中华书局编辑所为李唯建安排了一个职位，使得李家的经济窘状得以缓解。1934 年 5 月，庐隐在分娩时遭遇医疗事故不幸去世，她的后事便是由舒新城和刘大杰帮忙料理的。舒新城痛惜庐隐本不必死，却误于庸人与家人之手而致死，因而在致追悼词时"不觉万感交集而至咽哽不能成声"①。庐隐去世后，李唯建无力抚养两个女儿，舒新城古道热肠，乃约集庐隐生前好友和亲人，在南京路冠生园餐厅共商此问题，终告解决。

（三）舒新城与钱歌川的交往

钱歌川（1903—1990），湖南湘潭人，中国现代著名散文家、翻译家。1930 年，开明书店的总编辑夏丏尊将钱歌川介绍给舒新城，作为编辑的候选人。舒新城与夏丏尊曾在湖南第一师范学校共事过一段时间，两人交情十分深厚，对于老友推荐的人选，舒新城自然比较上心。因此，当钱歌川拿着夏丏尊的介绍信到中华书局拜访舒新城时，舒并没有像对待一般求职者那样对钱歌川进行面试和笔试，而是只要钱歌川编写一部文艺概论性质的书稿，内容包括文学、美术、音乐三方面，字数只要 5 万字就够了。钱歌川很快就将这部名为《现代文学评论》的书稿写出，舒新城看过后比较满意，决定正式录他。

---

① 舒新城：《狂顾录》，中华书局 1936 年版，第 167 页。

为什么舒新城要不拘一格对待钱歌川呢？原来，那时中华书局编辑所的同人大都是些搞古文辞的老先生，缺乏搞新文学的人，也缺少编辑现代综合杂志的人，所以舒新城一直想在新文学出版有所拓展，计划招一名新文学方面的编辑，而钱歌川在国外留过学，对欧美文学比较了解，他来得正是时候，又兼夏丏尊推荐，自然令舒新城格外重视。

钱歌川进入编辑所后，很快就成为舒新城在新文学出版业务和杂志业务方面的左膀右臂。舒新城策划出版"现代文学丛刊"，主要由钱歌川负责；而当舒新城提出创办与商务印书馆的《东方杂志》相抗衡的《新中华》时，钱歌川又成了杂志的核心成员，负责文艺版块的编辑工作，该杂志颇受欢迎，每期发行量有数万份，钱歌川是有功劳的。

对于这名爱将，舒新城也是十分照拂的。譬如，1936年4月2日，陆费逵要求舒新城将钱歌川、张梦麟所编的英文字典送给发行所长王酉清校阅，并将王的名字列于封面，理由是王酉清有博士头衔，可借此增加销量。王酉清在公司里向来十分跋扈，但因其业务能力突出，陆费逵也不得不让他三分。对于陆费逵的请求，舒新城表示没法接受，理由是王酉清虽然有博士头衔，但英文水平很一般，之前他在校阅英文函授讲义时，竟有多处误改之处，本来是对的，经他一改却错了，编辑所同人多有不满；而钱歌川的英文水平较高，他自己便可校阅，若请王酉清校阅，反令钱不悦。陆费逵向来信任舒新城，听了此番话，便打消了念头。

1936年，钱歌川从中华书局辞职，到英国去游学。临行前，舒新城给爱将送了一份"礼"，这份礼物比较特殊。原来，当时教育部有政策：凡出国留学者，若能得着社会名流人士推荐，教育部便资助五百元。可是当时的钱歌川根本就不认识那些当朝的衮衮诸公，因此感到无可奈何。舒新城得知后，马上给时任中央研究院院长的蔡元培写信说明了情况，蔡先生爱提拔后生，当即便写了推荐信寄到教育部去，信到后，那笔资助款很快便拨下来了。

（四）舒新城与张东荪的交往

对于舒新城而言，如果要论所遇到的"贵人"，张东荪绝对算是重量级"贵人"。

张东荪（1886—1973），原名万田，字东荪，浙江杭县人。现代哲学家、政治活动家、政论家、报人。曾为研究系、中国国家社会党、中国民主社会党领袖之一。1919 年，当舒新城还是一籍籍无名的湖南青年时，舒曾致信早成名流的张东荪，向张约稿，得到了张的热烈回应，两人就此结下友谊。1920 年 3 月，舒新城为躲避军阀张敬尧的压迫，去往上海投奔张东荪，两人朝夕相处 3 个月，期间切磋学术、一起参与《时事新报》的编辑工作，友谊得到深化，舒新城的学养与办事能力也得到了张东荪的认可。1921 年 7 月，舒新城应时任中国公学教务长张东荪之邀赴沪，任中国公学中学部主任。张东荪之所以邀请舒新城来沪任职，乃是由于张锐意革新，计划在中国公学推行"新政"，希望舒新城能成为他的同行者。

在中国公学的一年半时间，可谓是舒新城人生中最"恰同学少年"的时光。中国公学与晚年梁启超有很深的渊源，中国公学校董王家襄与梁启超有交情。1920 年梁自欧洲游历归来后，反思自己一生孜孜以求的政治理想为何终归失败，结论是缺乏人才、知己太少，因此，他决心致力于文化教育事业，而中国公学则成为重要平台。张东荪十分景仰梁启超，对梁执弟子礼，因此，1920 年，当中国公学校长王敬芳决定将该校交由梁启超承办时，梁立刻推荐张东荪任教务长并代理校长。张东荪秉承梁启超的志向，决定集合同人将中国公学打造成"培养新人才，宣传新文化，开拓新政治"的平台，而中学部的事务则交由舒新城全权负责。由此，舒新城通过张东荪结识了大名鼎鼎的梁启超，作为近代青年导师的梁启超，对于舒新城而言绝对是光芒闪耀的大人物，能够成为梁启超的同路人，舒新城内心的激动可想而知，这激励他以昂扬的斗志投入到中国公学的教育改革事业中去。

经过几次接触，梁启超对舒新城的学识与能力表示认可。在梁的感召下，舒新城心中豪情万丈，对新教育的未来充满了期待，1921 年 12 月 11 日，舒新城致信梁启超，在信中以激情满怀的语气说："以中国公学委城与南陔、东荪办理，君劢、志摩则分在南开演讲，公则往南京演讲（最好请百里设法在东南大学设自由讲座），如此鼎足而三，举足可以左右中国文化，五年后吾党将遍布中国，岂再如今日之长此无人也。"[①] 在张东荪和梁启超的全力支持下，舒新城放开手脚，准备大干一番——推行道尔顿制。怎奈中国公学中学部的大部分学生自由散漫惯了，竟群起抵制新学制，要求"驱舒罢张"。此时，张东荪与梁启超坚定地站在舒新城一边，给了舒新城莫大的鼓舞，事件也得到解决。但是最终，由于学校人事纠纷，舒新城还是选择了辞职。

---

① 丁文江、赵丰田编：《梁启超年谱长编》，上海人民出版社 1983 年版，第 942 页。

正是因为张东荪的真情相邀以及全力支持，舒新城才有了崭露头角的舞台，凭着在中国公学中学部推行道尔顿制，舒新城方才得以名声大噪，迅即成为全国教育界的知名人物。也正是在中国公学这个平台上，舒新城的人际关系网络方才得以张开，结识了梁启超、张伯苓、陶行知、朱经农等教育界名人。还是因为张东荪，舒新城得以出任中学部主任，广纳贤才，聘请叶圣陶、朱自清、常乃德、吴有逊等到校任教，与他们结下了友谊，为日后的出版工作积攒了人脉。尤为重要的是，在中国公学这个平台上，舒新城结识了陆费逵。无论从哪方面来讲，张东荪都是舒新城人生中的重量级"贵人"，他在很大程度上改变了舒新城的人生。

笔者之所以要将舒新城的人际交往生活作为一章来述论，原因在于人际交往是个人形成自我认知的重要形式。

社会学的美国互动理论流派将"交往"作为核心理论范畴，查尔斯·H.库利（1864—1929）的"镜中自我"理论、乔治·H.米德（1863—1931）的"自我与社会互动"理论、赫伯特·布鲁默（1900—1987）的"符号互动论"、欧文·戈夫曼（1922—1982）的"拟剧论"等都是分析"交往"的经典理论工具。该流派的学者约翰·杜威（1895—1952）认为："社会不仅因交往、沟通而持续存在着，而且简直可以说就存在于交往沟通之中。Common（共同的）、Community（共同体）、Communication（交往）这些词之间的联系不只是词义上的。人们由于他们共同拥有的一些东西而生活在一个共同体内。交往便是他们用以拥有这些共同的事物的方式。"[1] 质而言之，无交往无社会，

---

① 于海：《西方社会思想史》（第三版），复旦大学出版社 2014 年版，第 241 页。

无交往无个人。出版人作为一种具有独特文化标签的群体出现。

从"交往论"出发，出版人、出版业之所以分别作为独特的文化群体和文化组织而出现，主要是由出版人与包括出版人在内的众多个人以及群体之间的交往；出版制度或结构虽然强大，但作为个体的出版人在微观层面的日常生活交往中对出版制度或结构也是有能动作用的。而出版人的交际生活史主要包括两个方面：出版人与出版人之间的交往，出版人与外部群体之间的交往。大多数时候，这种交往是混杂而非单一的。

本章既考察了舒新城与出版人的交往，也考察了舒新城与外部群体的交往，目的在于通过考察其交往活动，以期较为真切地感受舒新城如何形成关于出版人角色以及出版规律的认知，包括：出版人是什么？出版人的职责有哪些？出版人的使命是什么？出版的规律有哪些？等等。舒新城通过与陆费逵的交往，加深了自己对于出版企业经营管理方面规律的认知；通过与刘范猷的交往，他对于出版人之间的合作关系有了更深刻的认知；而通过与李劼人、徐悲鸿等人的交往，舒新城对于如何与作者沟通、如何引导作者进行创作当有更清晰的认知。

结　语

　　新制度经济学有一个重要概念——路径依赖，它是指"人们过去的选择决定了他们现在可能的选择"①。我们重温中国近现代出版家的典范出版人生，一个重要目的就是要发现当下出版人与近现代出版家之间的"路径依赖"关系，即他们的出版事迹、出版思想对当今出版人有何启示与影响。我们相信出版文化是一脉相承的，在当代优秀出版人的身上，我们总能发现近现代出版家的典范精神。舒新城作为中国现代杰出的出版家、辞书家、教育家，他主持中华书局编辑所长达20余年，在出版方面的事功是十分卓著的，其出版思想亦足以感召后世出版人。他留给我们如下启示。

---

　　① ［美］道格拉斯·C.诺思：《经济史中的结构与变迁》，陈郁、罗华平译，上海人民出版社1991年版，第1页。

一、求知欲之于编辑的意义

谈舒新城与中华书局，不能不特别提到《辞海》。一方面，《辞海》是中华书局局史上浓墨重彩的一笔，值得大书特书；另一方面，舒新城对《辞海》所做的贡献格外突出，令人追忆感怀。[①]《辞海》（1936年版）先后经历了三任主编：徐元诰、舒新城、沈颐。在这三人中，舒新城的功劳最大，因为是他确立了《辞海》的编纂体例；他带进编辑所的十余名老部下成了《辞海》的核心编纂人员；由他接手，前后费时八年，这部中国现代文化史上的浩瀚巨作最终问世，惠泽世人。可以说，如无舒新城，《辞海》恐怕难以问世，即使问世，也难有如此的辉煌。他为何能够取得成功？我们认为这是由于他旺盛的求知欲所致，他的成功是必然的。

在孩童时期，舒新城就表现出浓厚的求知欲，乡间书少，他几乎是逮到什么书就读什么书。进入新式学堂后，学校的图书室成了他流连终日的乐园；到了大学后，图书馆就是一座知识的海洋，舒新城每日学海行舟，乐此不疲。1917年大学毕业后，舒新城先后在小学、中学、大学担任教职，1930年后转行当编辑。按理来说，教师所教的科目有限，编辑所负责的科目也有限，能将与职业有关的书籍购备齐全就已属难得。可是舒新城的求知欲实在是太旺盛，想看和想买的书太多，他书架上的书籍五花八门，譬如八股文、龟甲文字学书籍、医学书籍、蒙学课本、意大利新教科书等。舒新城对于一切他不知道

---

① 吴永贵：《舒新城，〈辞海〉初版的功臣》，《光明日报》2007年12月1日。

的知识都愿意去了解、去学习，同时，在从事编辑工作的过程中，他也逐步认识到编辑工作所涉及的知识非常广泛，作为编辑，应该保持旺盛的求知欲，什么书都该读。搁在今天，舒新城的观点就是"编辑杂家论"。换个角度思考，正是通过考察舒新城等出版先贤们的出版事迹，我们才对"编辑杂家论"有了更为深切的认知。

舒新城的"有读无类"最终使他成为一名百科全书式的"学者型出版家"，他的这种身份优势在编纂《辞海》时终于得到了淋漓尽致的体现。《辞海》的体大虑周、科学严谨，对应的正是舒新城的"杂家"特质。

舒新城的求知欲还体现为他的兴趣十分广泛。舒新城广为人知的身份是教育家、出版家以及辞书家，这三项既是他的兴趣所在，也是他所钟情的事业。除此之外，舒新城对摄影、绘画、无线电技术、养生、旅行等方面均保持着浓厚的兴趣，在事业领域与兴趣领域之间出入不断，既能调节身心，也能为事业寻找灵感。有着如此广泛兴趣的人，一定也是充满魅力的人，因为他总是能够给予别人以未知的知识。

二、努力成为"学者型出版家"

"学者型出版家"是出版行业的稀缺资源，也是出版行业的高层次人才。舒新城就是一位非常典型的"学者型出版家"。有研究者认为，"舒新城先生首先是一位出版家，然后是一位教育史学家，再者是一位电化教育家。他多年在中华书局工作，曾经主编《辞海》，文字造诣很深。他是一位百科全书式的学者，同时他在电化教育方面也达到了当时最高的水平"①。上述评价是比较中肯的。舒新城在教育制度、教育史、电化教育等方面有较高的学术造诣和学术地位，而且，他还将教育与出版有机结合起来，长期致力于为青少年提供成长必需的精神食粮。

舒新城在教育学术研究方面的著作主要有《近代中国教育史料》、《近代中国留学史》、《中国新教育概况》、《教育通论》、《道尔顿制研究》等，这些著作在当时产生了较大的影响，舒新城因之而逐渐成为全国知名的教育家，即使到了现在，他的许多论著都还是教育史研究领域的经典文献。

在进入中华书局之前的几年，舒新城的理想是建立一所自给自足的私人学院，以此为基础，试验自己的教育理念。同时，他还编辑了许多针对青少年的教材和辞典，尤其值得一提的是《中华百科辞典》，这部辞典是舒新城集合十余位同人，耗时两年打造出来的一部精品辞书，这批人后来又成为编纂《辞海》的核心人员。进入中华书局后，舒新城二十年如一日，一直致力于出版适合青少年阅读需求的各类书籍，他先后主编了"中华百科丛书"、"中华文库"等大型丛书，这些丛书中的大部分品种一版再版，对当时的青少年产生了较大影响。

舒新城是典型的"学者型出版家"，他既有百科全书式的知识结构，同时又在教育制度、教育史等方面取得了较深的造诣，而在出版实践中他主编了《辞海》这样的鸿篇巨制，仅此一项，就足够使他跻身现代杰出出版家行列。他的出版人生堪称完美，我们认为他的成功

---

① 　黄立志、孟昭宽：《创新与借鉴：中国教育技术路径研究》，中国物资出版社 2012 年版，第 134 页。

主要有两点：其一，他终身保持着旺盛的求知欲，养成了既广博又精专的知识结构，这种知识结构尤其适合于做出版；其二，在出版实践中，他将出版与教育完美结合起来，对青少年的阅读需求把握得比较到位，总是能策划出广受青少年欢迎的书籍。

舒新城是中国现代著名的出版家、辞书家和教育家，他的传奇就在于他在这三个领域都作出了重要贡献，在某种意义上说，舒新城是《辞海》的符号，是中华书局的代名词，他的出版事迹与出版思想对当今出版人仍然有着强大的感召力。

舒新城编辑出版大事年表

1893 年

5 月 22 日，出生于湖南溆浦县一户农家。

1898 年　6 岁

正月，入私塾读书。

1907 年　15 岁

春，考入溆浦县郿梁书院。

1908 年　16 岁

秋，考入溆浦县立高等小学。

1911 年　19 岁

春，因宣传革命思想，被校方开除。

夏，进常德省立二师附设单级教员养成所、长沙游学预备科和武昌文华大学中学部暑期英文补习科等校求学。

1913 年　21 岁

8 月，借同族舒建勋辰郡中学毕业文凭，考入湖南高等师范学校（湖南大学前身）本科英语部。

1916 年　24 岁

7—8 月，在《湖南民报》任编辑兼撰述。

1917 年　25 岁

7 月 1 日，自湖南高等师范学校毕业，随即在长沙兑泽中学任教，教英文和音乐两科。

1918 年　26 岁

6 月，自兑泽中学离职。

8 月，任职于长沙长老会所办的福湘女校（后任该校教务主任）。

1919 年　27 岁

11 月，辞去福湘女校的职务。是年 10 月，由于该校行将毕业的一女生接到表兄的一封普通来信，学校查出，勒令退学。当时舒认为校长小题大做，不讲道理，因而于 10 月 13—15 日在《时事新报》的《学灯》副刊上发表一篇《我对于教会学校的意见与希望》来声援学生，引起校方忌恨，遂辞职。

11 月底与方扩军、宋焕达、杨国础等人创办《湖南教育月刊》。

1920 年　28 岁

6 月下旬赴上海，与少年中国学会成员恽代英、张闻天、左舜生等相识。不久之后，湖南政局发生变动，张敬尧下台，谭延闿第三次督湘，聘易培基为湖南省立第一师范学校校长，易派人去上海延聘教师，舒为其中之一，其他被聘者有夏丏尊、沈仲九、余家菊、陈启天。

9 月初，受湖南省立第一师范学校之聘返回长沙，担任教育学及教育心理学教师，兼任教育科主任，月薪 80 元。与毛泽东、余家菊、夏丏尊、陈启天、沈仲九等为同事。

是年，《实用教育学》在中华书局出版，此为舒新城在中华书局出版的第一部书稿。

1921 年　29 岁

6 月，因不满校方的教育主张，遂辞去职务。

7 月，应张东荪之邀赴沪，任中国公学中学部(1922 年改名为吴淞中学)主任，月薪 100 元。期间，与曾琦、田汉、杨贤江、朱自清、朱镜宙、张闻天等相识。

9—11 月，因张东荪、舒新城等人锐意革新，引起部分教员及学生不满，加之沟通不畅，遂发生罢课风潮。后经校长王家襄出面安抚，风潮得以平息。王支持张东荪、舒新城的革新主张，反对革新的教员陆续被辞退。

1922 年　30 岁

9 月 29 日，中华书局总经理陆费逵应邀至中国公学作演讲。待演讲完毕，已近天黑，校方宴请陆费逵，舒新城作陪，席间两人相谈甚欢。近代杰出的两位出版家有了彼此人生的第一次交集。

1922 年年初至 1923 年 1 月，舒新城与志同道合者在吴淞中学大力推行改革，如推行五年的能力分组制和选科制，实行男女同校，试行道尔顿制，等等，在教育界引起较大反响，舒新城一举成为名人。

1923 年　31 岁

2 月，舒新城因吴淞中学内部在推行道尔顿制一事上出现分歧，造成意见不合，他愤而辞职，举家迁居南京。临行前，陆费逵邀请舒入中华书局主持编写中学教科书，他以"厌恶上海"为由婉拒，但允为其编"初中公民课本"一部，稿费 300 元，每月预付 50 元。

3 月，应东南大学附中主任廖世承教授之聘，任附中研究股主任，为了编写书稿，他约定每日只去半天，月薪只受 50 元；继续研究和推行道尔顿制，并在江苏省立一中兼课。

5 月，《心理学初步》由中华书局出版（该书是长销书，至 1940 年出到第 15 版）。

7 月，《道尔顿制概观》由中华书局出版。

11 月，经少年中国学会会员李儒勉、曹刍、杨效春、穆济波、恽代英五人之介绍，舒新城与吴俊升同时正式加入学会。舒新城从参加该会后，积极参加活动，曾与会员杨效春、曹刍起草少年中国学会的办学计划，规定学校的目的为"实现本会之宗旨，创造中国的教育"，但因时局纷扰，未能实现。

1924 年　32 岁

4 月，舒新城为了研究实际教育问题，先后去芜湖、安庆、宁波、白马湖、绍兴、杭州、嘉兴、上海、徐州等地，深入调查中等教育。在此期间，他连续发表了《心理学初步》、《人生哲学》以及介绍道尔顿制的译著《道尔顿制概论》、《道尔顿制研究集》等。

6 月，书稿《道尔顿制浅说》由中华书局出版。

9 月，《人生哲学》由中华书局出版。

11月，应国立成都高等师范学校校长傅子东之邀，赴校任教，教授教育学、心理学。

1925年　33岁

4—5月间，成都高师发生"排舒"风潮，校方函督办公署派兵追捕，得同事、友人李劼人等组织一部分师生拥护脱险。

6月，自成都抵达南京。

6月，赴上海访陆费逵，陆费逵再次邀请舒新城入书局任职，他以要实现教育理想为由婉拒。

7月，道尔顿制的创始人帕克赫斯特女士来华讲演月余，赠书数本予舒新城。

9月，应中华书局之约，为其编写《心理学大意》。此书要旨"在灌输心理学上的常识，故取材料以日常生活的精神现象为主；说明精神现象的例证，以一般青年所常见的事实为主"。

10月，舒新城花一月时间将帕女士所赠的 *Individual Work and the Dalton Plan* 译就，中文书名《个别作业与道尔顿制》，本月交由中华书局出版。

1926年　34岁

3月，承陆费逵之邀编撰《中华百科辞典》。该书的编纂工作历时两年，编辑人员近10人，1928年1月完稿，200余万字，由于时局不靖及排校不易，1930年方由中华书局出版。该书内容体例均由舒新城拟定，并曾与友人赵叔愚、李儒勉、汪桂荣、宗白华、徐悲鸿、吴俊升等商议。该书是舒新城编撰的第一部辞典，为《辞海》的编纂打下了基础。

9月，与余家菊商议合作编撰教育辞典，余任总纂，舒负责教育史、教学法、教育心理学等科目。

9月，《心理学大意》由中华书局出版。

12月，与余家菊合编的六十余万字《中国教育辞典》完稿。

1927年　35岁

3月，陆费逵致信舒新城，谓时局不靖，不能照常收稿，愿代借1000元，助舒完成《中华百科辞典》及《近代中国教育史料》的编撰工作。舒复函拒之。

4月，于陆费逵家中晤谈。陆再邀舒新城入中华书局，舒推以"将来再说"。

5月，舒新城编的《中国新教育概况》完稿。

8月，《教育通论》由中华书局出版。

10月，为友人编写《宣传术与群众运动》（1932年由中华书局出版，作者用笔名"徐怡"）。

11月，书稿《收回教育权运动》由中华书局出版。

1928年　36岁

3月，陆费逵致一封长信给舒新城，约舒主编《辞海》。舒当时正专注于近代中国教育史的资料搜集整理工作，手头还有《简明文艺辞典》及《人名辞典》正在编纂中，本不欲接受陆的邀请，但感于陆的友谊及其对公司的关爱，最终应允。

4月，与中华书局签订《辞海》编纂契约。是日，舒新城与陆费逵同游吴淞，陆盛邀舒任中华书局编辑所长之职，舒新城答以将来再说。

4月，《中国新教育概况》、《现代心理学之趋势》、《中国教育指南1926》由中华书局出版。

舒认为原稿中已死之旧辞太多，流行之新辞太少，乃改变方针，删旧增新，并改加新式标点。至9月间，因原址修路拆屋，编辑部迁往杭州上西大街长颐里。

5月，《心理学大意》由中华书局出版。

10月，陆费逵赴杭州参加筹划西湖博览会事，约舒新城摄西湖风景集。

是年，舒新城的《近代中国教育史料》、《中国新教育概况》在中华书局出版。

1929年　37岁

3月，《近代中国留学史》由中华书局出版。

6月，杭州开西湖博览会，陆费逵任博览会宣传处处长，舒新城任副处长，实际由舒新城主持，期间对《辞海》多有宣传。

10月，《摄影初步》、《蜀游心影》、《西湖博览会指南》出版。

1930年　38岁

1月，陆费逵为扩大书局业务，加强《辞海》编纂力量，达到预期出版的目的，聘请舒新城为编辑所长兼图书馆馆长及函授学校校长，舒新城应允。从此，舒新城的职业出版家生涯由此开启。

舒新城到任便调动全所编辑人员力量遍阅新书新报，提出口号：一切为《辞海》。经过他们几年奋战，收词10万条以上，兼有字典和百科性综合辞书——《辞海》，历时20年终告完成，于1936—1937年，分上下册出版，受到读者好评，为当时国内同类书中的最权威巨著。舒新城与《辞海》，从此密不可分。

3月，《中华百科辞典》由中华书局出版。

9月，《现代教育方法》由中华书局出版。

9月，陆费逵第二次赴日本考察印刷厂以及出版事业，编辑所所长舒新城同行。

1931 年　39 岁

8 月，中华书局发生工潮，总经理陆费逵，编辑所长舒新城，印刷所长、总办事处路锡三，联名发出紧急通电，宣布暂行休业。

11 月，《中华民国之教育》、《个别作业与道尔顿制》由中华书局出版。

是年，舒新城将所藏教科书及教育史料 1 万余册，低价让与中华书局图书馆。

是年，《中国教育建设方针》书稿由中华书局出版。

1932 年　40 岁

7 月，中华书局成立 20 周年，舒新城撰《中华书局编辑所》一文。

10 月，为筹备参加芝加哥博览会，书局召开第一次筹备会议，舒新城参加。

11 月，舒新城翻译的《个性论》由中华书局出版。

11 月，《近代中国教育思想史》由中华书局出版。

1933 年　41 岁

1 月，与陆费叔辰筹备中华书局赴芝加哥万国博览会参会事宜。

1934 年　42 岁

1 月，"中华百科丛书"开始出版，舒新城主编。该丛书为中等学生课外读物，共 100 种。分总类、哲理科学、教育科学、社会科学、自然科学、应用科学、艺术、语文学、文学、史地等 10 类。每书约 5 万字。年内出版 20 余种。

3 月，《故乡》由中华书局出版。

10 月，书局以舒新城、路锡三、陆费叔辰、王瑾士、沈鲁玉 5 人组成"新厂建筑设备委员会"。

12 月，股东常会选出董事 11 人，舒新城当选，其他 10 人为：吴镜渊、陆费逵、孔祥熙、唐绍仪、汪伯奇、沈陵范、高欣木、胡懋昭、王志莘、李叔明。

1935 年　43 岁

9 月，书局设立职员训练所，以舒新城、王瑾士、王酌清、薛季安、武佛航等组成委员会。

11 月，《我和教育》由中华书局出版。

是年，上海 15 个编辑出版单位及个人沈西苓等 200 人，发起推行"手头字"（即手写简体字），先选常用字 300 个作为第一期推广字。个人参加者有舒新城、陆衣言、许大年等。

1936 年　44 岁

5 月，《新中华》杂志社由舒新城、倪文宙等在新亚酒楼约请作者交换意见，杨东莼、钱亦石等出席。

8 月，编辑所钱歌川请假去英国进修，舒新城函请蔡元培转请教育部给予补助 500 元。

10 月，陆费逵致函舒新城："以后各杂志每期须介绍本版：《新中华》介绍政治、经济、文学书，《小朋友》介绍儿童书，《教育界》介绍教育书，《英文周报》介绍英文书。除编辑人自行起草外，可由原编校人员拟稿选登。"

1937 年　45 岁

2 月，第 26 次股东常会选举董事 11 人，舒新城连任。

6 月，由舒新城主编的《辞海》（下册）发售。

1938 年　46 岁

1 月，因裁员减薪，中华书局编辑所、印刷所职工罢工，在劳资双方的谈判中，舒新城颇同情职工，大部分被解雇的职工都得以到内地分厂复工，有的工人称他为"舒青天"。

7 月，原中华书局上海总办事处改为"中华书局有限公司驻沪办事处"，该处由舒新城全权负责。

1939 年　47 岁

10 月，舒新城复函陆费逵，同意续约三年。

1941 年　49 岁

7 月，赴香港吊唁陆费逵。

11 月，赴港处理事务，不久太平洋战争爆发，香港为日寇侵占，舒新城滞留香港长达半年。

1942 年　50 岁

5 月，自香港返沪，调动预备资金，解决公司面临的财政问题。

7 月，积劳成疾，几至不起，休养了两年多方才大体康复。

11 月，沪局在哈同路事务所召开"股东会"，舒新城任主席，通过增资案。

1944 年　52 岁

7 月，日本肥田木侯爵企图强迫舒新城返湘出任伪职，舒新城本着大义凛然，不惜一死的精神，在寓所与肥田木侯爵谈判半日，一次即把日本人顶了回去。

10 月，主持编印《辞海》缩印合订本。

1945 年　53 岁

11 月,《漫游日记》由中华书局出版。

1946 年　54 岁

5 月,召开复员后的第一次董监联席会议,舒新城出席会议。

6 月,中国教育学会成立电影与播音研究委员会,舒新城和金陵大学的孙明经以及中华教育电影制片厂的李清悚一同被选为会议召集人。

1947 年　55 岁

3 月,参加在上海中国电影照相器材供应公司召开的"第一次电化教育座谈会",与会者共 7 人,均为当时教育界的声望卓著之人。

7 月,《我是怎样恢复健康的》一书由中华书局出版。

是年,"中华文库"开始出版,舒新城主编。开始发行小学第一集(全 300 册),初中第一集(全 200 册),民众教育第一集(全 175 册),均于次年出齐。

1948 年　56 岁

3 月,股东会选举董事 15 人,舒新城当选。

8 月,出版《电化教育谈话》,该书是当时国内首部系统论述电化教育理论与实践的著作,在电化教育界产生了一定的影响。

1949 年　57 岁

2 月,总经理李叔明赴港,董事局决议:请舒新城代为全权处理公司上海方面事务,并代为主持局务会议。

3 月,中华书局工会举行茶话会欢迎舒新城代总经理,勉励其为解放上海、保护工厂和文化遗产多做些贡献。舒新城表示一定要保护好编辑图书馆珍藏的 50 多万册图书资料，并经常向中共党组织汇报局内情况。

7 月，舒新城两次致函董事会，先是请假，继而请辞代总经理兼职，以便专心编辑工作。董事会坚挽无效，勉予同意。

1950 年　58 岁

8 月，中华书局推派潘达人、舒新城代表公司出席华东新闻出版局及上海市新闻出版处召开的公私合营出版业座谈会。

9 月，第一届全国出版会议在北京召开，舒新城等 3 人代表中华书局参会。

10 月 15 日，召开新中国成立后第一次股东常会，选举董事 15 人，舒新城名列其中。

1952 年　60 岁

8 月 8 日，舒新城任中华书局常务董事。

1953 年　61 岁

7 月 6 日，舒新城自中华书局退休。

12 月，代表中华书局赴华东新闻出版处商讨中华书局公私合营事宜。

1954 年　62 岁

1 月，出版总署、中华书局董事会就中华书局全面公私合营问题，召开了第一次会议。出席会议的有出版总署的胡愈之、陈克寒、黄洛峰等，中华书局有舒新城、李昌允、陆费铭中、潘达人、卢文迪等。舒新城发言，他认为董事长由私人担任，是特别的照顾，一定要做好工作。同时提出海外问题。海外仍有发行，建议在广州挂一块中华书局的招牌，归国际书店领导。香港还有一个厂，在资金上国内的财产可以清产，海外不能清产，应该独立划出，另立账目，单独计算盈亏，不作为对新机构的投资。并要求政府调拨一些画片印刷业务给港厂。

5 月，中华书局实行公私合营，组建成立财政经济出版社。董事会由 17 人组成，其中公方 5 人，私方 12 人，舒新城为私方董事。

1956 年　64 岁

9 月，在《光明日报》上发表文章《漫谈图书资料问题》。

11 月，在《光明日报》上发表文章《关于出版工作的两个问题》。

1957 年　65 岁

3 月，在《文汇报》上发表文章《一个老年出版工作者对当前出版工作的看法》。

7 月，在第一届全国人民代表大会第四次会议上，建议重新修订《辞海》，获得毛主席同意。

7 月，在《人民日报》上发表文章《关于目前出版事业的问题》。

7 月，在《文汇报》上发表文章《驳出版界右派分子所谓出版事业没有方针的谬论》。

1958 年　66 岁

1 月，在《文汇报》上发表文章《从历史上看出版自由问题——驳右派分子的所谓"出版自由"的谬论》。

5 月，《辞海》编辑所成立，舒新城任主任。

1959 年　67 岁

6 月，《辞海》编委会在上海浦江饭店成立，舒新城任主任，除编辑人员外，还邀集各行各业专家、学者五百余人参加修订工作。

1960 年　68 岁

11 月 28 日，逝世于上海，享年六十八岁。

参考文献

阿部洋、赵刚：《中国近代教育的特质——舒新城教育思想考察》，《教育评论》1988 年第 1 期。

陈平原：《书札中的文人与书局》，《读书》1992 年第 6 期。

陈桃兰、田正平：《教育史研究国际化与中国化的早期探索——以舒新城为个案的考察》，《华东师范大学学报（教育科学版）》2013 年第 2 期。

陈祥龙：《道尔顿制在中国的文化反思》，《教育文化论坛》2013 年第 1 期。

崔运武：《舒新城教育思想研究》，辽宁教育出版社 1994 年版。

龚维忠、唐兴年：《湘籍出版家舒新城的出版实践与理念略探》，《现代出版》2011 年第 4 期。

韩石山：《舒新城的气度》，《读书》1994 年第 10 期。

黄飞英：《〈辞海〉编纂先驱舒新城》，《炎黄春秋》2005 年第 1 期。

黄书光：《论舒新城在上海的新教育探索》，《河北师范大学学报（教育科学版）》2006 年第 2 期。

李华：《舒新城对图书馆事业的贡献》，《兰台世界》2013 年第 4 期。

李天飞：《中华书局所藏徐悲鸿信札》，《书法》2012 年第 10 期。

刘心语:《〈辞海〉主编舒新城在图书馆事业上的贡献》,《图书馆》1984年第 1 期。

芦珊珊:《论编辑的气节》,《出版发行研究》2008 年第 3 期。

吕达、刘立德:《舒新城教育论著选》,人民教育出版社 2004 年版。

罗银科、曲铁华:《论舒新城职业教育理论与实践》,《职业技术教育》2010 年第 34 期。

潘家铃:《"新文化与教育"的书写,为海外取经重新定位——从舒新城〈近代中国留学史〉再思索留学问题》,《北京大学教育评论》2007 年第 2 期。

桑锦龙:《从中国留学问题的"前世"看"今生"——〈近代中国留学史〉导读》,《教育科学研究》2013 年第 2 期。

舒绍祥:《舒新城传略》,《怀化师专学报》1990 年第 5 期。

舒新城:《驳出版界右派分子所谓出版事业没有方针的谬论》,《文汇报》1957 年 7 月 27 日。

舒新城:《成庐随笔,苏锡之行》,《申报月刊》1932 年第 1 期。

舒新城:《从历史上看出版自由问题 驳右派分子的所谓"出版自由"的谬论》,《文汇报》1958 年 1 月 26 日。

舒新城:《道尔顿制浅说》,中华书局 1924 年版。

舒新城:《读书·买书·教书·编书·写书》,《出版月刊》1937 年第 1 期。

舒新城:《关于出版工作的两个问题》,《光明日报》1956 年 11 月 22 日。

舒新城:《关于目前出版事业的问题》,《人民日报》1957 年 7 月 23 日。

舒新城:《关于图书资料的一些问题——全国人代会舒新城代表的发言》,《人民日报》1956 年 6 月 30 日。

舒新城:《健康通讯:怎样平衡情绪》,《新中华》1948 年第 15 期。

舒新城:《教育上的国家主义问题》,《民铎杂志》1924 年第 1 期。

舒新城:《狂顾录》,中华书局 1936 年版。

舒新城:《漫谈图书资料问题》,《光明日报》1956 年 9 月 6 日。

舒新城：《欧美人在中国的文化事业——中国近代史资料简介》，《学术月刊》1958 年第 1 期。

舒新城：《全面协作多快好省地修订"辞海"》，《文汇报》1960 年 5 月 26 日。

舒新城：《社会主义文化建设中的辞书问题》，《解放日报》1959 年 6 月 7 日。

舒新城：《十年书》，中华书局 1946 年版。

舒新城：《收回教育权运动》，中华书局 1927 年版。

舒新城：《舒新城日记》（全 34 册），上海辞书出版社 2013 年版。

舒新城：《王光祈与少年中国学会》，《新中华》1947 年第 7 期。

舒新城：《文艺工作者降低稿酬问题（在市政协二届一次会议上发言）》，《解放日报》1958 年 11 月 13 日。

舒新城：《我和教育》，中华书局 1946 年版。

舒新城：《我是怎样恢复健康的》，中华书局 1947 年版。

舒新城：《一个老年出版工作者对于当前出版工作的看法》，《文汇报》1957 年 3 月 15 日。

舒新城：《致青年书：讨论几件关于读书的事》，《教育杂志》1926 年第 1 期。

陶菊隐：《同舟风雨话当年——忆舒新城先生》，《新闻研究资料》1982 年第 1 期。

王建辉：《老〈辞海〉主编和中华书局编辑所长舒新城》，《出版广角》2001 年第 7 期。

王建军：《盲目趋新与教学改革——舒新城对道尔顿制教学实验的忧虑》，《课程·教材·教法》2005 年第 5 期。

王建军：《忧患下的史作——论舒新城的教育史研究》，《西北师大学报（社会科学版）》2005 年第 3 期。

王震、王荔芳：《舒新城对我国图书馆事业的贡献》，《图书馆》1996 年第 6 期。

谢长法、韩树双：《舒新城与近代中国教育史研究》，《湖南师范大学教育科学学报》2013 年第 4 期。

易琴：《20 世纪新教育运动与中国近现代教育史研究的兴起——以舒新城为个案》，《教育学术月刊》2011 年第 9 期。

于述胜：《学术与人生——解读舒新城和他的道尔顿制研究》，《北京大学教育评论》2007 年第 4 期。

张济洲、黄书光：《舒新城与〈近代中国教育思想史〉研究》，《河北师范大学学报（教育科学版）》2006 年第 5 期。

赵艳红、黄少英、赵艳玲：《舒新城与道尔顿制在中国的传播》，《河北大学学报（哲学社会科学版）》2008 年第 4 期。

郑国民：《道尔顿制教育在中国实验的启示》，《北京师范大学学报（社会科学版）》2003 年第 3 期。

周国清、夏慧夷：《陆费逵的出版人才观及其践履》，《出版发行研究》2007 年第 9 期。

周其厚：《也谈〈辞海〉的编纂问题——与王震先生商榷》，《山东科技大学学报（社会科学版）》2005 年第 1 期。

周颂棣：《怀念舒新城先生》，《辞书研究》1988 年第 5 期。

周颂棣：《老〈辞海〉是怎样编成的》，《新闻研究资料》1982 年第 1 期。

朱敬、蔡建东：《追寻历史走近先驱——解读我国早期电化教育专家舒新城先生》，《电化教育研究》2009 年第 9 期。

责任编辑：任　益
封面设计：肖　辉　孙文君
版式设计：汪　莹
责任校对：吕　飞

图书在版编目（CIP）数据

中国出版家.舒新城／欧阳敏 著.—北京：人民出版社，2018.3
（中国出版家丛书／柳斌杰主编）
ISBN 978－7－01－018258－2

I.①中… II.①欧… III.①舒新城（1893~1960）-生平事迹 IV.① K825.42

中国版本图书馆 CIP 数据核字（2017）第 231936 号

中国出版家·舒新城
ZHONGGUO CHUBANJIA SHU XINCHENG

欧阳敏　著

人 民 出 版 社 出版发行
（100706　北京市东城区隆福寺街 99 号）

北京新华印刷有限公司印刷　新华书店经销

2018 年 3 月第 1 版　2018 年 3 月北京第 1 次印刷
开本：710 毫米 ×1000 毫米 1/16　印张：17.5　插页：8
字数：210 千字

ISBN 978－7－01－018258－2　定价：55.00 元

邮购地址 100706　北京市东城区隆福寺街 99 号
人民东方图书销售中心　电话（010）65250042　65289539